오늘날의 애니미즘

KONNICHI NO ANIMIZUMU (今日のアニミズム)
by Katsumi Okuno, Takashi Shimizu

Copyright © 2021 Katsumi Okuno / Takashi Shimizu
All rights reserved.
Original Japanese edition published in 2021 by IBUNSHA
Korean transltation rights arranged with IBUNSHA
through Korea Copyright Center, Inc., Seoul
This Korean edition was published by Podobat Publishing Company in 2024
by arrangement with IBUNSHA through KCC(Korea Copyright Center Inc.), Seoul.

이 책은 (주)한국저작권센터(KCC)를 통한 저작권자와의 독점계약으로
포도밭출판사에서 출간되었습니다. 저작권법에 의해 한국 내에서 보호를 받는
저작물이므로 무단전재와 복제를 금합니다.

오늘날의 애니미즘

오쿠노 카츠미, 시미즈 다카시 지음 | 차은정, 김수경 옮김

今日のアニミズム

일러두기
- [ ] 안의 내용은 본문의 이해를 돕기 위한 역자의 부가 설명이다.
- 별도 표시 없는 각주는 저자주, [역자] 표시가 있는 각주는 역자주다.
- 출처 표기에서 일본어나 영어 저서의 한국어 번역서가 있는 경우 그것을 표기했고, 한국어 번역서가 없는 경우에는 영어 저서를 표기했으며, 일본어 저서 표기는 본문에 적힌 대로 하는 것을 원칙으로 했다.

차례

7		들어가며 시미즈 다카시
11	1장	애니미즘, 무한의 왕복 순환과 붕괴하는 벽 오쿠노 카츠미
57	2장	삼분법, 선, 애니미즘 시미즈 다카시
99	3장	대담 I
173	4장	타력론의 애니미즘 오쿠노 카츠미
217	5장	애니미즘 원론 – '상의성'과 정념의 철학 시미즈 다카시
259	6장	대담 II
322		나오며 오쿠노 카츠미
325		역자 후기
342		참고문헌
346		찾아보기

들어가며

이분샤(以文社)의 오노 마코토(大野真) 편집자가 제안하길, 오쿠노 카츠미와 함께 클로드 레비스트로스의 명저『오늘날의 토테미즘』을 좇아『오늘날의 애니미즘』이라는 제목의 책을 써보지 않겠냐고 했을 때 나는 그 대담한 기획에 놀라지 않을 수 없었다. 문화인류학은 특히 금세기 들어 인간과 자연의 관계를 근본적으로 재검토하고 사상적으로도 기존의 단조로운 다문화주의를 뛰어넘는 다양한 관점을 제시해왔다. 오쿠노는 그러한 흐름을 일본에 소개하고 또 그것을 체현하는 대표적인 인류학자다. 나는 그와 몇 년 전부터 현대철학과 21세기 인류학의 융합을 모색하는 연구모임을 통해 활발하게 교류해왔고 또 그로부터 다양한 자극을 받아왔다. 나는 흔쾌히 출판사의 제안을 승낙했지만, 이후 마치 깊은 숲속에 빨려들어간 것만 같았다. 풍부한 현지조사 경험과 왕성한 집필 활동으로 알려진 오쿠노를 상대하며 이 거대한 프로젝트에 3년을 넘게 매달리게 된 것이다.

　이 책은 인류 보편적으로 관찰되는 애니미즘이라 불리는 사고와 그것을 통해 드러나는 자연을 세밀하게 고찰해서 사상으로서의 애니미즘이 얼마나 깊은 것인지 그 깊이의 한계를 탐구하고자 한 것이다. 인류학자와 철학자 두 사람이 힘을 합쳐 다양한 소재와 방법을 동원하고, 나아가 방법론 그 자체마저 새로이 고안해가며 이 거대한 주제와 씨름했다.

　나와 오쿠노는 애니미즘의 자연관과 존재론을 검토하면서 불교와 애니미즘 그리고 불교와 현대철학이라는 주제에 매료되었고, 이는 내게 하나의 사상적 전기를 마련해주었다. 브뤼노 라투르, 그레이엄 하먼과 같은 현대철학자들의 사색을 거쳐 나가르주나(龍樹), 도겐(道元), 원시불교 등의 예지에 잠재된 풍부한 가능성이, 나아가 그 배후에서 애니미즘이 활기차게 약동하는 자연이 여러 이원성을 넘어서서 그 모습을 드러내리라 기대하며 부푼 가슴을 안고 집필에 임했다. 그 가운데 복수의 이항대립을 조합함으로써 그러한 이항대립을 각기 조정해가는 삼분법(三分法, trichotomy)이라는 방법론이 부상했다.

　일본의 지적 풍토에는 예를 들어 우메하라 다케시(梅原猛), 요시모토 다카아키(吉本隆明), 나카자와 신이치(中沢新一) 등으로 대표되는, 조몬 시대의 토착 애니미즘에서 불교를 거쳐 서양의 동시대 사상을 흡수해가며 이에 기반해 독자적인 사색을 펼쳐온 일련의 계보가 있다. 본래 일본은 선진문화권의 사상체계였던 불교를 장기간에 걸쳐 토속 신앙과 습합한 역사가 있다. 니시다 기타로(西田喜太郎)가 선(禪)이나 화엄불교를 배경으로 서양 철학과 근원적인 대화를 시도하며 독창적인 사상을 구축할 수 있던 것도 이처럼 일본 문명이 오랫동안 이러한 과제를 짊어져왔기 때문이다. 이 책은 현대철학을 흡수한다는 점에서 또 원시적 사고의 원점으로 회귀한다는 점에서 선인들의 작업으로부터 많은 가르침을 얻어 이 문명의 과제를 한층 더 앞으로 밀고 나가려는 기획이다.

우리는 먼저 각자 원고를 집필한 후 그 내용을 토대로 함께 대담하고 또다시 논고를 작성하고 대담하는 방식의 순서로 이 책을 집필했는데, 이 과정에서 저자들은 모두 이와타 케이지(岩田慶治)라는 위대한 선구자로부터 큰 가르침을 얻었다. 동남아시아를 현지 조사한 교토학파의 인류학자인 이와타는 선에도 조예가 깊어 『정법안장(正法眼藏)』을 한 손에 쥐고 현대 인류학보다 먼저 공동체 성립을 둘러싼 사물의 작용과 그 구심성에 주목해 그의 독자적인 인류학을 확립했다. 안타깝게도 그는 몇 해 전 세상을 떠났다. 그의 시야와 소양을 현대의 학자가 홀로 조감하는 일은 매우 어려운 작업이지만, 이 책에서 우리는 인류학자와 철학자에 의한 '다각적 이와타 케이지론'을 시도하고자 했다.

내가 선에 주목했다면, 오쿠노는 왕상(往相)과 환상(還相)이라는 신란(親鸞)의 불교적 주제를 중심으로 애니미즘을 고찰했다. 다소 추상적인 나의 논의와 달리 각기 다른 문화에 다양하게 존재하는 경이로운 가치관과 사고방식에 매우 정통한 오쿠노의 지적에는 매번 감탄을 금치 못했다. 이 책 속에 그 핵심이 담겨 있다. 책을 다시 읽을 때마다 그의 새로운 사고에 매료된다. 첫 대담 직후 캠퍼스 근처에서 오노 씨와 다 함께 카레 우동을 먹었던 일도 이제는 그리운 추억이 되었다.

이 공동 작업을 통해 나는 내 안의 '내적 애니미즘'에 언어를 부여하고 한층 더 그것을 자각할 수 있게 된 듯하다. 이러한 감동이 조금이라도 독자 여러분에게 전달된다면, 저자의 한 사람으로서 그보다 큰 기쁨은 없을 것이다. 이 책의 취지에 공감하며 풍부한 상상력과 다채로운 색감의 멋진 작업으로 우리의 문장에 색채를 더해준 화가 오코지마 마키(大小島眞木) 씨에게 이 자리를 빌려 진심으로 감사의 뜻을 표하고 싶다. 애니미즘을 표현하는 것. 이것은 우리 인류에게 주어진 특별한 축제와도 같은 영원한 과제인 것이다.

2021년 3월 14일
시미즈 다카시

1장
애니미즘, 무한의 왕복 순환과 붕괴하는 벽

옛날 옛적 꼬리는 곰에게만 달려 있어서 다른 동물들에게 동경의 대상이 되었다. 동물들은 차례차례 곰을 찾아와 꼬리를 달라고 졸랐고, 이때마다 곰은 인심 좋게 꼬리를 나눠주었다. 그러나 마지막으로 긴팔원숭이가 곰을 찾았을 때 이미 곰에게는 나눠줄 꼬리가 없었다. 그래서 오늘날 곰과 긴팔원숭이만 꼬리가 없다.
— 말레이시아 사라왁 주 브라가 강 하류의 푸난 신화.

1. 곰 의례라는 애니미즘

나카자와 신이치[1]는 아이누족의 곰 의례를 애니미즘으로 이해

---

1 [역주] 나카자와 신이치(中沢新一, 1950~)는 도쿄대학에서 생물학을 전공했으나 이후 종교학으로 관심을 돌려 티베트에서 오랫동안 불교적 수행을 거친 후

하며 윤리의 기원을 논한다(中沢 1991). 어느 문화인류학 교과서는 "자연현상이나 사물을 인간과 같이 살아있는 존재로 간주하는 사고방식"인 애니미즘으로서 곰 의례를 다룬다(松岡 1993: 154). 야마다 다카코[2]는 "아이누는 삼라만상의 신성을 인정하는 애니미즘의 관념을 가져왔다."(山田 1994: 66)고 말하며 신[3]과 인간의 관계양상을 확인하는 의식의 장으로서 곰 의례를 다룬다(山田 1994). 무라타케 세이치[4]는 영적 존재 '라맛(ramat)'이 만물에 깃들어 있다는 아이누족의 사고를 "사령 애니미즘에

일본의 종교사상을 아시아의 원시적 관념에서 연구해왔다. 특히 그는 레비스트로스의 구조주의를 계승한 '대칭적 인류학'을 주창하고 있다. 주요 저서로는 일본 고단샤(講談社)에서 발행한 '카이에 소바주(Cahier Sauvage: 야생적 사고의 산책)' 시리즈로 『신화, 인류 최고의 철학』(동아시아, 2003), 『곰에서 왕으로』(동아시아, 2005), 『대칭성의 인류학』(동아시아, 2005) 등이 있다.

2 [역주] 야마다 다카코(山田孝子, 1948~)는 교토대학에서 동물학을 전공했으며 문화인류학의 관점에서 아이누족을 비롯한 일본 소수민족의 종교와 자연관 등을 연구해왔다. 현재 교토대학의 명예교수로 재직 중이며, 대표적인 저서로는 『アイヌの世界観—「ことば」から読む自然と宇宙[아이누의 세계관: '말'로 읽는 자연과 우주]』(講談社, 1994)가 있다.

3 이 논문에서는 이와타 케이지의 용례를 따라서 애니미즘의 신적 존재를 "민속문화의 의미와 언어의 장에 편입되어 그곳에 상주하는 신"(岩田 1998: 232)이 아니라 "충격 속에서 출현하는"(岩田 1998: 240) "문화적인 형상화에 충분히 이르지 못한 신"(岩田 1998: 232)으로 이해한다. 이와타에 대해서는 1장 각주 27, 2장 각주 49를 참조할 것.

4 [역주] 무라타케 세이치(村武精一, 1928~)는 인류학자이며 가족과 친족을 연구했다. 현재 도쿄도립대학 명예교수로 재직 중이며, 주요 저서로 『神・共同体・豊穣 沖縄民俗論[신, 공동체, 풍요 오키나와 민속론]』(未来社, 1975), 『アニミズムの世界[애니미즘의 세계]』(吉川弘文館, 1997) 등이 있다.

기반한 영적 세계"(村武 1997: 37)라고 쓴다. 우메하라 다케시[5]
는 예부터 일본에서 전해오는 '초목국토실개성불(草木國土悉皆
成佛)'[6] 사상이 아이누의 문화이며 채집 수렵 문화에 널리 퍼진
애니미즘으로 파악하고, 곰 사냥의 성공을 기원하는 의식으로
서 곰 의례를 검토한다(梅原 2013: 23-37). 이스트반 프레이트[7]
는 아이누족 애니미즘의 한 예로 곰 의례를 다룬다(Praet 2014).
  이처럼 아이누의 곰 의례, 즉 '이오만테(iomante)'[8]는 애니미

---

5   [역주] 우메하라 다케시(梅原猛, 1925~2019)는 교토대학에서 철학을 전공했
    다. 서양 철학에서부터 일본의 문학과 불교 등을 폭넓게 연구했으며 일본 문화
    의 본질을 탐구했다. 1957년부터 리츠메이칸대학 문학부 교수를 거쳐 1974년
    부터 1986년까지 교토시립미술대학 학장을 역임했다. 또한 그는 일본의 전후
    민주주의를 지지하며 헌법 9조 개조반대를 지지하는 사회운동에 참여했다. 주
    요 저서로는『地獄の思想[지옥의 사상]』(中公新書, 1967), 『仏教の思想[불교의 사
    상]』(角川書店, 1980), 『日本人の魂: あの世を観る[일본인의 혼: 저승을 보다]』(光
    文社, 1992) 등이 있다.
6   [역주] 풀, 나무, 땅과 같이 마음이나 정(情)이 없는 것들도 성불할 수 있다는 사
    상이다. 인도 불교에서 인간과 동물은 마음이 있기에 유정(有情)이라고 하고 풀
    과 나무는 마음이 없기에 비정(非情)이라고 하는 것에 반해, 천태종이나 화엄불
    교에서는 풀과 나무와 땅도 보편적인 이치를 따르기에 그 본성에 부처가 있고
    성불할 수 있다고 보았다.
7   [역주] 이스트반 프레이트(Istvan Praet)는 벨기에 출신으로 라틴아메리카 원주
    민의 애니미즘을 연구했으며 현재 영국 런던의 로헴튼 대학에서 인류학을 강
    의하고 있다.
8   [역주] 이오만테는 곰 등의 동물을 죽인 후 그 혼을 신의 세계로 돌려보내
    는 의식을 가리키는 아이누의 용어다. 이오만테의 '이(i)'는 '그것'을, '오만테
    (omante)'는 '보낸다'를 뜻한다. 여기서 '그것'은 곰의 혼을 간접적으로 표현한
    것인데, 이는 아이누족에게 곰의 혼은 두려움의 대상이기 때문이다. 또한, i와 o
    사이에 y가 삽입되어 '이요만테(iyomante)'라고 하기도 한다.

불곰의 혼을 신에게 돌려주는 제의. '이요만테'에서 불곰에게 꽃 화살을 쏘는 의례. 홋카이도 남부 히다카지청(日高支庁) 비라토리쵸(平取町)에서. 촬영 아사히신문사 (1977년).

즘의 한 전형으로서 다양하게 다뤄져왔다. 이 장에서는 아이누의 곰 의례에서 나타나는 애니미즘에서 시작해보고자 한다.

아이누 사람들은 인간이 사용한 밥그릇과 도구, 포획한 곰이나 여우 등 사냥한 동물의 혼을 신("카무이")의 세계로 보내는 의식을 해왔다. 그릇이나 돗자리 등의 물건은 긴 세월의 노고를 위로받으며 편히 쉴 수 있도록 감사의 말을 들은 후에 제단으로 옮겨져 신의 세계로 보내졌다(藤村 1995: 213-4). 그러한 '배웅' 의식 중에서 널리 알려진 것이 곰 의례다.

아이누는 곰이 인간 세계에 고기와 모피라는 '선물'을 들고 찾아온 신의 화신이라고 생각했다. 신은 곰의 모피에 고기를 담

곰 의례의 춤. 아이누민족박물관에서. 촬영 오쿠노 카츠미(2010년).

아 인간 세계를 방문해서 인간에게 죽임을 당한다.[9] 신은 모피와 고기를 인간에게 주는 대신 노래나 춤 등의 환대를 받으며 많은 선물을 받아 다시 신의 세계로 되돌아간다. 그리고 신의 세계에서 신은 자신이 받은 환대를 비롯한 인간 세계의 훌륭함을 들려준다. 이러한 존재론적 토대 위에서 행해진 것이 곰 의례였다. 이에 대해 우메하라는 "인간에게나 지극히 편리한 사고방식으로 곰이 듣기라도 한다면 말도 안 되는 소리(웃음)라고 할 것이 틀림없다"라고 말한다(梅原 1995: 38).

실제로 아이누 사람들은 새끼가 딸린 곰을 포획하면 어미만

---

9 이것은 아이누어로 "마라프토네(marapto-ne)[귀빈이 되다]"로 표현한다.

1장 애니미즘, 무한의 왕복 순환과 붕괴하는 벽 17

먹고 그 혼을 돌려보낸 다음 새끼 곰은 사람의 아이처럼 귀여워하며 보살펴주었다. 밥을 먹을 때도 맛있는 부위를 곰에게 먼저 내어주며 길렀다. 새끼 곰이 한두 살이 되면 이윽고 곰 의례를 거행하는데, 며칠에 걸쳐 정성스레 준비한 다음 많은 손님을 초대해 잔치를 열었다.

의례 당일이 되면 먼저 우리 안의 새끼 곰에 줄을 매달아 끌어내 꽃 화살을 쏘아 흥분시킨다. 그다음 본 화살을 쏘아 곰이 쓰러지면 기름틀로 목을 졸라 숨통을 끊는다. 혼이 몸을 떠나면 곰의 몸을 제단 앞에 두고 다 같이 고기를 먹은 뒤 혼을 신의 세계로 떠나보낸다. 마지막으로 머리 가죽을 벗기고 목걸이를 걸어 장식한 다음, 이를 연어 등의 선물과 함께 제단에 바치며 신의 세계로 무사히 돌아가도록 빈다.[10]

아이누에게 신의 세계란 인간 세계를 초월한 다른 세계가 아니다. 신의 세계는 인간 세계와 같은 곳에 있다. 그리고 두 세계 사이에는 항상 연결과 교환이 이뤄진다. 나카자와는 이러한 사태를 애니미즘이라고 부르기는 간단할지 몰라도, 중요한 것은 애니미스트의 정신 속에서 어떤 과정이 전개되는지를 가능한 한 정확하게 포착하는 것이라고 말한다.

이 세계와 같은 곳에 있다고는 하지만, 실재 차원과 다른 영

---

10 새끼 곰을 잡아 어느 정도 사육한 후에 죽여 제의를 지내고 향연을 벌이는 곰 의례는 아이누, 니브흐(Nivkh), 윌타(Uilta), 울치(Ulch), 오로치(Orochi) 등 홋카이도, 사할린, 아무르강 하구 유역에 거주하는 소수민족 사이에서 주로 행해져왔다(池田 2013: 84).

역에 아이누의 '영의 세계'가 있습니다. 신들이 사는 그 영적인 세계는 인간 세계를 에워싸며 그곳에 에너지를 보내주려 합니다. 더욱이 그 에너지는 성스러운 힘으로 흘러넘쳐 인간의 생명과 정신을 배양해주는 고마운 것입니다. (…) 신들이 인간에게 성스러운 에너지를 방사할 때 그 에너지는 영적인 고차원체가 인간의 세계에 맞닿는 경계면에서 육체를 동반한 동물의 생명으로 형태를 바꿉니다. 즉, 그 경계면에서 신들의 에너지는 '동물의 가면'을 쓰고 인간 세계에 나타납니다 (中沢 1991: 301).

나카자와에 따르면 인간 세계와 실재 차원이 다른 영역에 사는 신은 경계상의 어딘가에서 동물의 생명, 이를테면 곰으로 모습을 바꿔 인간 세계에 등장한다. 신이 걸치는 것이 곰의 '가면'이며, 신은 생명과 정신을 길러내는 성스러운 에너지를 인간에게 가져다준다.

신은 인간 세계에 등장할 때는 곰이 되고 신의 세계로 돌아갈 때는 신이 되어 인간 세계와 신의 세계 사이를 왕래한다. 그런데 이 왕복 순환의 과정을 애니미즘으로 파악하는 데 단서가 될 만한 모델이 있다. 하나의 면과 하나의 선으로 이루어진 〈뫼비우스의 띠〉라는 위상기하학 도형이다. 이제 이 〈뫼비우스의 띠〉를 단서 삼아 애니미즘을 이해할 실마리를 찾아보자.

2. 〈뫼비우스의 띠〉에서 애니미즘을 사고하다

긴 종이띠를 180도 꼬아서 한쪽 끝과 다른 쪽 끝을 이어붙인 것이 〈뫼비우스의 띠〉다. 〈뫼비우스의 띠〉는 면이 하나뿐이라는 것이 특징이다. 즉, 겉은 안으로 이어지고 안은 겉으로 이어진다.

이와 대조적으로 종이띠를 꼬지 않고 양 끝을 붙이면 '관'이나 '링'이 된다. 관에는 두 개의 면이 있으므로 한 면은 빨강으로 다른 한 면은 녹색으로 나눠 칠할 수 있다. 그런데 〈뫼비우스의 띠〉는 면이 하나밖에 없으므로 면마다 색을 나눠 칠하는 것이 불가능하다.

뫼비우스의 띠처럼 생긴 이차원의 세계를 상정하는 경우, 그곳에 사는 '평면인'이 〈뫼비우스의 띠〉를 한 바퀴 돌아 출발점으로 돌아오면 장기가 반대편에 달라붙는 등 출발점의 자신과 거울상을 이루게 된다(픽오버 2011: 214-6[11], 瀬山 2018:216-226). 〈뫼비우스의 띠〉는 '비가향성'[12]이라는 수학적 과제를 남

---

11 [역주] 〈뫼비우스의 띠〉라는 이차원의 평면 위를 걸어 제자리로 돌아오면, 출발했을 때의 모습에 비하여 자신의 모습이 좌우로 뒤바뀌어 있다는 것을 의미한다. 원문은 다음과 같다. "뫼비우스 세계에 사는 2차원 '평면 인간'은 그 세계를 따라 돌아다니다 보면, 자신이 존재하는 평면에서 벗어나지 않고도 자신을 '뒤집을' 수 있다. 만약 평면 인간이 뫼비우스의 띠를 따라 한 바퀴 돌아 제자리로 돌아와서 자신의 몸을 살펴보면 몸의 모든 부분이 좌우가 바뀌어 있을 것이다"(클리퍼드 픽오버, 『뫼비우스의 띠』, 노태복 옮김, 사이언스북스, 2011.)

12 [역주] 비가향적(non-orientable)은 〈뫼비우스의 띠〉의 특징 중 하나다. 가령 평면은 하나의 점을 기준으로 시계방향이나 반시계방향을 가질 수 있지만, 뫼비

뫼비우스의 띠

기는데, 편의상 그 부분은 생략하고 다음 이야기로 넘어가고자 한다.

나카자와는 면이 하나밖에 없는, 즉 '안과 밖의 구별이 없는' 이 위상기하학의 모델을 사용해서 산 자의 세계와 죽은 자의 세계가 하나로 이어져 있는 '고대인'의 마음 상태, 달리 말하자면, 고대인의 애니미즘에 다가가고자 한다.

〈뫼비우스의 띠〉의 면 어딘가에 개미 한 마리를 올려놓고 중심선을 따라 걷게 하면 개미는 바깥면을 걷는 와중에 어느샌가 안쪽 면에 와 있게 된다. 개미가 다시 한번 바깥면으로 나오려면 그대로 계속 걷는 수밖에 없다.

이 도형은 보이지 않는 유동체를 통해 산 자의 세계와 죽은 자의 세계가 연속해 있는 모습을 멋지게 표현할 수 있습니다 (나카자와 2005: 108[13]).

우스의 띠는 이러한 방향성을 정의할 수 없다는 점에서 비가향적이다.
13 [역주] 나카자와 신이치, 『신의 발명』, 김옥희 옮김, 동아시아, 2005.

나카자와에 따르면 산 자의 세계와 죽은 자의 세계가 하나로 이어지는 신석기시대 고대인의 정신성을 보여주는 두 유물유적이 있다. 나카자와가 예시하는 사례 중 하나는 죽음과 서로 이웃하여 삶을 영위하던 조몬 시대[14] 중기의 '환상집락(環狀集落)'이다. 이것은 죽은 자를 매장한 묘지를 한가운데 두고 에워싸듯 조성된 것으로 죽음이 삶에 임재하며 삶과 죽음은 하나로 이어진다는 것을 가리킨다.

다른 하나는 죽음의 영역에 속하는 '개구리'의 등에서 '신생아'가 탄생하는 순간이 묘사된 '사람 얼굴 장식의 심발(深鉢)'(약 4,500년 전의 조몬 토기)이다(나카자와 2005: 109-15). 앞서와 같이 조몬 중기에 만들어진 것으로 조몬 중기의 묘지와 토기는 〈뫼비우스의 띠〉의 사고, 즉 안과 밖의 구별이 없는 애니미즘의 사고를 나타낸다.

그런데 나카자와에 의하면 조몬 후기에 이르러 묘지의 장소에 변화가 생긴다. 예를 들어 산나이마루야마(三內丸山) 유적[15]의 묘지가 집락과 외부세계를 연결하는 도로 양편에 배치된 것처럼 죽은 자의 세계가 산 자의 세계로부터 공간적으로 분리된다. 〈뫼비우스의 띠〉의 사고에 중대한 변화가 일어난 것이다.

나카자와는 이 변화를 〈뫼비우스의 띠〉의 중심선을 따라 반

---

14 [역주] 조몬 시대(繩文時代)는 일본의 신석기시대를 가리킨다. 짧게는 기원전 15~10세기, 길게는 기원전 15~3세기경에 해당하며, '조몬' 즉 새끼줄 무늬의 토기를 특징으로 한다.
15 [역주] 산나이마루야마(三內丸山) 유적은 일본 혼슈 북쪽 끝 아오모리현에서 발견된 조몬 전기에서 중기에 형성된 대규모 집락지를 말한다.

으로 가르는 〈뫼비우스 띠의 절단〉에 비유해 설명한다(나카자와 2005: 115-7). 〈뫼비우스의 띠〉에서 관 혹은 링으로의 형상 변화가 일어난 것과 같다. 요컨대, 〈뫼비우스의 띠〉를 절단하면 안과 밖의 구별이 생기듯이, 세계가 산 자의 세계와 죽은 자의 세계, 이편과 저편이라는 두 면으로 확실하게 분리된 것이다.

〈뫼비우스 띠의 절단〉이 산 자의 세계와 죽은 자의 세계, 안과 밖, 이쪽과 저쪽을 분명히 나누는 '이항대립의 세계'의 출현을 시각화해서 보여주는 모델이라면, 〈뫼비우스의 띠〉의 위상기하학은 두 항을 쉽사리 분리할 수 없고 하나로 연결된 것으로 보는 자타미분(自他未分)의 세계를 비유한다. 이것이 바로 애니미즘 사고의 모델이다.

애니미즘은 〈뫼비우스의 띠〉 모양의 통로를 통해 인간과 신을 부단히 연결한다. 하나로 연결된 통로 안에서 신은 곰이 되고 곰은 신이 된다. 아니, 신이 곧 곰이며 곰이 곧 신이다. 곰과 신은 불가분의 상태로 〈뫼비우스의 띠〉를 오간다.

여기서 한 가지 의문이 생긴다. 애니미즘의 〈뫼비우스의 띠〉 위를 왕복 순환한다는 것이란 대체 무엇인가? 그것은 단지 한 번뿐인 일회성의 왕복 순환인가? 다음으로 생각해보려는 것은 바로 이 점이다.

3. 이케자와 나쓰키의 『곰이 된 소년』

먼저 곰 의례를 소재로 다룬 이케자와 나쓰키[16]의 창작 신화『곰이 된 소년』(2009)을 통해 〈뫼비우스의 띠〉 모양의 왕복 순환에 대해 생각해보자. 이 창작 신화의 줄거리는 곰(신)과 인간의 위치가 뒤바뀌어 인간이 곰(신)의 세계로 들어가 다시 인간 세계로 되돌아온다는 내용이다.[17]

소설의 주인공인 이키리라는 이름의 소년은 곰을 사냥하며 살아가는 투문치족의 일원이다. 투문치족은 곰을 사냥할 수 있는 것은 자신들의 힘이 세기 때문이라고 생각하며, 아이누족과 달리 곰 의례를 행하지 않았다. 투문치족도 새끼 곰을 기르긴 했지만, 남은 음식을 먹이며 괴롭히다가 다 크면 잡아먹을 뿐이었다.

어느 날 숙부를 따라 곰 사냥에 나선 이키리는 어미 곰의 안

---

16 [역주] 이케자와 나쓰키(池澤夏樹, 1945~)는 일본의 소설가이자 시인, 번역가, 수필작가다. 홋카이도에서 태어나 5세 때 부모의 이혼으로 어머니를 따라 도쿄로 옮긴다. 1968년 사이타마대학 물리학과를 중퇴하고 번역일에 종사하다가 1975년 그리스로 이주하여 3년을 살았다. 홋카이도로 돌아온 후 작가의 삶을 살았으며 아쿠타가와상, 타니자키 준이치로상, 마이니치 출판문화상 등 다수의 문학상을 수상했다. 그의 작품 세계는 인류문명과 현대일본에 대한 비판적 고찰을 기조로 하고 있다. 그의 소설『남쪽 섬 티오』(김혜정 옮김, 미래인, 2012)와 박물관 기행인『문명의 산책자』(노재명 옮김, 산책자, 2009)가 번역 출간되어 있다.

17 이케자와는 에도 막부 말기에 홋카이도에 정착한 자신의 조상과 아이누족의 교류를 소재로 문학작품을 쓰는 와중에(池澤 2003) 아이누족의 곰 의례를 깊이 이해하게 되었고 이 이해에 기반하여 창작 신화를 엮어내었다.

내를 받아 곰 소굴에 들어간다. 그곳에는 두 마리의 새끼 곰이 있었고 이키리는 새끼 곰들과 형제처럼 지낸다. 다 함께 놀던 도중 상처에서 검은 털이 자라고 이키리는 곰으로 변신한다. 산에서 산으로 놀러 다니다 보니 어느새 가을이 되어 곰들은 겨울이 오기 전 동면에 들어갔다. 봄이 되자 이키리는 어미 곰으로부터 내쫓겨 독립한다.

어느 날 곰이 된 이키리는 인간과 맞닥뜨리고 화살에 맞아 본래의 인간 이키리로 되돌아온다. 투문치 마을로 돌아온 이키리는 마을 사람들 모두에게 어미 곰과 형제들의 이야기를 들려주며, 사냥한 후에는 곰의 혼이 신의 세계로 갈 수 있도록 곰 의례를 해주자고 부탁한다. 그러나 투문치 사람들은 입을 모아 그 따위 아이누 같은 짓은 할 수 없다고 반발하며 이제까지와 마찬가지로 그저 곰을 사냥하기만 할 뿐 결코 곰 의례는 하려 들지 않았다. 슬픔에 잠긴 이키리는 높은 절벽 위에 올라 몸을 던졌고 그의 혼은 바른 나라에서 다시 태어나게 되었다(池澤 2009).

상처를 내는 것은 아이누에게 '죽음'을 의미하며, 혼이 그릇 등의 물건에서 떠나가게 하는 기술로 여겨진다(中川 2019: 145).『곰이 된 소년』에서는 이키리가 곰과 놀다가 상처를 입음으로써 곰이 되고 다시 화살의 상처로 인해 그 곰이 이키리로 되돌아온다는 죽음과 재생의 과정을 거쳐 사람→곰(신)→사람이라는 루프가 완성된 것으로 보인다.

그러나 최종적으로 이키리가 스스로 자기 혼을 보냄으로써 바른 자들의 나라, 곧 신의 세계로 떠난 것이라고 한다면, 이키리는 나아가 루프의 다음 국면에 진입한 것이 된다. 즉, 신의 세계로 여행을 떠난 것이다. 이를 도식으로 표현하면 사람→곰(신)→사람→곰(신)이 된다. 여기서 다음 국면으로의 재진입을 예상할 수 있다.

사람→곰(신)→사람→곰(신)→사람……

사람과 곰(신)의 연결통로는 앞서 살펴봤듯이 가다 보면 부지불식간에 다른 세계로 진입해 다른 존재가 된다는 〈뫼비우스의 띠〉의 형상을 띤다. 『곰이 된 소년』에서는 사람과 곰(신)이 〈뫼비우스의 띠〉의 연결통로를 통해 왕복 순환을 무한히 반복한다고 볼 수 있다. 사람의 가죽을 쓴 존재자는 곰의 가죽을 쓰기도 하고 다시 사람의 가죽을 쓴 존재자로 되돌아온다. 이 루프에는 시작도 끝도 없다.

그런데 아이누와 신의 연결통로라는 이 무한의 루프에는 여러 다양한 이야기들이 있다.[18] 야마다 다카코는 또 다른 관점에서 그와 같은 문제를 논하고 있다.

시즈나이(静内)의 한 지혜로운 노인은 이렇게 말했다. "카무이(kamuy)는 사람이며 사람은 카무이다." 카무이는 카무

---

18 사람과 신이 교류한다는 아이누의 관념 세계는 현실 세계를 반영한다는 주장이 있다. 아이누가 왜인(和人) 마을로 모피 등을 가지고 교역에 나섰다가 그곳에서 며칠간 머무르며 환대를 받고 또 지역 특산의 술, 쌀, 담배 등을 챙겨서 마을로 돌아온 후 잔치를 열고 왜인 마을에서의 견문을 들려준 어느 일화에서 영향을 받아 형성되었다는 것이다(知里 2000, 瀨川 2015).

이 모시리(mosir)[19]에서는 '사람'의 모습으로 살아가고 아이누 모시리를 방문할 때만 신격화된 카무이가 되어 등장한다. 반대로 인간은 오로지 아이누 모시리에서만 '사람'이며 죽음 이후 카무이 모시리를 방문할 때 카무이로 변신한다(山田 1994: 107-8).

야마다에 따르면, 신은 신의 세계에서는 인간이지만 사람의 세계에서는 신으로 나타난다. 사람도 사후에 신의 세계에서 신이 된다. 아이누족에게는 신이 사람이며 사람이 신인 세계가 있다. 그곳에서 곰은 신과 사람의 무한루프 가운데 나타나는 신의 한 모습이다.

신의 '선물'인 곰고기는 사람에게 먹혀 사람의 생을 가능하게 한다. 선물에는 본래 '몸을 바친다'[20]는 의미가 있다(梅原 1995: 38). 사람은 늙어서 죽고 그 송장이 흙으로 되돌아가며 그와 동시에 사람의 혼은 신의 세계로 향한다. 그곳에서 사람은 신이 된다. 신은 가령 곰이 되어 선물을 가지고 인간 세계에 내려와 사람들에게 베푼다. 사람, 신, 곰의 세 항으로 이뤄지는 무한의 루프 구조는 아이누 사람들의 일상적 생명현상에 대한 직관에 기반한다.

그 루프의 고리에 꼬임이 있다는 것은 곰 의례의 애니미즘을

---

19 모시리는 아이누어로 대지, 세계, 사는 장소 등을 뜻한다.
20 [역주] 선물을 뜻하는 일본어 "미아게(みあげ)"에 몸을 바친다는 "미오아게루 (身をあげる)"의 뜻이 담겨 있음을 말한다.

고찰하는 데에서 특기할 만하다. 그것은 관이나 링과 같이 안과 밖이 나누어진 고리 모양이 아니다. 고리 위의 표면을 걷는 한 밖에서 안으로 들어가는 것은 불가능하다. 즉, 고리 위의 곰은 인간 세계에서 신의 세계로 갈 수 없다. 그러나 〈뫼비우스의 띠〉에는 안팎이 없기에 인간의 세계에서 빠져나온 곰은 어느새 신의 세계를 통과하여 다시금 인간의 세계로 되돌아온다.

안팎의 구별 없이 하나의 연속된 면으로 이뤄진 〈뫼비우스의 띠〉 위에서 이키리가 곰이 되고 곰이 이키리가 되는 것처럼 번갈아 들어가고 나오며 사람은 신이 되고 신은 인간이 될뿐더러 곰도 신이 되고 신도 곰이 된다. 인간의 세계와 신의 세계는 안팎의 구별이 없는 연결통로로 이어져 있어서 그 사이에서 왕복 순환이 끝없이 전개된다.

4. 애니미즘을 가두는 벽

아서 클라크의 SF소설 중에 「어둠의 장벽」[21]이라는 단편소설이 있다. 주인공 셔베인이 사는 혹성에는 온종일 지평선 위로 거대한 태양이 떠 있다. 그 때문에 밤이 사람들을 찾아오는 일은 없었지만, 이 혹성에는 태양 빛이 닿지 않아 '그림자의 나라'라고 불리는 장소가 있다. 그리고 그 앞에는 '어둠의 장벽'이 있다고

---

21 [역주] 『아서 클라크 단편 전집(1937-1950)』(심봉주 옮김, 황금가지, 2011)에 수록.

전해지는데, 셔베인은 그 건너편에 가보겠다는 계획을 세운다.

    셔베인이 어둠의 장벽을 넘어 여행하는 사이, 삼대에 걸쳐 셔베인 일가의 가정교사를 맡아온 그레일은 셔베인의 친구 브레일든에게 다음의 수수께끼 같은 말을 주절거린다.

    브레일든! 우리 우주는 저 장벽으로 끝난다고 할 수도 있고 동시에 그렇지 않다고도 할 수 있소. 거기에는 경계선이 없으니 장벽이 세워지기 전에는 아무 방해를 받지 않고 앞으로 나아갈 수 있었소. 장벽은 그저 인간이 친 울타리일 뿐이지만, 그것이 놓인 공간의 특성을 공유하지요. 그 특성은 언제나 그곳에 존재했으며 장벽이 보탠 것은 아무것도 없다오(클라크 2011: 225).

    건너편으로 갈 수 없게 막는 어둠의 장벽은 인간의 손으로 만들어진 것이다. 그런데 그 벽이 있든 없든 공간의 특성은 변하지 않는다고 한다. 그렇다면 대체 그 공간의 특성이란 무엇인가?

    그레일은 손에 든 종이테이프의 양 끝을 비꼬아 붙이고는 그것을 브레일든에게 내밀면서 손가락으로 훑어보라고 말한다. 브레일든은 그레일의 지시를 따르면서 중얼댄다.

    끝없이 이어지는 단일한 면을 가진 종이가 되었습니다(클라크 2011: 228).

그것은 하나로 연결된 면으로 이루어진 도형이었다.

가정교사 그레일은 종이테이프의 끝을 비꽈서 만든 도형은 혹성의 옛 선조들이 고대 종교에서 널리 사용하던 것임을 밝힌다. 소설에서는 언급되지 않았지만, 분명 그 도형은 〈뫼비우스의 띠〉일 것이다.

셔베인은 그 후 어둠의 장벽 저편에서 혹성으로 돌아오는데, 바로 그 직전 장벽의 긴 석조 계단이 위에서부터 부서지며 무너져 내리는 광경을 환시한다. 어떤 위험한 일이 벌어질 것을 꿰뚫어 본 선조들이 연결통로인 계단을 파괴한 것이다.[22]

이 소설은 "장벽에 저편이 없다는 것을 그는 누구보다도 잘 알고 있었다"(클라크 2011: 229)라는 말로 끝을 맺는다. 셔베인은 어둠의 장벽 저편을 돌아 귀환해 몸소 그 비밀을 깨우쳤다.

벽의 저편은 이편과 하나로 연결된 면이다. 그래서 벽의 저편을 걷다 보면 뒤쪽으로 가다가 어느샌가 그대로 앞쪽으로 돌아오게 된다. 즉, 〈뫼비우스의 띠〉와 같은 세계가 펼쳐진다. 벽의 저편 세계는 이쪽과 저쪽, 삶과 죽음, 인간과 동물 등 이항의 명료한 분리로부터 성립하는 혹성의 이편인 우리 현실 세계의 실재와 질서를 무효화할 수 있는 세계다. 그래서 그 위험성을 간파한 선조들의 예지에 따라 '어둠의 장벽'으로 가로막힌 것이다.

---

22 과학저술가인 클리퍼드 픽오버(Clifford Pickover)는 그 장면에 대해 "벽을 넘어 여행하면 거주자들의 방향성이 바뀔 수 있으니 … 기이한 위상기하학적 형태의 세계를 거주자들이 알아차리지 못하도록" 선조가 거대한 계단을 파괴했다고 해석한다(클리퍼드 픽오버,『뫼비우스의 띠: 수학과 예술을 잇는 마법의 고리』, 노태복 옮김, 사이언스북스, 2011, 312쪽).

한쪽에서 다른 한쪽으로, 다른 한쪽에서 한쪽으로 자유로운 왕복 순환을 가능하게 하는 고차원 세계로의 침입이 어둠의 장벽으로 인해 봉쇄된 것이다.

한편으로 보면 '어둠의 장벽'으로 인해 막힌 것은 애니미즘 세계와의 연결이 아니었을까? 벽의 설치는 〈뫼비우스의 띠〉가 관이나 링의 형상으로 바뀌고 안팎의 구별이 만들어지며 산 자의 세계와 죽은 자의 세계, 이쪽과 저쪽이라는 두 면이 뚜렷하게 차단되는 〈뫼비우스 띠의 절단〉과 논리적으로 등가라 할 수 있다.

걷다 보면 죽음의 세계를 빠져나와 다시금 삶의 세계로 귀환하는 것이 가능한 애니미즘의 세계는 절대로 현실 세계에 들이닥치거나 출몰해서는 안 된다. 그것이 풀려나는 순간, [현실] 세계의 질서는 근본부터 붕괴해버릴 것이다. 저 혹성에는 〈뫼비우스의 띠〉 모양의 세계를 아는 사람들 가운데 '어둠의 장벽'을 쌓고 애니미즘의 침입을 저지하려는 이들이 있었다. 〈뫼비우스의 띠〉 모양의 세계, 곧 애니미즘 세계와의 연결은 그 정도로 위험하다.

여기서 다시 곰 의례로 돌아가 보자. 나카자와 신이치는 곰을 신으로 숭상하는 베링해협 동서부 지역 선주민들의 집합 기억을 다룬 저서인 『곰에서 왕으로』에서 인간과 동물 사이의 대칭 관계를 상정하는 '대칭성 사고'가 퍼져 있는 권역의 최남단에 아이누의 세계가 있다고 보았다. 대칭성 사고는 곰 의례에서 살펴봤듯이 애니미즘의 특징적인 사고 양식이다.

나카자와는 그 밑으로 남하하면 인간이 동물에 대해 우위를 점하는 '비대칭성 사고'가 지배적으로 나타난다고 말한다.

그 대신 등장한 것은 생물권에 대한 인간의 압도적인 우위를 조금도 의심하지 않는 사람들입니다. 이 사람들은 자신만은 먹이사슬의 고리에서 초월한 존재라고 확신하며 동물들을 마음대로 가두거나 사냥을 스포츠처럼 즐기며 동물들을 죽여도 상관없다고 생각합니다. 적어도 그런 것에 아무런 의문을 품지 않는 인간이 된 것이지요(나카자와 2003: 37).

『곰이 된 소년』에서 아이누족보다 남쪽에 사는 이들은 투문치족이다. 이케자와가 묘사한 투문치족은 오직 자신의 힘만을 믿고 인간의 힘을 전혀 의심하지 않는 민족이다. 그들은 결코 곰 의례를 하지 않는다. 투문치족은 애니미즘의 연결통로를 '보이지 않는' 벽으로 막고 있는 사람들이다. 그러므로 그들은 클라크의 SF소설 「어둠의 장벽」에 나오는 혹성의 선조들이기도 하다. 그들 모두 애니미즘의 세계를 위험한 것으로 보고 벽으로 막아 버렸기 때문이다.

5. 요시모토 다카아키로부터 환상론을 생각하다

애니미즘에는 이쪽과 저쪽 그 어느 쪽도 있을 수 있다는 〈뫼비우스의 띠〉 모양의 연결통로가 있었다. 사람이 곰을 보내주는 의례 속에 곰이 신의 세계로부터 다시 돌아와주기를 바라는 마음이 담겨 있다면, 애니미즘이란 단지 '보내주는' 것이 아니라 보낸 것 자체가 언젠가 다시 돌아와주기를 바라는 염원을 담고 있다.

안팎이 없이 하나의 면만으로 이루어진 〈뫼비우스의 띠〉 모양의 연결통로를 왕복 순환하는 애니미즘은 중생이 정토(淨土)에서 왕생(往生)하고 다시 돌아와 중생을 구하는 정토 계열의 불교사상과 겹친다. 여기서는 요시모토 다카아키[23]의 '환상론(還相論)'을 단서로 이를 검토해보고자 한다.

요시모토는 근대의 정토진종(淨土眞宗)에서 거의 언급되지 않은 신란[24]의 환상회향(還相廻向)[25]을 독자적으로 해석한 사상

23 [역주] 요시모토 다카아키(吉本隆明, 1924~2012)는 일본의 작가이자 전후 사상가로서 한국에서 소설가로 잘 알려진 요시모토 바나나의 아버지이기도 하다. 도쿄공업대학 재학 중 마르크스 사상을 접하고 졸업 후 노동조합운동에 참여하며 여러 권의 시집을 출간한다. 일본 전후민주주의의 주요 사상가로서 그는 평생 평론 집필과 강연 활동을 적극적으로 개진했다.
24 [역주] 신란(親鸞, 1173~1263)은 가마쿠라 시대(鎌倉時代)에 활약한 일본의 불교 사상가이며 현재 일본에서 가장 큰 불교종단인 정토진종(淨土眞宗)의 창시자다. 그의 생애에 관해서는 남겨진 기록이 없어 알려진 바가 없다. 후대에 알려진 이야기로 그는 9세에 출가하여 29세까지 염불 수행에 전념한다. 29세에 하산 후 저명한 고승 호넨(法然)을 만나 일본불교의 새로운 흐름을 만들어낸다. 그의 사상은 '비승비속(非僧非俗)'과 '악인정기설(惡人正機說)'에 잘 나타난다. '비승비속'은 신란 스스로 승려도 아니고 속인도 아니라고 한 것이며 '악인정기설'은 선인도 왕생하는데 하물며 악인이 왕생 못하겠는가의 역설로 악인이야말로 구제의 대상이라고 칭한 것이다. 즉, 그는 선업을 쌓아 극락왕생한다기보다 부처에게 전적으로 의지하는 절대 타력의 신앙을 설파했다. 또한 그는 62세에 교토로 돌아온 후 열반할 때까지 저술 활동에 전념하여 불교 사상서를 다수 남겼다.
25 우메하라 다케시에 의하면, 신란은 '이종회향(二種廻向)'설이 극락정토에 머무는 '자리(自利)'를 충족시키는 왕상(往相)에 대해 대승불교의 근본이념인 '이타

가로 잘 알려져 있다. 그는 정토진종의 가르침에서 신앙의 측면을 배제한 채 환상회향을 이해한다.

신란이 담란(曇鸞)의 『정토론주(淨土論註)』를 이어받아 '왕상(往相)'과 '환상(還相)'을 풀이할 때, 어떤 의미에서는 삶에서 죽음 쪽을 향해 걸어가는 것을 '왕상', 살아가면서 죽음에서 조망을 획득하는 것을 '환상'이라고 독해한 것일 수 있다. 신란은 이 정토문의 교의상 과제를 그야말로 사상적으로 떠안아 풀어낸 것이다(吉本 2002: 154).

요시모토는 이렇게 말하며 살아있는 곳에서 죽음을 향해 걸어가는 모습을 왕상, 살아가면서 죽음에서 조망을 얻는 모습을 환상이라고 해석한다. 요시모토에 의하면, 정토에 가버린 다음 반전해서 다시 예토(穢土)²⁶로 돌아오는 것이 아니라 삶이 흘러가는 가운데서 뒤돌아보며 살아있는 곳을 조망하는 관점을 획

(利他)'의 가르침을 환상(還相)으로서 추가한 것이며, '악인정기설(惡人正機說)'보다도 중요한 사상이라고 보았다. 그런데 염불을 외우면 극락정토에 왕생할 수 있다는 주장은 하나님의 나라가 도래해서 죽은 사람들이 부활할 수 있다는 기독교의 주장과 마찬가지로 비과학적인 것으로 생각되기 때문에, 근대의 진종학(眞宗學)에서는 거의 언급하지 않게 되었다(梅原 2017: 346-51). "염불을 외우면 반드시 극락정토에 왕생할 수 있다는 교설이 비과학적이라고 한다면, 염불자가 극락정토에서 또 이 세계로 되돌아온다는 따위의 교설은 더더욱 비과학적으로 여겨졌을 것이 분명하다"(梅原 2017: 351).

26 [역주] 불교 용어로서 예토란 극락을 가리키는 정토와는 반대로 중생이 살아가는 번뇌로 가득 찬 고해의 현실 세계를 가리킨다.

《아비타성중래영도(阿弥陀聖衆来迎図)》, 14세기 견본착색, 도쿄국립박물관 소장.

득하는 것이 '환상론'의 정수다.

요시모토의 견해에서 신란의 환상론은 아미타불의 본원에 따라 '정토'에 왕생한 중생이 '예토'로 다시 돌아와 중생을 구한다는 것과는 다르다. 즉, 예토와 정토가 각각 이쪽과 저쪽에 있고 그것들 사이를 단순히 왕복 순환한다는 것이 아니다.

요시모토는 신란의 환상론에 대해 다음과 같이 말한다. 신란은 "아미타불의 서약을 의심하지 않고 그 타력(他力)의 빛 속에 에워싸인 상태에서 염불을 외울 때야 비로소 다다를 수 있는 장소", 곧 "정정취(正定聚)"[반드시 열반에 이를 수 있는 중생]의 "위치 어딘가에서 현실 세계를 보거나 인간을 본다면 전혀 다르게 보일 것이라고 말하고 있습니다"(吉本 2012: 45-6). 요컨대, 왕상을 정진한 끝에 다다른 장소, 곧 정정취의 위치에서 지금까지 지나온 길을 되돌아 바라보는 시점을 획득하는 것이 환상이다.

바로 이 점에 왕복 순환의 의미가 있다. 단지 저편에 진입한 후에 되돌아오는 것이 아니라 저편으로 가는 도중에 지나온 길을 되돌아봄으로써 그 여세를 몰아 왕복 순환이 성립하는 계기를 얻는다.

앞서 살펴봤듯이 곰을 신의 세계로 보내는 것만이 곰 의례의 전부는 아니다. 그와 동시에 곰 의례는 곰이 선물을 들고 사람의 세계로 돌아와주기를 기원한다.

곰 의례를 행하는 사람들은 곰이 신이 '되는' 데까지 곰을 보내주었다. 사람들은 인간 세계와 신의 세계 사이에 있는 이상적인 장소, 곧 〈뫼비우스의 띠〉의 어딘가 혹은 정토사상에서 말하는 정정취의 위치에서 곰이 인간 세계를 되돌아 봐주기를 기도한다. 요시모토의 환상론으로 부연 설명하면, 그곳이야말로 카무이 모시리(신의 마을), 신(곰)의 세계가 돌출한 곳이다.

6. 샤머니즘과 애니미즘

지금까지 환상론적 정토사상을 애니미즘과 연관지어 고찰해보았다. 그런데 애니미즘 탐구에 일생을 바친 인류학자 이와타 케이지[27]라면, 이 논의를 절반 정도만 인정했을 것이다. 이와타는 애니미즘을 완전히 이해하기 위해서는 왕상과 환상을 반복하는 것, 바꿔 말해 "우리가 이승과 저승으로 이뤄지는 하나의 세계에 사는"(岩田 1993: 150) 것만으로는 충분치 않다고 생각한 듯하다.

이와타는 "샤머니즘은 애니미즘을 출발점으로 그 위에 세워진 종교라고 인류학자들은 말하는데, 그것은 뭐 그렇다고 할 수 있다"(岩田 1993: 145)라고 묘한 긍정을 한 다음에 이를 한층 더 확대 해석하여 "애니미즘은 선(禪)에 가까우며 샤머니즘은

---

27 [역주] 이와타 케이지(岩田慶治, 1922~2013)는 일본의 문화 인류학자다. 1946년 교토대학 문학부를 졸업한 후 오사카시립대학, 도쿄공업대학, 국립민족학박물관의 교수를 역임했다. 태국, 라오스 등지에서 현지 조사를 진행했으며 동남아시아의 생활문화에 관한 다수의 저서를 출간했다. 그는 선(禪)을 포함해서 근원적인 종교 체험으로서 애니미즘에 주목했으며 독자적인 애니미즘론을 주장했다. 마이니치 출판문화상, 미나카타쿠마구스(南方熊楠) 상 등을 수상했다.

정토교(淨土敎)에 가깝다고 한다면 물론 반대하는 이들이 많을 것이다. 그러나 그렇다 할지라도 가만히 생각해보면 역시 그렇지 않은가?"(岩田 1993: 145)라고 이어 말한다. 만약 이 부분을 곧이곧대로 받아들인다면 지금까지 살펴본 정토사상을 기반으로 하는 애니미즘의 왕복 순환론은 이와타에게 '샤머니즘적'으로 보일 수 있다.[28]

이와타는 어째서 환상론을 샤머니즘적이라고 본 것일까? 나카자와는 아시아의 종교를 정적(靜寂)의 명상법을 행하는 불교와 그것과 극명한 대조를 이루는 망아(忘我)의 샤머니즘으로 구분한다. 그는 이러한 구분 아래 몽골에서는 하늘의 관념과 그것을 지상과 연결하는 샤머니즘이 특히 발달하여 망아(orgy)의 부분이 거대화된 것으로 이해한다(河合·中沢 2008: 28-37). 샤먼은 망아를 통해 저쪽에 갔다가 다시 이쪽으로 되돌아오는 "두 개의 세계를 중개한다. 천상에 있는 신의 말을 지상의 사람들에게 전달한다"(岩田 1993: 149). 샤먼에 의해 하늘과 땅, 저승과 이승이 연결된다.

이와타는 환상론과 샤머니즘에 대해 다음과 같이 말한다.

---

28 "샤먼이란 지구의 다양한 지역에서 트랜스(trance), 즉 통상의 의식 상태와는 다른 '의식변성상태(Altered States of Consciousness)'에 들어가 눈에 보이지 않는 세계와 교신하고 이를 통해 병이나 상처를 치료하거나 공동체의 안녕을 기원하거나 예언을 행하는 인물에 관한 것이다. 샤먼은 보통의 사람들에게는 눈에 보이지 않는 회로를 통해 그 사회 및 문화의 숨겨진 진실에 접근한다"(奥野 2017: 104).

불에 대해 감사를 올리기 위한 의례를 행하는 샤먼. 촬영 오쿠노 카즈미(2011년).

원형으로서의 샤머니즘은 어쩐지 정토교와 닮지 않았는가?
"삼가 정토진종을 생각건대 두 종류의 회향(廻向)이 있다. 하나는 왕상이요, 또 하나는 환상이다."
이것은 신란이 일생을 숙고하며 집필한 저작『교행신증(教行信証)』서두의 한 구절이다(岩田 1993: 150).

샤먼은 알 수 없는 말을 하면서도 무심하게 춤을 추며, 물을 뒤집어쓰고, 다정한 마음으로 사람들의 고민에 귀를 기울이며 두 개의 세계를 중개한다(岩田 1993: 149). 이러한 샤먼이 존재한다는 것이 이와타에게는 정토로의 왕상과 환상의 왕복 순환을 설파하는 정토진종 사고와 가깝게 느껴진 것이 아니었을까? 만약 그렇다면 이와타가 그러한 샤머니즘과 뿌리가 같을뿐더러 그것의 토대라고 말하는 애니미즘의 중핵에는 과연 무엇이 있을까? 다음으로 이에 대해 생각해보고자 한다.

7. 무인과적 연결의 원리로서 동시

이와타는 '동시(同時)' 또는 '무시(無時)'가 애니미즘의 근본에 있다고 생각한 것 같다. 그렇다면 동시 또는 무시란 무엇인가?

『정법안장(正法眼藏)』[29]을 한 손에 들고 동남아시아에서 현

---

29 [역주]『정법안장』은 일본 조동종의 개조인 도겐이 저술한 것으로 95권으로 이뤄졌다. 이 책은 선불교의 수행과 생활작법에서부터 사상체계까지 그야말로

지 조사를 수행한 이와타는 이 말을 일본 조동종(曹洞宗)의 개조인 도겐[30]에서 가져왔지만, 그 말에 담긴 의미를 생각해보기에 앞서 보다 널리 알려진 분석심리학자 칼 융(Carl Gustav Jung)의 '동시성(synchronicity)'과 비교해보고자 한다.

융이 말하는 동시성이란 "인과적 연관은 없지만 어떤 의미상의 연결이 느껴지는 복수의 사상 부합(의미심장한 우연의 일치)"(老松 2016: vii-viii)에 관한 것이다. 융은 자신이 치료하는 젊은 부인이 황금풍뎅이를 건네받은 꿈을 이야기하던 도중 자신의 뒤에서 무언가 창문을 두드리는 소리를 듣는다. 그것은 풍뎅이과의 딱정벌레로 융은 그것을 공중에서 잡았다고 한다. 융은 이 에피소드를 "'우연'이 동시에 발생했다고는 도저히 믿을 수 없는 '우연 일치'의 사실", 즉 동시성의 한 사례로 삼는다.[31]

융은 동시성을 탐구함으로써 프로이트와는 다른 무의식의

선불교를 집대성한 것으로 도겐이 1231년부터 1253년 54세에 입적하기까지 22년간 집필한 것이다. 우리나라에서는 한보광(韓普光) 스님의 주석과 해설 및 강의를 곁들인 총 10권의 『역주 정법안장 강의』(如來藏, 2020)가 출간되어 있다. 본문의 정법안장 인용문은 『역주 정법안장 강의』에서 가져왔다.

30 [역주] 도겐(道元, 1200~1253)은 일본 가마쿠라 시대 승려다. 교토 귀족 가문에서 태어나 어려서 부모를 잃고 14세에 출가하여 천태종 소속의 관승으로 지내다 1223년 그의 나이 24세 때 중국 송나라로 건너가 선종 계열인 조동종의 가르침을 받고 1227년 일본으로 귀국하여 조동종을 전파했다. 도겐의 사상은 '수증일등(修証一等)'이라는 말로 설명되는데, 성불(成佛)은 일정한 수준에 이르는 수행 끝에 완성되는 것이 아니라 무한한 수행 그 자체라는 주장이다. 즉, 좌선 그 자체가 '불(佛)'이며 수행 자체가 '깨달음'이라는 것이다.

31 [역주] 칼 구스타프 융, 볼프강 E. 파울리, 『자연의 해석과 정신』, 이창일 옮김, 연암서가, 2015, 72-73쪽.

존재에 다가서고자 했다. 융의 무의식은 그 속에 시간적 계기가 존재하지 않는 특징이 있다. 즉, 인과율에 얽매이지 않는 것이 융이 말하는 마음의 정체다(中沢 2019: 188). 융의 동시성은 '무인과적 연결의 원리(acaual connecting principal)'라고 불린다.

나카자와에 의하면, "인과율로 연결된 표층적 현실 아래에 이와 같은 우연의 집적이 렘마(lemma)[32] 간의 결합을 통해 상호 연관되는 별개의 존재 영역이 활동을 지속한다"(中沢 2019: 188). 융이 생각한 무의식은 그러한 존재 영역에서 현실과 병행하며 생기한다. 달리 말해 융의 무의식은 인과율에 지배되고 의식이 작용하는 현실 세계와 병존하는 [별개의] 존재 영역에서 무인과적 연관을 원리로 하여 작용한다. 이것은 이와타가 말하는 동시 또는 무시에 가깝다.

이와타가 말하는 동시, 즉 인과율에 얽매이지 않는 세계란 대체 어떤 시공(時空)인 것일까? 이에 대해 이와타가 종종 인용하는 사례를 통해 생각해보자.

이와타는 푸난족(말레이시아 사라왁주 발람 강가에 사는 수렵민)의 한 남자가 바람총을 입에 물고 '훗'하고 숨을 불어넣는 모습을 목격한다. 보통의 경우라면 화살이 일직선으로 공중을 날아가 빠른 속도로 과녁에 적중하기를 기대했겠지만, 화살의 종적은 묘연한 채 작은 새가 파닥거리며 땅에 떨어졌다. 이를 본

---

32 [역주] 렘마(lemma)는 '받는다'라는 뜻의 그리스어 "λῆμμα"에서 유래한 것으로 철학적으로는 직관적으로 파악되는 '율(律)' 또는 '구(句)'를 가리키고 수학적으로는 더욱 중요한 명제를 증명하는 데에 쓰이는 명제를 가리킨다. 후자의 의미에서 보조정리로 번역되기도 한다.

푸난의 바람총. 촬영 오쿠노 카츠미.

이와타는 화살이 날아가 탁 하고 작은 새가 떨어진 인과율의 한 순간이 아니라 그 두 가지 사건이 동시에 일어난 것은 아닐까 생각했다(岩田 1993: 129). 여기서 그는 자신이 내린 잠정적인 결론을 다음과 같이 말한다.

> 한쪽의 입장에 서면 인과(因果), 다른 한쪽의 입장에 서면 동시(同時). 지나치게 형식적일 수 있지만, 그렇게 말 못 할 것도 없다. 만일 무한이라는 척도를 자기 자신의 척도로 삼을 수 있다면, 그 속에서 화살이 날아가고 작은 새가 떨어지고 바람이 불고 나뭇잎이 흩어진다. 이미 사사무애(事事無碍)의 세계다(岩田 1993: 131).

이와타에 의하면, 우리 주위에는 인과의 시공과 인과와 무관한 시공이라는 두 가지 시공이 있으며 그것은 곧 과학의 세계와 종교의 세계, 유한의 세계와 무한의 세계다(岩田 1993: 158). 여기서 이와타는 푸난의 바람총 에피소드를 인과와 무관한 세계, 달리 말해 동시의 시공에서 일어난 사건으로 보고 있다(岩田 1993: 158). 그것은 깨달음의 지혜를 통해 보이는 절대의 경지이며 삼라만상이 서로를 침범하지 않은 채 각자의 분수를 지키면서 동시에 서로 융통하는 사사무애의 세계다.

이와타는 푸난족이 동서고금의 철학자 이상으로 철학적이며 걸출한 종교가 이상으로 종교적이었음을 믿어 의심치 않는다고 말한 후에 다음과 같이 서술한다.

작은 새를 관통한 푸난의 화살. 촬영 오쿠노 카츠미.

푸난의 화살은 죽음의 한 점을 향해 날아갔다. 아니, 죽음이 푸난의 화살을 불러들였다. 작은 새 안의 죽음만이 아니다. 작은 새의 죽음 너머 저편에 펼쳐진 어둠이, 죽음의 세계가 화살을 부른 것이다.

죽음이 숲속에서 인기척도 내지 않고 살금살금 다가와 푸난에게 속삭였다. 푸난을 에워쌌다.

푸난은 거의 무의식적으로 화살을 불었다. 죽음이 푸난과 작은 새를 에워싸며 퍼져나갔다(岩田 1993: 140).

그것은 죽음 속에 자연이 있고 인생이 있으며 생명체가 살아가며 삼라만상이 생생하게 빛나고 무수한 만남이 존재하는 세계이자 "'동시'의 세계"다(岩田 1993: 142). 동시는 '무시(無時)'로 바꿔 말할 수 있다. 거기서는 "시작과 끝이 이어져 있다. 시작이 끝이고 끝이 시작이며 그 사이에 '무시'라는 기이한 시간이 끼어 있다"(岩田 1993: 143).

8. 이와타 케이지의 애니미즘

그 동시(同時)에 애니미즘이 어떻게 관계하는 것일까? 이와타에 따르면 애니미즘이란 융이 주창한 동시성이라는 무인과적 연결의 원리로 성립된 세계와 인과율로 결합된 표층적 현실이 마주칠 때 나타나는 "순간의 세계"(岩田 2000: 189)다. 이와타는 다양한 생명과 관계하며 서로 융통하는 자연 가운데 성립하는 절대 경지 속 신과의 만남을 다음과 같이 묘사한다.

> 벼의 신은 벼의 생명에 숨은 기이함에 대면해 붙인 이름이다. 곡창의 볍씨를 출발점으로 논으로 나가 생장하여 흙과 하늘, 새들과 공생하며, 베어져 스스로 제 일부를 인간에게 나눠주고, 남은 볍씨는 다시 논으로 나간다. 벼의 생산을 아주 가까이에서 보고 있으면 그 속에 기이함을 느끼지 않을 수 없다. 그 기이함에 감동하고 만다. 벼도 인간도 아닌 것이 그 속에 현전하고 있음을 직관한다. 이때 그것을 신이라고 부른다. 벼에 나타난 신이기 때문에 벼의 신이라고 불렀다. 기이함이 문화 속에 발자취를 남긴 것이다(岩田 1993: 148).

자연 속에 생성한 것의 일부를 받은 인간이 느끼는 그 기이함에 대한 감동이라는 직관적 깨달음이야말로 애니미즘의 핵심이라고 이와타는 말한다. "신은 동시의 세계가 우리 세계와 접촉한 그 접점의 사건"(岩田 1993: 148)이며, 동시의 세계인 저 세계(밖)가 인과로 성립되는 농민의 세계인 이 세계(안)와 스치는 순간 두 세계가 동시에 나타나 우리의 두 눈이 번쩍 뜨인다(岩田 1993: 149). 바로 이것이 애니미즘이다. 요컨대, 융이 말하는 무인과적 연결의 세계가 있고, 인과율이 작용하는 우리의 세계가 그것과 접촉하는 순간의 놀라움이 애니미즘이다.[33]

이 세계에 사는 우리 인간은 인과관계의 그물망에 꼼짝없이 얽매여 있다. 다른 한편 샤먼과 같은 인간만이 출입할 수 있는 인과로부터 자유로운 시공이 있다. 앞서 살펴봤듯이 이와타에 따르면 인과와 무관한 세계에 갔다가 돌아올 수 있는 것은 샤먼 같은 존재뿐이다. 샤먼은 (용모와 자태를 바꿔서) 이쪽에서 저쪽으로 갔다가 다시 이쪽으로 돌아온다.

이와타는 말한다. "문제는 어떻게 그곳으로 헤엄쳐 갈 수 있는가이다. 동시라 불리는 인과와 무관한 시공의 문을 열 수 있는

---

33 이 점에 관해 나카자와는 다이쇼(大正)에서 쇼와(昭和)에 걸친 모더니즘 시대를 살았던 미야자와 겐지(宮沢賢治)가 엔진이나 비행기 등 인간이 차지한 공간의 확대를 목도하며 '4차원'을 탐구한 것이라고 말하며, 덧없는 봄의 식물이 싹을 틔우는 순간에 자연 속에 있는 과잉의 '반코스모스성'이 불현듯 나타난다고 보았다(中沢 1998: 79). 이에 대해 대담자인 고바야시 야스오(小林康夫)는 미야자와 겐지의 그 '열린 존재 양상'을 법화경 애니미즘 혹은 불교 애니미즘으로 파악했다(中沢 1998: 95).

지가 관건이다"(岩田 1993: 160). "'동시'라고 하면 시간의 테두리 안에 있다고 생각하기 쉽지만 그렇지 않다. 완전히 새로운 시공이다"(岩田 1993: 27).

시간이 멈추고 공간이 나타난다. 그 공간에는 구멍이 있어 시간이 스며든다.
오래된 연못에 개구리가 뛰어드는 물소리[34]의 장소라고 해도 좋다. 고요한 표면에 파문이 인다. 개구리가 되어 파문을 좇고, 물가의 풀이 되어 파문을 기다린다. 아니, 스스로 파문이 되어 더없는 고요함을 전한다. 파문이 되어 굴곡의 지면에 퍼져나간다(岩田 1993: 27).

그러한 동시의 시공 속을 걸어 들어가면, 놀랍게도 그곳에서는 사람이 개구리가 되고 풀이 되며, 개구리가 일으킨 파문을 기다리는가 싶더니 이번에는 파문이 되어 퍼져나간다. 몇 번이고 새롭게 태어나는 세계에 가닿는 것, 그 속을 떠도는 것이 이와타가 말하는 애니미즘이다.[35]

34 [역주] 이 구절의 원문은 "古池や蛙飛びこむ水の音"이다. 이것은 에도 시대의 가인(歌人)인 마츠오 바쇼(松尾芭蕉)의 잘 알려진 시구로서 평범한 풍경 속에서 정취를 읽어내는 일본 와카(和歌)의 정서를 대변한다.
35 이와타는 『정법안장』에 근거하여 그때그때의 '바탕(地)'과 그때그때의 '형상(柄)'으로서의 모습은 불성으로서의 나와 중생으로서의 나라고 말한다. 불(佛)로서의 나는 그때그때의 '바탕(地)', 무지(無地) 안의 존재이며, 중생으로서의 나는 농민이 되고 어민이 되고 유목민이 되고 사냥꾼이 되는 등 각각의 때에 시조가 되는 나의 존재 양상을 보여준다고 말한다(岩田 2000b: 225-8).

그러나 동시 혹은 무시라고 불리는 시공의 문은 이와타에 의하면 수행자에게만 열린 세계가 아니다. 그것은 "아이에게도 어른에게도 노인에게도 열려 있는 세계, 본래 모든 인간에 내장된 세계"(岩田 1993: 162)다. 샤먼에게만 열려 있는 세계가 아니라 애당초 모든 인간에게 열려 있는 세계라는 것이다.

동시의 문은 이쪽과 저쪽 사이에 세워진 벽으로 바꿔 말할 수 있다. 벽과 같은 그것이 무너져 동시의 시공이 나타난다.

실은 회화의 캔버스도 동시의 화면, 동시의 공간이다. 소나무의 우주, 산의 우주가 그 속에서 동시에 표현되고 "우리는 그러한 시공에 걸어 들어감에 따라 지구를, 우주를, 그리고 자기 자신을 동시에 파악할 수 있다. 자신이 모든 존재의 뿌리에 맞닿아 있음을 느낀다"(岩田 1993: 169).

이와타는 또한 우리 주변의 친근한 현상 속에서 애니미즘을 다음과 같이 묘사한다.

> 애니미즘은 보통 정령신앙이라고 불리지만, 더 쉽게 말하자면 풀, 나무, 벌레, 물고기의 종교라고 할 수 있으며, 삼라만상의 종교라 부를 수도 있다. 우리 주위의 만물에 잠재한 신과 만나며 그 신과 대화한다. 그러한 종교를 나는 애니미즘이라고 부르기로 한다.
>
> 밭에서 방금 막 뽑은 무에는 흙이 묻어 있다. 마트의 선반에 진열된 무와는 다르다. 잘 자란 무의 푸른 이파리를 움켜쥐고 땅에서 쑥 뽑아 당긴다. 하얗고 굵은 무가 땅을 떠나 탄생한다. 그 순간을 붙잡아 그곳에서 신을 본다. 천지창조의

한순간을 보려 한다. 내게 애니미즘은 여러 종교 가운데 가장 소중한 종교다. 흙이 묻은 무와 같다.

애니미즘의 근본은 무엇인가? 돌에게도, 벌레에게도, 새에게도 본래 신이 깃들어 있음을 인정하고 그러한 신들로 가득한 자연을 존중하며 살아가는 것이다. 그리하면 나무는 나무로서 우주의 주인공이 되고 산은 산으로서 주인공이 되고 인간은 누구든 한 사람 한 사람이 주인공이 된다. 자신 또한 그들의 동료가 되어 풍경은 살아 숨 쉰다. 이것이 애니미즘의 공덕이다(岩田 1995: 255).

벼의 생명에 잠재한 기이함에 대면해 벼도 인간도 아닌 것의 현전을 직관하며 그것을 벼의 신이라고 부른 것과 마찬가지로, 푸른 잎을 움켜쥐고 땅속에서 무를 뽑아내는 순간 천지창조의 한 장면을 느끼며 신을 느낀다. 그것이 애니미즘이며 그 순간 나무와 산, 사람 모두가 각자 우주의 주인공이 되고 풍경이 생기를 얻는다. 그 속에서 깨달음의 지혜를 통해 보이는 절대의 경지로서 사사무애의 세계가 펼쳐진다.

이와타의 애니미즘론은 얼핏 보면 풀, 나무, 벌레, 물고기, 삼라만상에 혼이나 신이 깃들어 있다는 기존의 소박한 애니미즘론으로 보일 수 있다.[36] 그러나 그것은 이와타를 따라서 인과

---

36 여기서 상정하는 것은 인간과 비인간을 확연히 분리한 후에 비인간이 본래 가지고 있지 않다고 생각되는 정신(혼이나 영)을 비인간에 투사하는 에드워드 타일러 부류의 애니미즘이다(奥野 2020).

없는 세계와 인과로 성립되는 세계, 달리 말해 무한의 세계와 유한의 세계가 만나는 순간에 언어 이전 혹은 반성 이전의 드러남에 대한 감동과 놀라움, 혹은 전율로부터 일어나는 경험으로 이해해야만 한다.

9. 사라지는 애니미즘의 벽

오랫동안 나무의 형상에 매혹되어온 이와타는 "나무의 형상은 하나의 우주다. 하늘과 땅을 담고 있으며 보이는 것과 보이지 않는 것이 한 몸이 되어 장엄한 모습을 만들어낸다"(岩田 2000: 36)라고 말한다. 그리고 그러한 "무한을 담은 유한의 공간 혹은 유한을 내포한 무한의 공간"(岩田 2000: 37)으로서 한 그루의 거목을 "애니미즘의 나무"라고 부른다.

> 거기서는 도무지 기준이 통용되지 않는다. 컴퍼스도 쓸 수 없다. 시곗바늘은 멈춘 그대로다. 크기가 없는 것이 아니다. 동서남북이 없는 것이 아니다. 시간이 흐르지 않는 것이 아니다. 잴 수 없을 뿐이다. 잴 기준이 없다. 잴 사람이 없다(岩田 2000: 37).

여기서 말하는 것은 일상적인 신변의 풍경 속에 담긴 유한이자 무한이며 무한이자 유한의 시공이 애니미즘이라는 것이다. 자신의 뿌리에 가닿는 무시(無時)의 기이한 시공의 경험이 애니미즘이라면, 〈뫼비우스의 띠〉 모양의 연결통로를 통한 저편과의 공간적인 왕복순환 또한 시간순으로 잇달아 일어나는 것이 아님을 염두에 둘 필요가 있다. 이와타도 기술했듯이 "쌍방향으로 순환하는 것을 보는 방식 또는 풍경이 보이는 방식(…)을 순환이라 하지 않고 동시라고 한다"(岩田 2000: 31). 가는 것이 곧 돌아오는 것이며 돌아오는 것이 곧 가는 것이라는 공간적인 이동에 시간적인 연쇄성이 끼어들 여지는 없다.

애니미즘의 경험이란 무인과적 연결의 원리로 이루어진 세계와 인과율에 지배되는 세계가 맞부딪히는 순간에 불현듯 나타나는 것이다. 그렇다면 이 장에서 논한 애니미즘을 다음과 같이 되짚어볼 수 있다.

애니미즘에는 〈뫼비우스의 띠〉 모양의 연결통로가 있다. 이 연결통로는 안팎이 없고 하나로 이어진 면이 있을 뿐이다. 연결통로 자체는 '공간적'으로 왕상과 환상이라는 두 가지 상(相)으로 나뉘는데, "왕상은 곧 환상이며 환상은 곧 왕상"(鈴木·金子 2003)이라는 루프 모양을 하고 있다. 샤먼 같은 존재는 그 두 가지 상을 자유자재로 왕복할 수 있다.

그리고 그 연결통로의 안쪽에는 무인과적 연결의 원리로 성립되는 동시 또는 무시의 기이한 시간이 묻혀 있다. 샤먼뿐만 아니라 모든 인간이 우연한 계기에 그것을 엿보거나 경험한다. 애니미즘이란 〈뫼비우스의 띠〉와 같이 안팎의 구별이 없는 하나로 이어진 공간상의 무한루프일 뿐만 아니라 저쪽 어딘가에 동시 또는 무시가 잠재해 있다. 그리고 그 연결통로의 어디쯤에서 사람은 느닷없이 충격적인 형태로 신과 만난다.

이와타는 이 이야기를 다른 말로 표현한다. 애니미즘이란 "느닷없는 만남의 그 놀라움 속에서 자신과 까마귀, 자신과 도마뱀, 곧 자아와 타자를 가로막는 벽이 사라지는 것이다. 그리고 그 속에서 까마귀가, 도마뱀이 저 너머에서 튀어나오는"(岩田 2000: 50) 경험이다.

애니미즘의 신은 오로지 풀, 나무, 벌레, 물고기와 관련된다고 생각하는 사람도 있겠지만, 이 또한 그렇지 않다. 신을 경험하는 한가운데에 자신과 대지, 자신과 세계를 가로막는 벽도 동시에 사라진다. 그때 자타를 가로막은 벽은 구름이 흩어지고 안개가 걷히듯 일거에 사라진다(岩田 2000: 50).

신을 경험하는 절정에서 이편과 저편 사이의 틈은 사라지고 이편과 저편은 〈뫼비우스의 띠〉 모양으로 연결된다. 자기와 세계, 자기와 타자, 삶과 죽음 등은 평상시에는 확연히 갈라져 있지만, 애니미즘이 나타날 때 그 "벽은 사라진다".

10. 애니미즘의 현재성에 대하여

이 장 4절에서 클라크의 SF 소설「어둠의 장벽」에서 살펴본 것은 이쪽과 하나로 연결된 저쪽 세계에 도달하는 길이 벽에 가로막힌 사태였다. 이와 마찬가지로 우리가 매일 경험하는 현실 세계는 평소에는 애니미즘의 세계, 고차원의 세계, 무인과적 연결의 원리로 이루어진 세계 등등 이 장에서 그때그때 다양하게 불러온 "만물의 모태로서의 세계"(岩田 2000: 231)와 벽으로 가로막혀 있다.

그러나 그 벽이 허물어지는 때가 있다. 그때 사람은 신을 만난다. 왜 그런 일이 오늘날 중요한지를 이 장을 매듭지으며 생각해보고자 한다.

다시금 아이누족의 곰 의례로 되돌아가자. 아이누의 곰 의례에서는 사람의 세계와 신의 세계가 하나로 이어진 〈뫼비우스의 띠〉 모양의 연결통로로 묶여 있었다. 그런데 현대인의 세계에는 인간과 곰(신)이 하나로 연결되어 있다는 감각이 애당초 상실돼 있다. 나카자와의 다음 글은 그러한 사회의 성립을 정확히 집어낸다.

> 인간과 동물 사이에는 뛰어넘을 수 없는 깊은 골이 생기고 높은 장벽이 세워져 동물들의 마음이 무엇을 느끼며 무엇을 바라는지에 대한 감수성은 거의 사라진 사회가 형성돼왔다(中沢 2017: 117).

나카자와에 의하면 높은 장벽이란 "인간과 동물 사이에 쌓아 올려진 절망의 벽"(中沢 2017: 120)을 가리킨다. 나카자와는 높은 장벽이 세워짐에 따라 동물의 마음이 무엇을 느끼며 무엇을 바라는지에 대한 감수성을 잃어버린 사회가 만들어졌다고 말한다.

정반대의 시야에서 보면 "동물의 마음이 무엇을 느끼며 무엇을 바라는지"의 감수성을 기르기 위해서는 그 절망의 벽을 허물어야 한다. 이를 위해서는 이 장 서두의 경구에서 보여준 푸난의 신화 '곰에게 꼬리가 없는 이유'와 같이 곰이 인간처럼 행동하는 세계가 순조롭게 들어설 수 있는 감수성을 우리 안에 계속해서 배양해두는 것이 중요하다. 이 점에 애니미즘의 현대적 의의가 있다.

인간은 지구상의 수많은 장소에서 동식물이나 사물을 포괄하는 자연을 인간의 영역으로부터 분리하고 대상화하며, 인간의 이익과 쾌적함을 위해 자연을 이용하고 개조하면서 현대세계를 만들어왔다. 흔히 말하듯 사람의 손에 의해 지구의 생태환경이 엉망이 된 것이다. 그 결과 지구상의 온갖 생물이 '상처받은 지구'에 살아갈 수밖에 없게 되었으며, 인간이 자연의 호된 보복을 받고 있다는 사실을 최근에야 비로소 깨닫게 되었다. 자연을 인간의 영역에서 떼어내 구축해서 그것들을 인간 본위로 조작하거나 이용하려는 기획이 이제 곳곳에서 인간을 곤란한 지경에 빠뜨리고 있다.

이 장에서 살펴봤듯이 표층적인 현실을 살아가는 인간의 일상적 지식만으로는 파악하기 힘든 언어 이전, 반성 이전의, 인간 사고 자체를 초월한 외부세계에 가닿는 것, 그곳과의 연결통로를 열어 이쪽과 저쪽을 몇 번이고 반복하는 왕복 순환이 애니미즘의 정수다. 푸른 잎을 움켜쥐고 무를 땅속에서 뽑아낼 때 어떤 소리가 나는지를 경험해 보거나 연못에 뛰어드는 개구리가 되어 파문을 쫓아가는 것을 넘어서서 스스로 파문이 되어 지면에 퍼져나가는 순간 애니미즘은 다시 생기한다.

애니미즘은 그러한 만물의 모태로서 세계, 사사무애의 절대경지와 연결통로를 열어둠으로써 가능해진다. 반대로 벽 너머의 세계, 그곳에 사는 동식물과 사물을 만나려 하지 않고 애니미즘과의 연결통로를 단절한 채로 내버려둔다면, 우리는 앞으로 우리들의 갈 길을 잃고 영원히 그 길을 찾지 못할 것이다.

2장
삼분법, 선, 애니미즘

화가 막스 에른스트(Max Ernst)는 "해부대 위에서 재봉틀과 우산의 우연한 만남처럼 아름다워!"[37]라는 로트레아몽의 유명한 시구절을 오랫동안 창작의 좌우명으로 삼았다고 한다. 이 짧은 시구에서 알 수 있듯이 "겉으로 보기에 대립적인 성질을 가진 두 개 혹은 그 이상의 요소들을 한층 더 그것들과 대립적인 성질을 가진 수준에 모아놓는 것"(Ernst 1934; Lévi-strauss 1992: 244에서 재인용), 바로 이것이 에른스트에게 예술의 목적이었다.

37 [역주] 장편 산문시집 『말도로르의 노래』(황현산 번역, 문학동네, 2018, 248쪽)에 수록된 여섯 번째 노래 중 한 구절이다. 이 시집의 작가 로트레아몽(본명 이지도르 뤼시앵 뒤카스(Isidore Lucien Ducasse, 1846~1870))은 우루과이에서 부친이 프랑스 영사관 부영사인 중산층 집안에서 태어나 13살의 나이에 프랑스로 유학을 떠나 중학교를 졸업한 후 호텔을 전전하며 시를 쓰다 24살의 나이에 요절했다. 로트레아몽 백작이라는 가명으로 1869년에 출간된 이 시집은 1920년대 초현실주의 예술가와 문인들의 눈에 띄어 생전 무명이었던 그의 이름을 문학사에 올리게 했다.

레비스트로스는 절친한 화가의 이 예술론을 인용하면서 자신의 학문을 특징짓는 '구조분석'이라는 방법을 다시금 설명하는데, 잘 알려졌다시피 그 방법이란 이렇듯 복수의 대립항 간의 복잡하게 얽히고설킨 관계로부터 신화나 무문자사회의 의미체계를 정교히 분석하는 것이다. 그의 연구 분야인 친족 및 신화인류학에서 에른스트가 언급한 사태는 한층 더 복잡하고 착종된 형태로 나타난다.

[그것들의 의미체계에서] 이것은 한편으로 복합적 형상과 그것이 모습을 드러내는 배경 사이에서, 다른 한편으로는 형상 그 자체의 구성요소들 사이에서(요소는 두 가지 이상이므로) 대립과 상관의 이중적 얽힘이다(Lévi-strauss 1992: 244).[38]

실제로 레비스트로스는 앞선 로트레아몽의 시구를 '구조분석'하는 대범한 작업조차 손쉽게 해낼 수 있었다. '재봉틀'과 '우산'에서 예컨대 천을 뚫는 것(재봉틀)과 비를 막아주는 것(우산), 유체(비)에 관련된 것과 딱딱한 바늘에 관련된 것, 선단의 돌기가 위에 붙은 것(우산)과 바늘이 상판 아래에 붙은 것(재봉틀) 등등 다섯 내지는 여섯 쌍의 대립과 대비가 있을 수 있다. 대립항은 일단 그것에 주목하기 시작하면 차례차례 연쇄적으로 증식한다. 그리고 그것들은 "원래 완전히 별개였지만 이제는 서

---

38 [역주] Claude Lévi-strauss, *The View From Afar*, University of Chicago Press ed., 1992.

만 레이(Man Ray), 〈해부대 위에서의 재봉틀과 우산의 우연한 만남처럼 아름다워〉, 히로시마현립미술관 소장.

로가 서로에게 반전의 비유로 변형해간다". 게다가 두 개의 사물이 이처럼 강력한 연관성을 가지는 것은 제3의 사물('해부대')과의 결합을 통해서다(Lévi-strauss 1992: 244-5).

이러한 복수의 이항대립 간의 조합, 그 "대립과 상관"을 신화 그리고 구체적, 감각적, 사회적인 갖가지 현상 속에서 정성스레 읽어내는 것이 이 인류학자의 전문기술이었다. 이항대립은 그러한 "대립과 상관" 속에서 차례차례 재편성되고 의미를 변형하며 조정된다. 한편 에른스트는 그러한 조합이나 대비를 문자 그대로 '예술의 목적 그 자체'로 보았다.

이 관념을 착상이 기발하고 실험적인 화가와 예술가적 기질의 학자가 내놓는 색다른 견해로 받아들이기는 차라리 쉽다. 그렇지만 그 속에는 무언가 기묘하리만치 우리를 불안하게 만드는 것이 있다. 왜냐하면 이는 신화나 예술의 목적이 왜 하필 이 항대립, 곧 이원론의 복잡한 조정과 초극이라고 하는 것인지에 대한 근본적인 의문을 불러일으키기 때문이다.

통상적으로 생각해보면, 인류의 정신적인 영위에서 그러한 초극을 당면 과제로 삼은 분야는 오히려 철학이었거나, 그게 아니라면 선불교와 같이 논리적 정합성을 저 멀리 초탈하고자 했던 – 그런데 어떻게? – 동양의 종교이지 않았을까? 구태여 "다양한 이항대립의 대립과 상관"을 탐구함으로써 이항대립을 조정한다는, 어떤 의미에서는 도착적 일보전진이라고 할 수 있을 이러한 지향은 확실히 신화나 예술의 고유한 특징으로 보인다. 그런데 애당초 그러한 방법은 언뜻 떠오르듯 논리적 사고의 단순한 부정이나 당혹스러운 초현실적 표현으로밖에 귀결될 수 없는 걸까? 아니면 그 자체의 논리적 유효성을 그 고유한 이치를 따라 집요하게 모색하려는 것일까?

이번 고찰에서는 철학이나 종교적 경험 – 특히 애니미즘과 같은 근원적인 종교적 감정 – 의 이론을 구성하고 분석하는 데에서 이러한 발상이 유효한 방법론인지에 대한 일관된 검증을 시도한다. 그리고 그 과정에서 삼분법(trichotomy)이라는 독자적이고 보편적인 구조의 개념이 새롭게 제시될 것이다.

1. 환원주의의 재정의

잠시 레비스트로스의 잘 알려진 주장에 귀를 기울여보자. 앞서 살펴봤듯이 복수의 이항대립 간의 대립과 상관에서 무문자사회나 신화의 구조가 포착된다고 할 때, 레비스트로스가 강조하는 또 하나 주목해야 할 점이 있다. 그것은 바로 그러한 사고에서 의미체계의 "요소와 요소들 사이의 관계가 동일평면 위에 놓인다"는 점이다(Lévi-strauss 2008: 37-8).[39] 즉, 확정적인 요소들이 조합되어 "요소들 사이의 관계"가 점차 완성된다는, 근대인이 질서정연한 세계를 생각할 때 떠올릴 만한 착실한 적재의 방향성이 여기서는 성립하지 않는다. 반대로 무문자사회나 신화의 의미체계에서는 그것을 구성하는 요소들이 변해도 "요소들 사이의 관계"는 불변할 수 있으며 또 같은 요소들이 완전히 다른 "요소들 사이의 관계"를 맺고 '변환'되기도 한다.

이리한 다양한 변이에 대한 고찰이야말로 레비스트로스의 주특기라고 할 수 있는데, 그것은 무엇보다 "요소와 요소들 사이의 관계가 동일평면 위에 놓이는" 방식에 기반해 생겨난다.[40] 즉, "요소들 사이의 관계"로부터 확정적으로 "요소들"이 도출되는 것도 아니고 "요소들"로부터 확정적으로 "요소들 사이의 관계"가 도출되는 것도 아닌 그 '어느 쪽도 아닌' 상태에서 생겨

---

39 그가 '신화의 구조'로 제시한 후 신화공식(Canonical Formula)으로 불린 식 Fx(a) : Fy(b) = Fx(b) : Fa-1(y) 또한 '요소들(항들)'과 '요소들 사이의 관계'가 서로 얽혀 같은 평면에 나란히 위치하는 것을 비유적으로 표현한 것이다.

40 나아가 레비스트로스는 무문자사회 및 그 신화 속에는 복수의 이항대립에서 대립항들을 서로 근접시켜서 모순과 대립을 없애거나 그것들 모두와 관계하는 제3항을 도입함으로써 이항대립을 조정하는 '매개'라고 불리는 사고 또한 찾을 수 있다고 말한다. 여기서는 '요소들'/'요소들 사이의 관계'라는 이항대립 자체가 복수의 이항대립과 뒤얽히는 가운데 조정되고 무효화된다.

난 다양한 변이가 레비스트로스에 의해 추출되는 '구조'다.

그에 따르면 이렇듯 어느 한 이항대립을 우선 상정하고 사태를 그 양극의 어느 쪽으로도 결코 환원하는 일 없이, 그 위에 다양한 이항대립을 조합함으로써 그것들의 대립을 조정하거나 변환한다는 사고는 인류 보편적인 것이다. 오히려 "확정적인 요소들이 조합되어 '요소들 사이의 관계'가 점차 완성된다"는 관념처럼 '어떤 과정을 통해 이항대립의 양극을 한쪽의 극단으로 통합하고 조정한다'는 발상이나 '어떤 이항대립 관계를 단독으로 조정하고 그 조정방법을 다른 모든 이항대립 관계에 적용한다'는 사고야말로 환원주의적이며 예외적이다.

사실상 지금까지 서양의 근대철학이나 자연과학이 '합리적인 것'으로 인정하고 활용해온 것이 바로 그러한 사고다. 물론 자체적으로 여러 이원론을 지양하고 극복하려는 의도를 다양한 방식으로 내포해왔지만, 오늘날의 시선에서 보면 어떤 것도 앞서 서술한 두 종류의 환원주의를 벗어날 수 없었다.[41] 이러한 제약으로부터 철학을 해방하여 이원론의 참된 초극을 꾀하는 것, 바로 이것이 현대의 진지한 사색가가 우선 지향해야 할 바다.

---

41 예를 들어 헤겔의 변증법에서는 보편과 개별, 유와 무 등 대립물의 지양을 통한 통합을 목표로 하며(정, 반에서 합으로), 이후에도 이 방법은 그대로인 채 논의 대상을 이것저것 바꿔감으로써 논의를 발전시키는 형태를 취해왔다. 또 데리다가 제시한 탈구축(deconstruction)이라는 방법 또한 고대 그리스 이래 철학에서 전제되어온 다양한 이항대립의 무효화를 목표로 했지만, 그 조정 방법 자체는 그와 마찬가지이며 논의 대상이 바뀌었을 뿐이다. 서양의 철학적 사유에서 애초부터 전제하는 복수종의 이항대립의 특정한 연결과 그것들의 공모관계는 여전히 의문시되지 않고 있다.

그렇다고 레비스트로스의 이른바 야생의 사고를 논리적으로 비약해서 무작정 서양의 근대철학을 뛰어넘을 수는 없다. 이때 상기해야 하는 것은 동양에서도 인도의 논리학이나 대승불교가 이미 이원론의 초극을 과제로 삼아 이론적으로 발전해 왔다는 사실이다. 나가르주나[42]와 같은 불교 초기의 논리적 사색가에서부터 후대의 선불교에 나타나는 자연과 세계 그 자체의 극적인 해후에 이르기까지 어떤 시행착오를 거쳐왔는가? 다양한 이항대립의 조정이라는 주제가 가령 도겐에게 어떤 양상으로 전개되었는가? 다음으로 이 질문을 구체적으로 탐구해보겠다.

2. 복수의 이항대립을 조합하다

여기서 무엇보다 중요한 것은 오히려 이원론적이라는 것의 정의 자체를 다시금 음미하고 재고하는 일일 것이다. 근대유럽의 사고가 이원론적이라면, 그것은 갖가지 이항대립을 다루는 데

---

42 [역주] 나가르주나(Nāgārjuna, 150~250 추정)는 인도의 불교 승려이며, 한자문화권에서는 용수(龍樹)로 알려져 있다. 그의 생애에 관해서는 생전의 기록은 없고 사후 몇 세기 후에 중국어나 티베트어로 기록이 쓰인 까닭에 역사적으로 실증할 수는 없다. 알려지기로 그는 남인도의 브라만 가문에서 태어나 브라만학을 수학한 후에 소승불교의 불경을 독파했다. 이후 그는 히말라야 산 속에서 어느 출가승으로부터 한동안 숨겨졌던 대승의 경전 "쁘라갸빠라미따(Prajñāpāramitā: '지혜의 완성' 또는 '초월적 지식'을 뜻함)을 전달받고 초기 불교와는 다른 독자적인 대승불교의 교리를 확립했다.

에서 그것들이 얽혀 있는 다양한 형태를 고심하지 않기 때문이 아니라 이항대립을 관계짓는 특정 방법을 우선 확립한 다음 그 방법을 여타 이항대립에 적용하는 절차를 거치기 때문이다. 이항대립이 복수의 다양한 변이로 조합된다면, 그 속에서 묘사되는 것은 이미 다원적이다. 그러나 그것을 경험적이고 구체적인 표현이 아닌 논리적 혹은 추상적인 형태로 우선 고찰해보면 어떠할까? 예컨대 고전 논리학에서 모순율 'A는 非A가 아니다'에 따라 규정되는 것은 A가 어떤 것이든 항상 성립된다는 것이다. 이항의 관계 자체가 이렇듯 먼저 규정된다면, 어떤 이항대립이 온다 해도 최초의 '이항관계'로 회수되고 말 것이다. 이러한 사고로 사물의 현상을 파악하는 것이야말로 '이원론적인' 것이 무엇인지를 정의해준다. 이때 무작위로 전개되는 것은 있을 만한 갖가지 이항대립과 그것들의 결합을 나누고 잘라서 같은 형태로 회수하는 조작이다.

이 [조작된] 관계로 사고하는 것은 우선 무언가의 '이항관계'를 단독으로 앞서 확립하고 그 관계를 여타 대립 이항에 적용하는 것이다. 이러한 발상에 기인한 사고는 가령 [항 자체는 변하지 않는] 모순율과 달리 그 이항이 조정되어 양쪽의 어디라도 있을 수 있다거나 양쪽이 같이 지양된다거나 어떻게 이야기해도 여전히 '이원론적'일 수밖에 없다. 이 의미에서는 변증법이든 해체주의든 어느 것도 예외일 수 없다.

여러 대립 이항, 예를 들어 인간과 자연, 주체와 대상 등을 분리해서 사고하거나 혹은 그것들의 상호작용이 불가분해서 각각을 독립적으로 파악하기 어렵다고 주장하거나 아니면 한쪽을 다른 한쪽으로 환원하거나 여하간 그것이 오로지 인간과 자연의 문제로만 고찰된다면 우리는 어디까지나 이원론적으로밖에 사물을 파악하지 못한다. 그리고 애당초 그러한 주제를 단독으로 다루고자 할 때 이미 실제로는 별개의 대립 이항까지 얽혀들어 작용하고 있다.

여기서 잠깐 우리에게 친숙한 철학사를 되짚어보자. 예를 들어 주체가 대상을 인식한다고 할 때 그 인식을 초래하는 것은 전통적으로 대상 측에 있다고 간주해왔지만, 칸트는 이것을 독단적 사변철학이라고 칭하며 오히려 주체(주관)의 인식이 대상 세계를 구성한다는 견해를 내놓았다(코페르니쿠스적 전회). 이에 주체(인식주관)는 다양한 현상을 구성하지만, '물 자체'는 그 현상의 근원에 있는 불가지한 것으로서 요청되는 데 머무르게 된다(Kant 1998). 여기에는 대상(물 자체)을 주체(인식주관)로부터 독립해 분리함으로써 인식 자체를 더욱 객관적인 과정으로 만든다는 기획이 숨어 있다. 이때 대상 세계는 주체(인식주관)의 구성을 통해서만 파악될 수 있기에 주체는 대상에 대해 어디까지나 우위를 점하며 '물 자체'는 말로 입에서 내뱉어지는 순간 주체와 분리됨으로써 간신히 그 독자성을 유지하는 실정이다. 주체와 대상의 관계는 칸트를 거쳐 주체에 우위를 주고 대상을 열위에 두는 대립 이항의 관계로 규정돼왔다.

최근 인간과 자연, 인간과 비인간의 관계가 문제시되는 가운데 근대유럽의 사고가 이원론적이며 주체 중심적이라는 비판이 제기될 때, 결과적으로 나타나는 그 이항대립의 불균형을 극복하고 소외된 대상이나 자연을 회복해야 한다는 주장이 종종 설파되곤 한다. 그러나 이것은 다만 주체와 대상이라는 대립 이항의 양극에 초점을 맞춘 논의에 불과하다. 사실상 이른바 "코페르니쿠스적 전회"가 등장한 시점에서 이미 복수의 이항대립이 특정한 형태로 결합해 협동하고 있었다는 사실을 간과해서는 안 된다. 본래 복수의 이항대립 간의 뒤얽힘 및 결합의 방식이라는 메타 구조는 레비스트로스의 구조주의 관점에서 보면 "대립과 대비의 뒤얽힘"으로서 그 자체가 가변적이고 다양하지만, 그 가변성이 보이지 않는 상태에서는 여러 이항대립의 존재가 강하게 의식되지 않고 단독의 이항대립과 그 양극의 긴장 관계에만 관심이 집중돼버린다.

그러나 실제로는 '대상 세계에서의 다양한 현상을 인식하는 주체'를 논할 때 그 속에서 작용하는 이항대립의 종류는 이미 다양하다. '대상 세계에서 다양한 현상'은 '대상이자 여럿(多)'이며 그것을 정합하고 통합하는 주체(인식주관)는 이미 '주체이자 통일하는 하나(一)'다. 여기서는 주체/대상이라는 이항대립에 하나(一)/여럿(多)이라는 이항대립이 벌써 결합해 있는데, 그리하여 여럿인 것을 구성하며 관계짓는 작용이 주체(인식주관)에 일방적으로 부여된다. 이러한 이항대립 간의 고차 결합을 여기서는 〈'주체/대상'/'하나/여럿'〉으로 표기하고자 한다.

무릇 여럿인 것을 관계짓는 작용은 처음부터 대상에게 전혀 주어지지 않고 〈'주체/대상'/'여럿/하나'〉의 고차 결합은 전혀 의식되지 않는다. 또한, 주체우위의 이원론과 그 속에서 대상이나 자연 소외가 문제시될 때에도 오로지 '주체/대상'이라는 이항대립에만 눈길이 가기 때문에 처음부터 대상은 '여럿인 것을 관

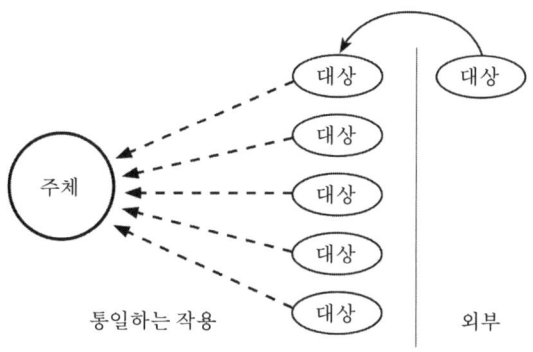

'여럿으로서의 대상'을 단지 사후적으로 긍정해서는 오히려 '통일하는 것으로서의 주체'를 긍정해버리게 된다.

계짓는 작용'의 저해 요인, 이물(異物)로밖에 상정되지 않는다. 그러니 대상이나 자연을 어떻게 긍정할 것인지를 묻는 것은 참으로 소박한 질문이 아닐 수 없다.

    이 질문은 고차 이항대립의 결합 방식으로서 일관되게 〈'주체/대상'/'하나/여럿'〉이라는 형태만을 고정적으로 사고하는 것과 별반 다르지 않다. 이때 이물로서의 대상이 가령 '여럿인 것을 관계짓는 작용'을 일방적으로 부여받은 인식주체를 교란하는 일이 일어날 수는 있어도 주체의 그러한 특권적인 우위의 양상은 (주어진 방식의 '재교섭' 속에서) 최종적으로는 강화될 뿐이며 대상이든 자연이든 그로 인해 더욱 소외되고 만다. 갖가지 이항대립에 대한 고차 결합 자체에 가변적인 변이가 있을 수 있다는 것이 의식되지 않는 한 근대철학의 사고뿐만 아니라 근대비판의 논의조차 이러한 주체우위의 이원론과 대상 및 자연의 분리 상황을 더더욱 강화할 뿐이다.

　복수의 이항대립은 이때 '주체/대상'이라는 특정한 이항대립이 묘사하는 우위나 열위의 관계를 강화하고 고정하기 위해 동화될 뿐이며, 그 메타적인 구조는 최초 이항대립의 극과 극의 관계로 환원돼버린다.

　예를 들어 앞서 말한 "확정적인 요소들이 조합되어 '요소들 사이의 관계'가 점차 완성된다"라는 사고의 방향성 또한 이러한 〈'주체/대상'/'하나/여럿'〉의 구조를 여전히 전제하고 있다. 이 경우 '요소들'은 다양한 대상이며 '요소들 사이의 관계'를 구성하고 인식하는 것은 주체다. 여기서는 앞선 두 종류의 이항대립, 〈'주체/대상'/'하나/여럿'〉에 더해 부분(요소)과 전체(요소 간의 관계)라는 이항대립이 잠재적으로 협동하는 형태로 모습을 드러낸다(〈'주체/대상'/'하나/여럿'/'전체/부분'〉). 그렇지만 이 이항대립들은 최초의 '주체/대상'이 그려내는 관계로 모조리 환원, 동화돼버리고 주체와 대상이 이원론적으로 분리되는 것과 마찬가지로 전체와 부분 곧 '요소들 사이의 관계'와 '요소들' 또한 서로 역방향에 있는 것으로서 분리되지 않을 수 없다. 이러한 관계를 여기서는 "대립 이항이 '배반성'에 놓인다"라고 표현하고자 한다.

　앞서 살펴봤듯이 레비스트로스가 신화의 의미체계에서 찾아낸 것은 이것들의 양자가 동일평면상에 나타나는 구조였다. 그렇지만 애당초 '요소들 사이의 관계'(관계)와 '요소들'(항)이 서로의 역벡터라는 것이 자명한 전제가 되기까지는 여러 종류의 이항대립이 그것들 간의 결합에서 어떤 변화 없이 고정적으로 다뤄진다는 매우 특수한 제약이 필요했다. 그렇다면 오히려 그러한 제약을 벗겨낸다면 예술이나 신화의 의미체계뿐만 아니라 '주체/대상', '하나/여럿', '전체/부분' 각각의 이항대립이 그것들 간의 결합을 변화시키며 조합해가면서 실제로 조정되는 것이 철학적으로 가능할 것이다. 삼분법은 바로 그러한 조작의 개념을 지향하는 것이다.

3. 행위자-연결망 이론을 재고하다

미리 지적해둬야 하는 것은 대부분 자각적인 것은 아니라 할지라도 철학에서도 인류학에서도 금세기 들어 출현한 새로운 동향으로서 복수의 이항대립을 조합하여 조정하려는 시도가 벌써 여러 번 포착되었다는 사실이다.[43] 그 최전선에 라이프니츠 연구에

---

43 현대철학의 동향에 관해서는 본문에서 다루겠지만, 실제로 이러한 경향은 이른바 존재론적 전환을 이룬 인류학에서 특히 현저하다. 사회인류학연구실(LAS) 주임이자 콜레주드프랑스 교수를 역임했으며 레비스트로스의 마지막 제자인 필리프 데스콜라는 '주체/대상', '하나/여럿'이라는 두 종류의 이항대립 조합의 차이에 따라 내추럴리즘, 애니미즘, 토테미즘, 아날로지즘이라는 네 가지 문화 도식이 생겼다고 생각한다. 예를 들어 정신은 생물 종을 넘어서 불변하지만 자연 그 자체는 각기 다른 퍼스펙티브를 가지고 있으므로 다른 것이 된다(다자연주의)는 사고방식이 애니미즘이며, 인간의 정신과 문화는 다양하지만 (다문화주의) 자연 그 자체는 과학적으로 객관적이고 유일한 것으로 생각하는 것이 내추럴리즘이라는 식으로 해석한다. 여기에서는 대상·자연이 여럿이며 주체·정신이 하나인 경우와 주체·정신이 여럿이며 대상·자연이 하나인 조합을 상정하고 있다. 데스콜라는 후자의 내추럴리즘을 근대유럽의 사고로 본다. 이

서 출발하여 온갖 학문영역에 걸쳐 전방위적으로 다원론적인 철학을 전개한 미셸 세르[44]의 사상이 있다. 라이프니츠의 단자론(Monadologie) 자체가 하나와 여럿, 주체와 대상이라는 이항대립의 문제를 내포하고 있지만, 미셸 세르의 학문적 특색은 다양한 이항대립을 분리하지 않고 뒤섞인 그대로 사고하는 스타일을 과학 인식론, 인문학, 환경론에까지 고수한다는 데에 있다.

그리고 그 흐름을 이어받아 과학인류학 분야에서 독창적인 사상을 전개한 것으로 잘 알려진 이가 브뤼노 라투르[45]다. 그는

러한 조합의 해석 그리고 주체가 하나냐 여럿이냐의 측면에서 같고 다름의 문제에 관해서는 졸저(시미즈 2017), 제5장 「줄기-형이상학으로서의 인류학」을 참조할 수 있다.
또한, 오늘날 가장 영향력 있는 인류학자 중 한 사람인 메릴린 스트래선도 서로 다른 문화 집단을 구별하면서 간접적으로 연결하는 것으로서 도구라는 대상에 주목한다. 그러한 대상을 둘러싸고 그려지는 문화적 배치가 그 집단들을 특징짓지만, 같은 도구를 둘러싸고 다른 배치를 보이는 또 다른 문화 집단도 있다. 그리고 그러한 도구 자체가 다양할 수 있다. 다양한 문화를 결합하고 상대화하는 것은 이제 문화상대주의에 입각한 현지조사가 아니라 다양한 사물=대상이다. 여기서도 '주체/대상', '하나/여럿'이라는 복수의 이항성 결합의 재조합이 나타난다.

[44] 미셸 세르(Michel Serres, 1930~2019). 프랑스 남서부 아장에서 태어나 고등사범학교를 거쳐 교수 자격을 취득한 후 파리대학, 스탠퍼드대학 등에서 교편을 잡았다. 아카데미 프랑세즈 회원이자 라이프니츠 연구에서 출발해 현대 백과전서파의 박학다식한 학자로 알려졌다. 문인으로서도 뛰어나며 탁월한 수필 작가이기도 하다. 프랑스에서는 국민적 철학자로 큰 인기를 얻었다. 그의 저서 『기식자』(김웅권 옮김, 동문선, 2002)에서 제시한 준-객체(Quasi-Object) 개념과 '번역' 개념은 행위자-연결망 이론에도 상당한 영향을 주었다. 행위자-연결망 이론과 그의 사상에 관해서는 졸저(시미즈 2019 [2013])를 참조할 수 있다.
[45] 브뤼노 라투르(Bruno Latour, 1947~2022)는 프랑스의 철학자이자 인류학자

당대 프랑스 철학자 가운데 외국에서 가장 많이 인용, 언급되는 인물이며, 그의 영향력은 철학뿐만 아니라 인류학, 사회학, 환경론 등 다방면에 걸쳐 있다. 아마도 그가 고안한 것이 철학 분야의 텍스트 해석이라기보다 다양한 분야에서 응용 가능한 실천적 방법론이기 때문일 것이다. 그것이 바로 행위자-연결망 이론(Actor-Network Theory, 이하 ANT)이다.

근대 이원론의 극복에 관해 라투르가 제기한 문제의식은 매우 중요하다. 잘 알려진 그 논지의 핵심을 『우리는 결코 근대인이었던 적이 없다』(홍철기 옮김, 갈무리, 2009[1997])에서 그 자신이 인용한 예시를 통해 우선 살펴볼 필요가 있다. 예를 들어 지구온난화의 원인 중 하나로 이야기되는 오존홀이 어떠한 영향들 아래 성립되는지 생각해볼 필요가 있다고 하자. 여기서 이 문제를 둘러싼 여러 행위체(agent)를 동시에 시야에 확보할 필요가 있다. 화학자가 프레온 가스를 오존홀의 원인으로 지적한다면 그러한 제품을 생산하는 기업(예를 들어, 몬산토[46])의 견해를 물어야 할 것이며('무해한 프레온 가스로 대체했다' 등의 답변이 예상된다), 유권자들로부터 온난화 문제의 압력을 받는 정

이며 사회학자다. 2006년부터 2017년까지 파리정치대학(Science Po)의 교수를 역임했다. 미셸 칼롱 등과 함께 방법론으로서의 행위자-연결망 이론을 엮은 것으로 알려져 있다. 2021년 제36회 교토상 사상예술 부문을 수상했다.

46 몬산토 기업은 아메리카에 본사를 둔 대표적인 다국적 바이오화학업체다. 제초제 라운드업을 개발하고 유전자 변형을 통해 여기에 내성을 가진 모종을 만든 것으로도 알려져 있다. 2018년 독일의 화학공업 제약회사인 바이엘에 인수되었다.

치가들도 나름의 입장에서 대처에 관여할 것이다. 나아가 오존홀은 기상에 관한 문제이므로 기상학자의 견해도 중요한 단서가 된다('역사적으로 현재 관측되는 기상 변동은 늘 있는 일이었다' 등의 발언이 있을 수 있다).

이들은 각자 '오존홀'이라는 대상(이것이 중심적인 행위자(actor)다)을 매개할 때 비로소 연결되는 인적 행위체(agent)다. '오존홀' 자체는 그 행위체들의 작용이 복잡하게 뒤섞인 블랙박스이며, 대상이 주체로부터 분리되어 있다는 관념은 환상에 불과하다(라투르는 이를 '혼종적(hybrid)'이라고 말한다). 이러한 여러 행위체가 그려내는 연결망은 일상적으로 우리에게 주어진 이러저러한 유동적 상황의 현실을 생각할 때 간과할 수 없으며 실제로 신문의 사회면 등은 그러한 내용을 묘사하는 기사들로 넘쳐난다.

이때 '오존홀'에 관한 확실한 지식을 확보해서 더 잘 대처하고자 한다면, 몬산토 기업의 의견만을 그대로 따라서는 안 된다. 화학자, 정치가, 기상학자 등 각각의 의견 전체를 경합시킬 필요가 있다. 어느 한 행위체에 '오존홀'이라는 대상의 정보를 일방적으로 일임한다면, 그것은 그 행위체가 자신의 주장을 강화하는 데 그치고 말 것이다. 즉, '오존홀'은 그 행위체의 대상이 될 뿐이다. 그러므로 대상으로서의 행위자와 그에 매개되는 복수의 행위체가 있어야만 대상에 대해 좀 더 풍부한 정보를 얻을 수 있다. 이에 관해서는 라투르가 분석한 구체적 예시를 우리의 일상적 경험에 적용하여 되짚어본다면 저절로 이해될 것이다.

이때 다소 의아한 점은 대상에 대한 보다 풍부한 정보를 얻기 위해서 왜 오히려 인적 행위체를 늘리냐는 것이다. 통상적으로는 대상의 요소가 늘어나고 인적 행위체가 집중적으로 압축되어야 대상에 대한 지식이 늘어날 것으로 생각하기 때문이다. 실제로 여기에는 메타적 수준의 연결에서 이항대립의 의도적인 재조합이 보이며 〈'주체/대상'/'여럿/하나'〉라는 구조가 나타난다. '여럿인 것을 관계짓는 작용'을 부여받은 것은 '하나인 것'으로서의 대상이며, 거꾸로 복수의 행위체가 '여럿인 것'에 해당한다. 복수의 이항대립이 새로이 재조합됨으로써 '여럿인 것을 관계짓는 작용'이라는, 이제까지 주체 측에 특권적으로 부여되었던 역할이 마침내 대상 측에 부여된다. 이로써 대상은 단순한 비-주체가 아닌 능동성을 가지게 되고 나아가 풍부한 정보를 제공할 수 있게 된다. 행위자-연결망 이론은 과학이란 그 기술 대상에 그러한 역할을 위임하는 한에서 유효하게 기능한다고 말한다. 그래서 라투르는 한편에는 인식주체가, 다른 한편에는 그저 기술될 뿐인 대상이 있다는 근대 이원론이 애당초 과학 현장의 실태와 맞지 않는 기만이라고 보았다.

    이 점을 확인하기 위해 또 다른 예시를 들어보자. 라투르의 논의에 따르면, 예를 들어 파스퇴르가 젖산발효 효소를 '발견'했을 때 젖산균 효소가 처음부터 파스퇴르라는 주체에게 '대상'인 것은 아니었다. 처음 발효가 일어난 현장에서는 "회색 물질의 점들"로서 행위자-X가 있었을 뿐이다(라투르 2018: 195). 파스퇴르는 실험실의 다양한 요소를 모아서 행위자-X가 그 요소들에 무엇을 할 수 있는지를 정해간다. 행위자-X가 가진 '여럿인 것을 관계짓는 작용'을 밝히는 과정이다. 처음 행위자-X는 파스퇴르라는 주체에게 "회색 물질의 점들"이라는 감각소여로서의 대상이었지만, 이러한 과정을 통해 일련의 "행위의 이름"을 얻어 능동적인 존재가 된다. 그러자 거기서 일어나는 일련의 행위가 알코올 발효를 일으키는 양조효모의 행위와 유사한 일반적인 특징을 가지고 있는 것이―결과가 젖산발효라고 해도―밝혀진다. 행위자-X가 양조효모와 유사한 것으로 분류되는 독립적인 실체임을 파악할 수 있는 것은 이러한 절차를 거쳐서지만, 실제로 그 모든 과정에서 행위자-X에 다른 행위자들을 관여시키는 것은 파스퇴르라는 주체다. 그러한 의미에서 라투르는 파스퇴르 이전에도 당연히 행위자-X가 대상으로 존재했다고 생각해서는 안 된다고 말한다.[47]

이후의 예들을 살펴보면 '여럿인 것을 관계짓는 작용'은 확실히 대상에 부여되고 있는 반면, 주체의 접근이 다방면에 걸쳐 있다는 점은 그만큼 잘 보이지는 않는다. 그렇지만 실험실 안에서 그 자체로 대상인 여타 행위자를 동원해서 관여하게 한다거나 양조효모라는 행위자가 여타 행위자를 관계짓는 양상을 행위자-X와 연관시킨다거나 행위자-X에서 젖산발효라는 실체가 탄생하기까지 다양하게 작용하는 것은 어김없이 주체이며 그 단선적이지 않은 갖가지 접근이다. 반대로 말하면, 젖산발효 효소라는 대상 또한 여러 접근을 결합해서 찾아내야 간신히 그 모

---

47 『판도라의 희망: 과학기술학의 참모습에 관한 에세이』(장하원, 홍성욱 옮김, 휴머니스트, 2018), 제5장 「사물의 역사성: 파스퇴르 전에는 어디에 세균이 있었나?」를 참조할 것.

습을 드러낸다.[48]

 '과학의 대상을 관계짓고 서술하는 주체가 처음부터 그 주체와 분리된 것으로 존재하는 대상에 관한 지식을 얻어가는 것이 과학'이라는 근대인의 사고는 사실 그 과정에서 일어나는 주체와 대상, 하나와 여럿의 복잡한 교착 관계를 은폐하고 있으며 실태와는 크게 동떨어진 것이라고 말할 수밖에 없다. 행위자-연결망 이론에 따른 분석은 그 복수의 이항대립이 지닌 잠재적인 협동을 가시화하고 때로는 이들이 재조합되는 방법을 제시해 보여준다.

---

48 이때 '행위자-X' 곧 '젖산발효'를 찾기 위해 실험실 안의 다양한 행위자가 동원되는데 그 속에서 발견된 젖산발효 또한 다른 '행위자-X'를 찾기 위해 주체로부터 동원될 수 있다. 행위자-연결망 이론은 중심적인 행위자와 그것을 매체로 하는 복수의 주체적 접근 및 그때 동원되는 복수의 다른 행위자와의 관계에 의한 '네트워크'이지만, 더욱 확장적으로는 그러한 중심적인 행위자를 복수의 결절점으로 가지는 더 큰 그물망 구조로서 과학의 대상 그 자체를 생각할 수도 있으며 또 그렇게 생각하지 않으면 환원주의에 함몰되고 만다. 미셸 세르는 그러한 학문의 출발점이 되는 라이프니츠 연구에서 이미 라이프니츠의 수학이나 학문이 복수의 '하나-여럿' 구조가 결합해서 서로 참조하는 그물망의 구조를 이루고 있음을 지적했으며, 또한 초기 저작 『헤르메스』(이규현 옮김, 민음사, 2009)에서는 동시대의 여러 과학 전체가 그러한 상호 번역의 관계에 놓여 있음을 지적했다. 세르의 그물망을 이루는 인식론(épistémologie) 모델에 대해서는 졸저(시미즈 2019[2013])를 참조할 것.

4. 세 종류의 이항대립: 삼분법의 구조

행위자-연결망 이론에서 '주체/대상'이라는 이항대립은 '하나/여럿'이라는 또 다른 이항대립과의 결합이 의도적으로 조정됨에 따라 '작용에 있어서' 주체와 대상이 대등한 것이 되었다. 이 의미에서 이것은 매우 획기적이며, 근대적 사고가 정석으로 삼아온 조작을 전도시킨다. 그러나 여기서 대상은 철저히 인간 주체의 작용을 통해서만 성립하는 국지적 상황에 한정된다. 대상만의 독재(獨在)를, 우리를 둘러싼 환경 너머에 얼마나 더 넓은 세계가 있는지를, 그것[행위자-연결망 이론]은 여전히 느끼지 못하게 한다.

여기서 잠시 사색의 무대를 다른 세계로, 봄꽃이 만발한 화원으로 옮겨가보자. 독재하는 타자로서의 대상세계 혹은 자연, 그러한 것들과의 마주침이 우리에게 무한의 우주를 느끼게 한다. 동양 사유의 전통, 예를 들어 선(禪)은 자연과의 그러한 만남이 '홀연히' 깨달음을 준다고 말한다. 인류학자 이와타 케이지[49]는 그와 같은 체험을 다음과 같이 이야기한다.

---

49 이와타 케이지는 교토대에서 공부했으며 절에 기숙하며 참선하는 등의 경험을 거쳐 군대에 소집된다. 전후 지리학을 공부했으며 훔볼트와 리터에 경도되었으나 나중에 문화인류학으로 전향한다. 도쿄공업대학 교수, 국립 민족학박물관 교수 등을 역임했다. 참여 관찰의 의미를 물으며 현지 조사를 수행하는 연구문화에서 연구자가 내부와 외부에 동시에 존재할 수 있는지를 평생 숙고했다. 그런 의미에서 선의 사상이 그에게 많은 시사점을 주었다. 주로 동남아시아를 현지로 삼았으며, 선조차 관류하는 근원적인 종교 체험으로서 애니미즘을 바라보았다. 마이니치 출판문화상, 미나카타 쿠마구스(南方熊楠) 상 등을 수상했다. 그의 애니미즘에 관해서는 이 책 1장 8절을 참조할 것.

복사꽃에 관해 이런 고사가 전해 내려온다. '영운지근 선사는 30년간 수행의 길을 나섰다. 어느 날 산을 노니다가 산기슭에서 잠시 쉬며 저 멀리 사람 사는 마을을 바라본다. 봄의 계절이 돌아와 복사꽃이 피어오르는 것을 보고 홀연히 깨달음을 얻는다.'

여기서 중요한 것은 깨달음이 아니다. 깨달음은 뒤따라오는 것이다. 중요한 것은 '홀연히'에 있다. 복사꽃과 자신이 한순간 생전 처음으로 홀연히 만난 것이다. 만나서 서로가 서로에게 미소를 짓는다. 그렇게 타자의 존재를 긍정한다(岩田 2000: 187).

선에서 이야기되는 참된 타자로서의 세계, 그 자체와 갑작스러우면서도 지극히 예사로운 마주침. 애니미즘이라 불리는 원초적이면서 보편적인 종교 체험 또한 그와 같다고 이와타는 말한다. 독재하는 자연, 무한의 자연이 일상의 익숙한 환경세계와 맞닿아 있다는 것이 매우 중요하다.[50]

반면 행위자-연결망 이론은 어떠한가? 근대적 사고의 비판으로서 그것은 확실히 유효한 지점이 있다. 그러나 거기서 '주체/대상'이라는 이항대립의 조정은 어디까지나 상황에 의존하며, 상황의 변화를 전제로 한다. 무엇보다 주체와 대상 모두 서로의 관계를 통해 실재한다는 대단히 상관적, 관계적, 주객 혼효

---

50 岩田慶治, 『道元との対話: 人類学の立場から[도겐과의 대화: 인류학의 입장에서]』, 講談社学術文庫, 제5장 「도겐과 현대 문명」을 참조할 것.

적(混淆的) 양상을 띤다. '지금 여기'의 단적인[직관적으로 명확한] 대상 혹은 자연의 독립적인 출현이 여기서는 아직 포착되지 않는다.

그렇다면 상관적, 관계적인 것, 관계지어져 있는 것과 그러한 상황에서 외적으로 분리되어 독립해 있다는 것의 차이는 해소되지 않는 새로운 이항대립인 것일까? 그렇지 않다. 지금까지 전개한 논의에 따라 오히려 양자의 차이가 이항대립으로서 배반적인 채 조정되지 않는다면, 그것은 또 다른 이항대립과 그 이항대립과의 고차 조합이나 뒤얽힘 또는 그 변이가 충분히 자각되지 않았기 때문이다.

문제는 '주체/대상', '하나/여럿'이라는 이항대립에 대해 제3의 이항대립이 어떤 것으로 주어져야 하느냐는 점이다. 상관성 속에 있는 것과 그 외부에 있는 것을 조정 불가능한 이항대립으로 놔두는 것이 아닌 어느 쪽이든 있을 수 있도록, 혹은 단적으로 거기서 발생 가능한 상황 변화에 상관없이 어느 쪽도 아니도록 하기 위해 우리는 어떤 이항대립을 들여다봐야 할까?

여기서 해결해야 하는 것은 내재와 외재의 문제이며, 이것은 '안/밖'이라는 이항대립으로 정식화된다. 〈'주체/대상'/'여럿/하나'〉라는 주객 혼효, 상황 의존적인 양상은 관계적인 것과 그 외부에 있는 것이 배반적이지 않은 형태로서 단적으로는 동시 양립하는 사태가 생겼을 때 일거에 초극된다. 그런데 무언가 그 자체로 내부이면서 동시에 외부라는 것은 이차원의 평면적 세계에서는 배리(背理)라 할지라도, 대상이 삼차원의 입체적 세계에 있는 경우에는 사실 지극히 당연한 일이다. 입체 대상이란 그 내부에서 내적 관계를 맺으면서 그와 동시에 다른 것과의 사이에서 외적 관계를 맺기 때문이다.

이때 그러한 입체 대상은 또한 동시에 내적 관계로도 외적 관계로도 완전히 되돌아갈 수 없는 중간 존재로서 존재한다. 예컨대 이러한 중간 대상이야말로 이 세 종류의 이항대립 간의 뒤얽힘을 고찰하는 기반이 된다.

이 의미에서 그레이엄 하먼이 라투르의 논의를 매우 강하게 의식하면서 바로 이러한 중간 통일체야말로 객체(대상)라고 주장한 것은 대단히 중요하다. 객체지향 철학이라고 불리는 그의 철학은 기존의 철학이 객체를 내적 관계로 환원(하부채굴, Undermining)하거나 외적 관계로 환원(상부채굴, Overmining)함으로써 객체 그 자체를 파악하지 못했음을 날카롭게 규탄한다(하먼 2019).[51] 앞서 살펴본 라투르의 방법론에 대해서도 여전히 지나치게 관계주의적인 까닭에 대상을 놓치고 있다고 지적하는데, 여기서 그의 이론이 도입하는 것은 실질적으로 관계의 층을 다층화하는 것이다.

알기 쉬운 예를 하나 들어보자. 망치로 못을 박는다고 할 때 이 망치와 못의 관계는 외적 관계(상부채굴의 관계)이지만, 망치 내부에는 그것을 구성하는 원자 등의 내적 관계(하부채굴의 관계)가 있다. 이때 망치 내부의 원자는 끊임없이 운동하며 변

---

51 하먼은 객체(대상)를 내부 구성요소로 환원해서 설명하거나 반대로 그것이 갖는 외적인 용도나 문맥으로 환원해서 이해하는 것이 철학의 영위였음을 비판한다.

화하지만, 망치를 못을 박는다는 용도로만 바라보면 그러한 관계는 전혀 고려되지 않는다.[52] 망치라는 객체(대상)는 복수의 관계 층을 분리하고 단절하는 것으로서 존재한다. 행위자-연결망 이론에서 대상이 '복수의 요소(항)를 관계짓는 것'으로서 다뤄진다면 객체지향 철학에서 대상(항)은 '복수의 관계짓기(관계)를 단절하는 것' 또는 이접(離接, disjunction)하는 것으로서 주목된다.

독립적이면서 관계들을 분리하는 것으로서 대상, 그리고 이를 통해 관계로부터 자기를 분리하는 것으로서 대상[53]은 확실히 〈'주체/대상'/'하나/여럿'〉이라는 이항대립에 더해져, 그것들을 더욱 내적으로 포섭하는 것이 제3항적으로 세워짐에 따라 가능해진다. 하먼 자신이 이를 자각해서 강조한 것은 아니지만, 앞

---

52 하먼은 이처럼 사용 용도라는 의미에서만 파악되는 존재를 하이데거의 도구 분석 개념을 통해 '도구적 존재(Zuhanden-Sein)'라고 표현한다. 이러한 도구는 눈앞에서 대상적으로 인식되는 존재인 '눈앞의 존재(Vorhanden-Sein)'보다도 그것을 이용하는 자에게 가까운 존재, 잘 알고 있는 존재이지만 오히려 그것이 그 물건의 깊숙한 또 다른 측면을 은폐한다. 이 은폐를 사물의 물러섬(Entzug)이라고 표현하는데, 하먼의 독창성은 이로부터 독특한 포섭의 테마를 가지고 오는 데에 있다.

53 하먼은 하이데거로부터 원용한 물러섬(Entzug)이라는 개념을 사용하면서 내부 관계로도 외부 관계로도 환원되지 않는 독립적인 중간 통일체로서의 대상에 대해 논해 나간다. 거기서는 대상끼리의 외적 관계나 물러선 존재로서의 대상 본연의 방식 등의 차이에 따라 감성적 대상, 실재적 대상, 감성적 성질, 실재적 성질 등의 수많은 개념이 성립되며 그것들의 관계가 묘사된다.
하먼의 사상에 대한 필자의 견해는 졸저(시미즈 2017)의 7장과 8장을 참조할 것. 여기서 우리에게 중요한 것은 무엇보다 그의 객체지향 존재론 또한 복수의 이항대립 조합에 의한 조작을 전제로 한다는 사실이다.

선 이항대립에 더해 '안/밖'이라는 제3의 이항대립이 추가되는 것이 매우 중요한 효과를 발휘하고 있다. 에른스트가 로트레아몽의 시에 등장하는 '해부대'에 대해 열정적으로 이야기하듯이 이항대립의 대립과 대비의 뒤얽힘이 그려내는 '복합적 형태(형상)'와 '그것이 모습을 드러내는 배경(지면)'이 이 순간 가히 수직으로 직교한다.

세 종류의 이항대립의 뒤얽힘이라는 관점에서 이 '안/밖'의 이항대립이 어떻게 조정되는지를 살펴보자. 이 제3의 이항대립이 도입됨에 따라 '주체/대상'과 '하나/여럿'이라는 이항대립도 그것들로만 조합되었을 때와는 다른 방식으로 조정된다는 것이 밝혀질 것이다.

앞서 언급한 안과 밖의 포섭 관계는 포섭한 바깥이 더 바깥에 의해 포섭되고 그렇게 차례차례 포섭된다는 특정한 방향성이나 과정을 그리는 것이어서는 안 된다.[54] 그러면 포섭 '관계'라는 '관계짓기'와 그 외부가 배반적으로 놓일뿐더러 조정되지 않는 이항대립으로 끝나버릴 것이기 때문이다. 따라서 이 경우 포섭은 어디까지나 대상들이 상호 포섭하는 것이어야 한다. 이러

---

54 미셸 세르는 이러한 상호포섭에 대해 일찍이 봉지에 넣기(ensachage)라는 개념을 제시했다. 예를 들어 파란 봉지에 다른 노란 봉지를 담듯이 여러 겹의 삽입적 포섭을 생각하면, 이 포섭에 담긴 노란 봉지는 열어젖힘으로써 자기를 담은 파란 봉지를 자기 안에 담을 수 있다. 우리는 통상적으로 마트료시카 러시아 목제 인형처럼 포섭하는 쪽이 불가역적으로 더 큰 것 혹은 전체적인 것으로 생각하지만, 포섭이라는 것을 그렇게 '방향 지어진 것'으로 생각할 이유는 없다. 라이프니츠의 다원론적 세계상인 단자론 또한 그러한 단자(monad) 간 상호포섭의 양상을 보인다.

한 포섭에는 그것을 단계적인 과정으로 고정하는 방향성이 없으며, 오히려 포섭하는 제3항으로서의 위치를 모든 대상이 번갈아가며 점하게 될 것이다.[55]

포섭되는 측에 시선을 돌리면, 그것은 어떤 세부에 이르더라도 결코 '그로부터 모든 것이 조립되는 원자적인 기초 단위'가 될 수 없다. 가령 그러한 것을 파악하고자 해도 그마저도 여러 작용 및 성질의 복합체로서 추출될 뿐이다.[56] 포섭 관계는 물리적인 규모와는 전혀 상관없다. 그 속에서 끝까지 상호포섭이 행해진다면, 결과적으로 그러한 대상은 적어도 간접적으로 다른 대상과의 관계를 포함하며 또 느슨하게 다른 모든 대상과의 관계에 포섭되는 형태로만 연결된다. 반대로 말해 그렇지 않으면 포섭(밖)과 피포섭(안)의 어느 쪽으로 일방적으로 환원되지 않는 것으로서 독립적인 중간 통일체일 수 없다. 그래서 '하나/여럿'이라는 이항대립도 여기서는 연동하는 새로운 형태로 보편적으로 조정된다.

---

55 하먼은 제3항으로 나타나는 포섭자가 서로 위치를 바꾸는 것을 라이프니츠와 동시대 프랑스 철학자 말브랑슈의 용어를 빌려 '기회원인(Cause Occasionnelle)'으로 표현했다. 말브랑슈에게 이 용어는 모든 현상을 인식하는 최종적이면서 능동적인 주체가 신이며 사물은 그 인식에 기회를 제공하는 것에 불과하다는 의미이지만, 하먼은 이것이 문자 그대로 포섭자의 위치가 '우유적인 것(Occasionnelle)'에 지나지 않는 사태를 가리키는 것으로 해석한다.
56 이처럼 '구성요소와 같은 것이 그저 있는 것이 아니라 먼저 다양한 성질과 작용을 복합적으로 매개하고 편성하는 작용체가 있다'는 것은 바로 라투르가 젖산 발효 효소와 파스퇴르의 관계에서 밝힌 것이기도 하다. 소립자든 은하계든 우리는 그러한 것으로서만 파악할 수 있다.

행위자-연결망 이론에서 '하나/여럿'이라는 이항대립은 주체와 대상이 능동과 수동의 역할을 상호 대체하는 한정된 상황에서 하나의 중심 행위자와 복수의 행위체가 상호 생성적으로 작용하는 형태로 결합한 것에 불과하다. 그렇지만 '부분에서 전체로의 구성'이라는 근대적이고 원자적인 방향성은 그러한 한정된 상황에서조차 쉽게 무너지고 만다. 아니면 오히려 그 방향성이 완전히 뒤집힌 바로 그 세계가 현성한다. 그렇게 되면 포섭(밖)과 피포섭(안)이라는 이항대립은 어디서나 잠재적으로 무한한 상호포섭이 되고, 모든 주변과 중심은 변화무쌍해지며 하나는 여럿이고 여럿은 하나라는 세계의 존재 양상이 개별 상황을 벗어난 수준에까지 확장되어 펼쳐지게 된다. 상황론을 넘어서 그물망을 이루는 일즉다 다즉일의 구조는 그러한 모든 영역의 세계관 그 자체가 된다.

'주체/대상'이라는 대립 이항에 대해서는 어떠할까? 행위자-연결망 이론에서 다뤘던 주객 혼효 상황론에서 복수의 주체는 대상으로서의 행위자-X에 대한 접근에서 '만드는 자'로서 작용한다. 일즉다 다즉일의 세계에서는 '만들어진 것'이 개개의 상황을 넘어서서 '만드는 자'이기도 하며 더 정확하게는 어느 한쪽에 일방적으로 환원되지 않는다. 이 세계는 대상 세계 자체가 그것[일즉다 다즉일의 세계]을 만들어내면서 곳곳에 들어찬 주체의 폭주하는 작용이기도 한 세계다. 주체는 하나인 것이면서 세계 자체를 '만드는 자'로서의 주체(혹은 주체들)와 그 자체로 다르지 않다. 그러한 것으로서 작용하고 또 스스로를 '만든다'. 이것은 이른바 범생명적인 세계의 그물망이기도 하다. 애니미즘이

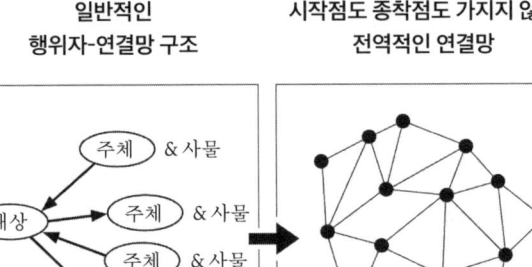

직관하는 세계란 바로 이와 같은 충만한 세계가 아닐까?

덧붙여 한 가지 강조해야 할 점이 있다. 지금까지 서술해왔듯이 상황에 의존하지 않는다는 것은 과거나 미래라는 시계열의 변화에 상관없이 단적인 대상이 처음으로 이 장(場)에 나타난다는 것이다. 이 대상은 '지금' 단적인 타자 존재이기도 하다. 예를 들어 그러한 것으로서의 자연과 마주칠 때, 그때 '나'는 그저 주객 혼효의 행위체임을 넘어서서 단적인 '지금'에서 타자로서의 자연, 그리고 단적으로 스스로 존재하는 자기 자체와 조우한다.

자, 지금까지의 논의를 정리해보자. 앞선 두 종류의 이항대립에 세 번째 종류의 '안/밖'이라는 이항대립이 조합됨에 따라 발생하는 것은 다음과 같은 사태다.

I. 안으로도 밖으로도 (일방적으로) 환원되지 않는 독립적인 대상이 분리된다.

II. 그 대상을 둘러싸고 '하나가 여럿을 포섭하고 여럿이 하나를 포섭한다'는 형태로 '여럿/하나'라는 이항대립의 조정이 그 대상의 내부와 외부에서 동시에 모든 규모와 모든 방향에서 확장된다.

III. 다양한 상황에 비-의존적이고 독립적인 '지금' 상태의 병존, 그 단적인 '지금'끼리의 동시성 상태가 생겨난다.

자각적, 단계적으로 지금의 국면까지 전개한 사고를 여기서는 삼분법으로 명명하고자 한다.

5. 도겐과 삼분법

이원론이나 이항대립의 극복 혹은 조정이라는 과제는 본래 동양의 사상적 영위에서 오래전부터 제기되어왔다. 서구의 형식논리에서 고대 그리스 이래 모순율('A는 非A가 아니다'의 논리)에 따른 논의, 이원론적 논리는 오히려 상투적이었지만, 인도에서는 사구분별(四句分別)이라고 불리는 독자적인 논법이 발달했다. 예를 들어 ①'A다'라는 명제에 대하여 ②'A가 아니다(非A)'라는 명제가 성립하는 것은 그리스에서도 마찬가지지만, 인도에서는 여기서 더 나아가 ③'A이며 또한 非A다' ④'A도 아니며 非A도 아니다'라는 두 개의 명제가 더해진다. 서양의 양자택일(딜레마)에 비해 이것은 테트랄레마[57]라고도 불린다.[58]

예를 들어 나가르주나가 『중론(中論)』에서 구사한 전형적인 테트랄레마는 '①모든 것은 진실(如)이다 ②모든 것은 진실이 아니다 ③모든 것은 진실이며 또한 진실이 아니다 ④모든 것은 진실인 것도 아니며 또한 모든 것은 진실이 아닌 것도 아니다'이다. 이것들을 여기서는 차례대로 제1, 제2, 제3, 제4렘마로 부르기로 한다.

이항대립의 조정이 시도되는 데에서 왜 인도의 사유는 제4렘마까지 필요했을까? 제3렘마 '③모든 것은 진실이며 또한 진실이 아니다'까지 해서 그것이 조정될 수 없다고 생각한 것은 왜일까? 후대의 중관귀류파(中觀歸謬派)[59] 논자들의 해석에 따르

---

57 [역주] 테트랄레마(tetralemma)는 숫자 4를 뜻하는 테트라(tetra)와 명제를 뜻하는 렘마(lemma)가 결합한 용어다.

58 이러한 사고를 서양의 로고스적 논리와 비교해서 탐구한 시도로는 야마우치 토쿠류(山內得位)의 『ロゴスとレンマ[로고스와 렘마]』(岩波書店, 1974)가 있다. 선구적인 고찰로서 시사하는 바가 적지 않은데, 여기서 야마우치는 제3렘마와 제4렘마의 위치를 바꿔서 제3렘마를 최종단계로 가져오는 자의적인 조작을 행한다. 그러나 테트랄레마의 논의에서 가장 본질적인 것은 제3렘마에서 제4렘마로의 이행이며, 이 조작은 오히려 치명적이라고 말하지 않을 수 없다.

59 [역주] 1~2세기 나가르주나를 개조로 하여 등장한 대승불교의 한 분파는 나가르주나의 저서 『중론』에서 이름을 따와 '중관파(中觀派)'라고 불린다. 중관파는 이후 크게 두 학파로 나뉘는데, 주로 공성(空性)의 본질에서 갈린다. 나가르주나는 모든 존재가 연기성(緣起性)이므로 그 모든 것의 자성(自性)이 없고 공하다고 주장한다. 이를 계승한 중관파는 5~6세기에 이르러 공성을 둘러싸고 크

면, 제3렘마는 '어떤 찰나에 생긴 것이 다른 찰나에 생긴 것과 다르다'라는 시계열의 상태 변화를 전제한다는 점에서 단순히 제1, 제2렘마를 부정하는 것에 지나지 않는다. 그들은 제3렘마를 이원론의 '상대적 부정'으로서 부정한다. 이에 비해 제4렘마는 어떤 찰나의 순간에서도 제1렘마도 제2렘마도 아니므로 이것이야말로 이원론의 절대적 부정이라고 할 수 있다.

불생불멸(不生不滅)이라는 말을 생각해보자. 생(生)이 있으며 또한 멸(滅)이 있다는 제3렘마가 있는데, 이 말은 말해봤자 아무 의미가 없다. 당연한 말이기 때문이다. 오히려 후대 일본의 선승 반케이요타쿠[60]가 '불생선(不生禪)'을 주창한 바와 같이 본래 생(生)이 없으므로 멸(滅)도 없다고 이야기되는 데에서 바로 생멸(生滅)의 이원성이 극복된다.

게 귀류논증파(歸謬論證派)와 자립논증파(自立論證派)의 두 파로 갈린다. 전자는 논자의 주장이나 학설이 내포한 모순을 논파함으로써 공성이 간접적으로 드러난다고 주장하며 배리법(背理法)을 주요 논법으로 발전시킨다. 이에 반해 후자는 정언적 추리법으로 공의 진리가 증명될 수 있다고 보았다. 중관귀류파는 중관파의 귀류논증파를 가리킨다.

60 반케이요타쿠(盤珪永琢, 1622~1693)는 에도 시대 중기 선종의 승려로서 신분의 고하를 막론하고 평이한 언어로 선을 설파하여 이후 선의 발전에 크게 기여했다. '불생(不生)의 불심(佛心)'을 참선하고 공부하는 불생선(不生禪)을 제창했다. [역주] 그의 성장기를 살펴보면, 한의사의 3남으로 태어나 10세에 부친을 여의고 17세에 선종의 한 분파인 임제종(臨濟宗)의 승려로 출가한 후 단식의 좌선 등 고된 수행 끝에 중병을 얻는다. 그리하여 '세상만사는 불생(不生)으로 정리되는데 그것을 알 수 없어 뼈를 깎는 노력을 했다'라는 깨달음을 얻고 하산하여 각지를 순방하며 불법을 전한다. 그는 그 지방의 일상언어로 난해한 선을 평이하게 설한 것으로 후대에 높이 평가되고 있다.

도겐의 초상. 제공 Alamy/Afro.

 제3렘마까지는 상황에 의존하기 때문에 이항대립의 참된 조정이 될 수 없다는 문제의식은 삼분법의 관점에서 보면 '주체/대상'과 '여럿/하나'라는 두 종류의 이항대립 간의 조합을 국소적, 상황적으로 고려했던 정황을 넘어서서 다즉일 일즉다의 세계관으로 어떻게 승화할 것이며 또 단적인 '지금'에서 타자로서의 대상, 자연과의 조우를 어떻게 기약할 것인지라는 과제를 남긴다.

 사구분별은 초기 불교 이전부터 있은 논리지만,[61]『중론』이

---

61 예를 들어『리그베다』의「우주 개벽의 찬가」는 이미 "태초에 유(有)도 없고 무(無)도 없느니라. 죽음도 없고, 불사도 없느니라"로 시작한다. 초기 경전이나 비나야, 초기 부파불교(部派佛敎)의 아비달마 문헌에도 사구분별에 의한 비교가 자주 나타난다고 한다. 또한, 석가가 설파한 십이지연기(十二支緣起)의 역관(逆觀)은 이미 '~가 없으면 ~는 없다'는 논리를 전개하고 있으며, 이것은 무명(無明)과 생사(生死) 등 그 속에서 이야기되는 요소(항)들의 도미노적 연쇄를 전제하고 있으면서도 '어떤 요소(항)도 없다'는 상태의 표현으로 볼 수 있다. 나가르주나의『중론』또한 십이지연기의 '~가 없으면 ~는 없다'는 논의(還滅門)를

래 대승불교 사상이 바로 그 갈등을 받아안아 폭발적으로 자기 전개하여 초기 불교에는 없는 여러 새로운 표현을 만들어 내었다. 다즉일 일즉다의 세계관은 문자 그대로 화엄불교에서 끝까지 밀어붙여 현수대사 법장[62] 등에 의해 다양한 각도에서 구체적으로 검토되었다. 선(禪)에서 보면 예를 들어 그 유명한 임제의현(臨濟義玄)[63]의 문답처럼 '탈인불탈경(奪人不奪境)', '탈경불탈인(奪境不奪人)', '인경구탈(人境俱奪)', '인경구불탈(人境俱不

거듭 중시한다. 그것은 나가르주나가 선행한 여러 분파가 발전시킨 논의를 희론(戱論)으로서 하나하나 부정하는 국면에서 반복적으로 재연되는데, 존재와 비존재의 제4렘마적 해결—유무(有無)의 이이변(離二邊)으로서 중도(中道)—을 포함하여 근본적인 제4렘마인 팔불(八不)—불생불멸(不生不滅), 부단불상(不斷不常), 불래불거(不來不去), 불일불이(不一不異)—에서 보면 그러한 논의들 대다수는 애당초 '~가 있다, ~가 없다'라는 형태로 존재나 비존재를 소박하게 명제에 맞추고 있으며(예를 들어 '열반은 있다, 열반은 없다'), 사구분별적으로 일일이 열거해도 거기서 이야기되는 것은 모두 그 자체로는 성립되지 않는다(無自性). 즉, 이원성을 넘어선 것이라 할 수 없으며, 다른 것과의 연(緣)에 있는 것인데(相依性), 더욱이 그것 자체로 '~가 없으면, ~는 없다'라는 부정적인 형태로 확인되어야 한다. 초기 불교는 분명 대승불교와 연결되어 있으며, 그보다 더 오랜 세월 애니미즘이 선과 그외 모든 철학과 연결되어 있다.

62 [역주] 법장(法藏, 644~712)은 중국 화엄종의 제3조인 당나라 시대의 승려다. 장안(長安) 출신으로 성은 강(康), 휘는 현수(賢首)다. 화엄종 제2조인 지엄(智儼)에게 화엄경을 배웠고, 측천무후의 비호하에 선비들에게 화엄경을 가르쳤다. 그로 인해 화엄종이 크게 대성했으므로 "화엄종의 고조"라고 부른다. 그는 현수대사(賢首大師), 향상대사(香象大師)라고도 불린다.

63 [역주] 의현(義玄, 미상~867)은 당나라의 선승이다. 20세에 출가하여 의현이라고 자칭한다. 선승인 황벽희운(黃檗希運)에게 가르침을 받고 하북성(河北省) 진주(鎭州) 임제원(臨濟院)에서 선풍(禪風)을 크게 일으키고 선의 한 분파인 임제종의 시조가 된다.

奪)'[64]과 같은 식으로 전개되는 가운데 선자(禪者) 간의 만남이 격렬한 충돌과 동요를 일으켰지만, 그 와중에 그들이 마주한 것은 또한 이와타가 말한 애니미즘의 타자로서 자연, 그 우주적 생명이었다. 예를 들어 도겐의 『정법안장』에는 그러한 경험에 관한 실로 선명하고 풍부한 표현이 넘쳐흐른다. 일부를 발췌하여 삼분법으로 그 구조를 분석해보자.

'안/밖'의 문제, 자연 및 환경과 그것에 의한 포섭의 문제, 즉 생명이라는 것에 관해 도겐은 「현성공안(現成公案)」[65]에서 다음과 같이 웅변한다.

> 물고기가 물속을 헤엄쳐 가지만 그 물은 끝이 없고, 새가 하늘을 날지만 하늘도 끝이 없다. 그렇지만 물고기도 새도 예로부터 지금까지 물이나 하늘을 떠난 적이 없다. (…) 만약 새가 하늘을 떠나면 홀연히 죽을 것이며, 만약 물고기가 물을 떠나면 홀연히 죽을 것이다. 물고기는 물이 생명임을 알아야

---

64 임제의 사요간(四料簡)이라 불리는 것으로, 사람은 주체이고 경계는 그 주체가 감수하는 대상 세계를 말한다. 탈인불탈경(奪人不奪境)은 주체를 빼앗고 대상 세계는 빼앗지 않는다. 탈경불탈인(奪境不奪人)은 대상 세계를 빼앗고 주체는 빼앗지 않는다. 탈인경구탈(奪人境俱奪)은 주체와 대상을 모두 빼앗는다. 인경불구탈(人境不俱奪)은 주체와 대상을 모두 빼앗지 않고 존재케 한다는 뜻이다. 물론 이 또한 테트랄레마적 표현이다.

65 [역주]『역주 정법안장 강의』에서 한보광의 해설에 따르면, 현성공안(現成公案)에서 '현성'은 현전성취(現前成就)의 뜻으로 지금 여기에 있어야 할 것이 있는 그대로 나타나는 것이고, '공안'은 그것이 얼마나 잘 나타나 있는지를 설하는 것이다.

하고, 새는 하늘이 생명임을 알아야 한다. (『정법안장』 제3권 「현성공안」[66])

새는 하늘을 생명으로 삼고 물고기는 물을 생명으로 삼는다. 새와 물고기의 생명은 그 신체 안에 있지 않다. 그것들을 둘러싼 환경, 하늘과 물 그 자체가 새와 물고기의 생명이다. 나아가 이것은 다만 유기체의 윤곽을 경계로 하는 안과 밖의 반전을 말하는 것이 아니다. '물의 끝이 없고 하늘의 끝이 없다'라고 하듯이 거기에는 제한 없는 무한의 세계 그 자체의 명백한 계시가 있다. 포섭, '안/밖', 그리고 자연(환경), 새와 물고기가 약동하는 하나의 존재 방식이 세계의 전부 곧 삼라만상에 그대로 직통하여 일체인 것을 읊고 있다. 하늘을 생명으로 삼는 새, 물을 생명으로 삼는 물고기는 문자 그대로 그 환경과 일체가 되어 순조롭게 살아간다. 거기에는 유한하지만 주객이 혼연한 삶의 방식이 있다. 그리고 이 삶, 이 생명이 홀연 삼라만상에 끝없이 무한한 우주적 규모의 생명에 둘러싸인다. 격절하면서도 이어진다.

여기서 포섭한다/된다는 것이 매우 큰 의미가 있음은 명확하다. '현성공안'의 저 짧은 문장 안에서 하나인 존재가 삼라만상에 직접 이어지는 것('하나/여럿'), 주체와 자연(환경)이 일체인 것('주체/대상'), 피포섭과 포섭('안/밖')이라는 이항대립의 세 쌍이 단단히 조합되어 기능한다.

환경과 주체의 주객 혼효 양상에 대해서는 그런대로 쉽게 이

---

66 [역주] 『역주 정법안장 강의 제1권』, 한보광 옮김, 여래장, 2020, 176-7쪽.

해된다. 그러나 그것이 전 세계로까지 이어져간다는 메커니즘(機序)은 앞선 인용만으로 충분히 알기 어렵다. 여기에 '전기현(全機現)'이라는 말이 있다. 한순간 어느 한 자연의 출현이 전 우주의 생명과 공명하며 그 모든 기관이 전부 동시에 작용하고 있다는 것을 나타내는 표현이다. "삶은 모든 삶이며 죽음은 모든 죽음이다(生也全機現 死也全機現)"(『정법안장』 제41권 「전기(全機)」)라고 하는데, 그러한 기제 및 구조(機構)에 대해 도겐이 구체적으로 논하는 몇몇 곳을 살펴보자.

> 삶이라 하는 것은 예를 들면 사람이 배를 타는 것과 같다. 이 배는 내가 돛을 달고 내가 키를 잡고 내가 노를 젓는다고 해도, 배가 나를 태우는 것이며 배 바깥에 나는 없다. 나는 배를 타고 이 배 또한 배가 된다. 정당임마시(正當恁麼時)[바로 그러할 때]를 공부하고 정진해야 한다. 이 정당임마시에서 배의 세계가 아닌 곳이 없다. 하늘도 물도 물가도 모두 배의 시절이 되며, 또한 배가 아닌 시절과 같지 않다. 그러므로 삶은 내가 살아가는 것이며, 삶이 나를 만드는 것이다. 배를 타는 것은 신심의정(身心依正)이 모두 함께 배의 기관(機關)이 되는 것이다. 진대지(盡大地) 진허공(盡虛空), 모두 함께 배의 기관이 된다. 삶이 되는 나, 내가 되는 삶, 그것이 이와 같다. (『정법안장』 제41권 「전기」[67])

---

67 [역주]『역주 정법안장 강의 제5권』, 한보광 옮김, 여래장, 2020, 402-3쪽.

주체와 자연(환경)의 관계가 여기서는 '나'와 '배'라는 형태를 취한다. '배'의 돛을 올려 키를 잡아 노를 저어 헤쳐나가는 것은 '나'일지라도 이 '나'를 폭 감싸서 일체화하는 것은 환경이다(배 바깥에 나는 없다). 그리고 '나'가 배에 올라탐으로써 '배'를 '배'로 있게 한다. 환경과 주체 사이에는 서로를 성립시키는 주객 혼효의 상태가 있다. 그러나 본래 이 '배'를 띄우는 것은 강이며 그 물가이고, 나아가 하늘이 그것들을 뒤덮고 있다. '전기현'이 이야기되기 위해서는 그것들과 '배'의 관계가 맺어져야 한다.

여기서 전환점은 이 '정당임마시(바로 그러할 때)'를 공부하고 정진해야 한다는 말에서 주어진다. 즉, 여기서 단적인 '지금'이라는 주제가 느닷없이 부상한다. 이 '지금'에서 "배의 세계가 아닌 곳이 없다. 하늘도 물도 물가도 모두 배의 시절이 되며"라고 한다. 삼분법의 구조에서 "Ⅲ. 다양한 상황에 비-의존적이고 독립적인 '지금' 상태의 병존", "Ⅱ. '하나가 여럿을 포섭하고 여럿이 하나를 포섭한다'라는 형태로 '여럿/하나'라는 이항대립의 조정이 그 대상의 내부와 외부에서 동시에 모든 규모와 방향에서 확장된다"라고 했는데, 이 '정당임마시'에 있는 '배'는 정말로 그러한 기제 및 구조(機構)에서 그대로 세계와 이어진다. 그리고 '하늘도 물도 물가도' 모두 '배'와 마찬가지인 '지금', 그 동시성에 놓여 있다. 이것이 '전기현'이라 불리는 상태다.

여기서 말하고자 한 것은 또한 본래 삶에 관해서였다. "삶은 내가 살아가는 것이며, 삶이 나를 만드는 것이다"라고 하듯이 '배'는 대저 '삶'을 비유한 것이다. '신심의정'이라는 것은 몸과 마음 그리고 주체와 그것을 둘러싸며 그것이 의지처 삼는 환경에 관한 것이지만 '삶'은 무엇보다 이러한 주객이 혼효된, 환경과 혼연일체인 것으로서 존재한다. 여하간 잠정적인 항상성이 '삶'이다. 그것이 여기서는 '배의 기관'에 비유되며, 나아가 "진대지(盡大地) 진허공(盡虛空)과 더불어 배의 기관"처럼 삼라만상 안에 포섭된다. "삶이 되는 나, 내가 되는 삶" 또한 이렇듯 전 우주의 생명 속에 있으며 그와 동시에 독립해 있다.

그렇지만 자칫하면 여기서 도겐의 말은 '삶'이 삼라만상 안에 포섭되는 그 연속성과 관계에만 중점을 둔 것처럼 보일 수 있다. 그러나 「전기」가 "제불(諸佛)의 대도(大道), 그 추구하는 바는 투탈(透脫)이며 현성(現成)이다. 그 투탈이라는 것은 삶도 삶을 투탈하고 죽음도 죽음을 투탈한다는 것이다"라는 문장으로 시작하는 것에서 알 수 있듯이 '정당임마시'에 있는 '삶이 되는 나'는 삼라만상에 포섭되면서도 '투탈'한다. 즉, 일방적으로 포섭, 환원되는 것이 아니라 스스로 세계를 포섭하는 것으로서 독립해 있다. 이 '전기현'은 또한 '정당임마시' 곧 '지금'이라는 의미에서 그 속에서 이야기되는 모든 것이 제각기 독립해 있다. "배에 없는 시절"이라 불린 것을 '죽음'이라고 파악한다면, '삶'과 '죽음'도 서로 독립해 있으며 제각기 '전기현'이다.

앞서 언급한 「현성공안」에서 다음의 표현은 그러한 메커니즘을 웅변적으로 보여준다.

땔나무는 재가 되면 다시 땔나무로 되돌아갈 수 없다. 이것을 보고 재는 나중이고 땔나무는 먼저라고 판단해서는 안 된다. 알아야 할 것은 땔나무는 땔나무의 법위(法位)에 있고, 먼저가 있고 나중이 있다. 나무의 앞과 뒤가 있다고 할 때, 그것은 어디까지나 앞은 앞이고 뒤는 뒤로서 각기 별개다. 재는 재의 법위에 머물고, 나중이 있고 먼저가 있다. 일단 땔나무가 재가 되어버렸다면 다시 땔나무가 되지 않듯이, 사람이 죽으면 다시 산 사람이 될 수 없다. 그러나 이런 사정에 대해 삶이 죽음이 된다고 말하지 않는 것은 불법이 정한 것이다. 그래서 불생(不生)이라고 한다. 죽음이 삶이 될 수 없는 것도 법륜(法輪)이 정한 불전(佛轉)이다. 그래서 불멸(不滅)이라고 한다. 삶도 일시(一時)의 삶 그대로이며, 죽음도 일시의 죽음 그대로다. (『정법안장』 3권 「현성공안」[68])

땔나무는 불타서 재가 되고 재는 땔나무로 돌아갈 수 없다. 그러나 이를 단지 재가 나중이고 땔나무가 먼저라는 식으로 받아들여서는 안 된다. 땔나무에는 땔나무의 '법위'가 있어서 나중도 먼저도 있다. 재에는 재의 '법위'가 있어서 나중도 먼저도 있다. 땔나무 그 자체, 재 그 자체에 있는 '먼저에서 나중으로'의 이행보다도 땔나무에서 재로의 이행이 더 크다거나 더 포섭적이지 않으며, 땔나무 그 자체, 재 그 자체에 있는 '먼저에서 나중으로'의 이행(그것들의 시절) 또한 다른 모든 이행(모든 시절)을 포섭하며 독립한 것으로서 있다("앞은 앞이고 뒤는 뒤로서 각기 별개다"). 그리고 삶과 죽음도 서로에게 과연 그러한 것으로서 서로 독립해 있다("삶도 일시의 삶 그대로이며 죽음도 일시의 죽

---

68   [역주] 『역주 정법안장 강의 제1권』, 한보광 옮김, 여래장, 2020, 172-3쪽.

음 그대로다"). 이것이 바로 도겐이 이야기하고자 한 바다.

「전기」에서는 '배'와 '나'의 주객 혼효 상태('주체/대상')로부터 그것을 더욱이 포섭하는 '안/밖'의 주제가 나타나고 나아가 '하나/여럿'의 상호포섭으로서 그것이 '진대지 진허공'에까지 확장된다("배의 세계가 아닌 곳이 없다"). 여기서 중요한 전환을 마련한 것이 '정당임마시(바로 그러할 때)'라는 '지금' 그 자체에 눈을 뜨는 것이었다. 그리고 그 '지금'을 흘러가는 시절의 이행으로부터 스스로 투탈하는 것, 오히려 모든 시절을 포함하는 것으로 이해하면, 그것은 앞선 현성공안의 이야기가 된다. 여기서는 단지 부분적인 예를 든 것에 그치지만, 도겐이 이야기하는 이런저런 말은 진정 삼분법의 구조에서 복수의 이항대립을 조합시키면서 애초의 이항대립 그 자체를 각각의 국면에서 선명하게 조정하는 논리를 보여준다.

지금까지 선(禪)이 자연 그리고 전 세계와 어떻게 만나왔는지와 그 경험 가운데 작동하고 있는 이항대립의 기제 및 구조(機構)가 어떠한 것인지에 관해 극히 일부만을 엿보았다. 그러나 그보다 더 중요한 것은 거기서 작용하는 경험 자체일 것이다. 즉, 새나 물고기를 바라보고, 강에서 배를 저어 가고, 땔나무가 재가 되어가는 그 불꽃을 앞에 두고, 어떻게 실제 깨달음에 이르는지가 중요하다. 그 경험, 그 조우, 그 근원적인 감정을 어떤 계기로 느끼게 되는가? 또 그것이 사냥감을 사냥하는 수렵민의 애니미즘 사고와 어떻게 공명하는가? 지금부터 이 질문을 탐구해보고자 한다.

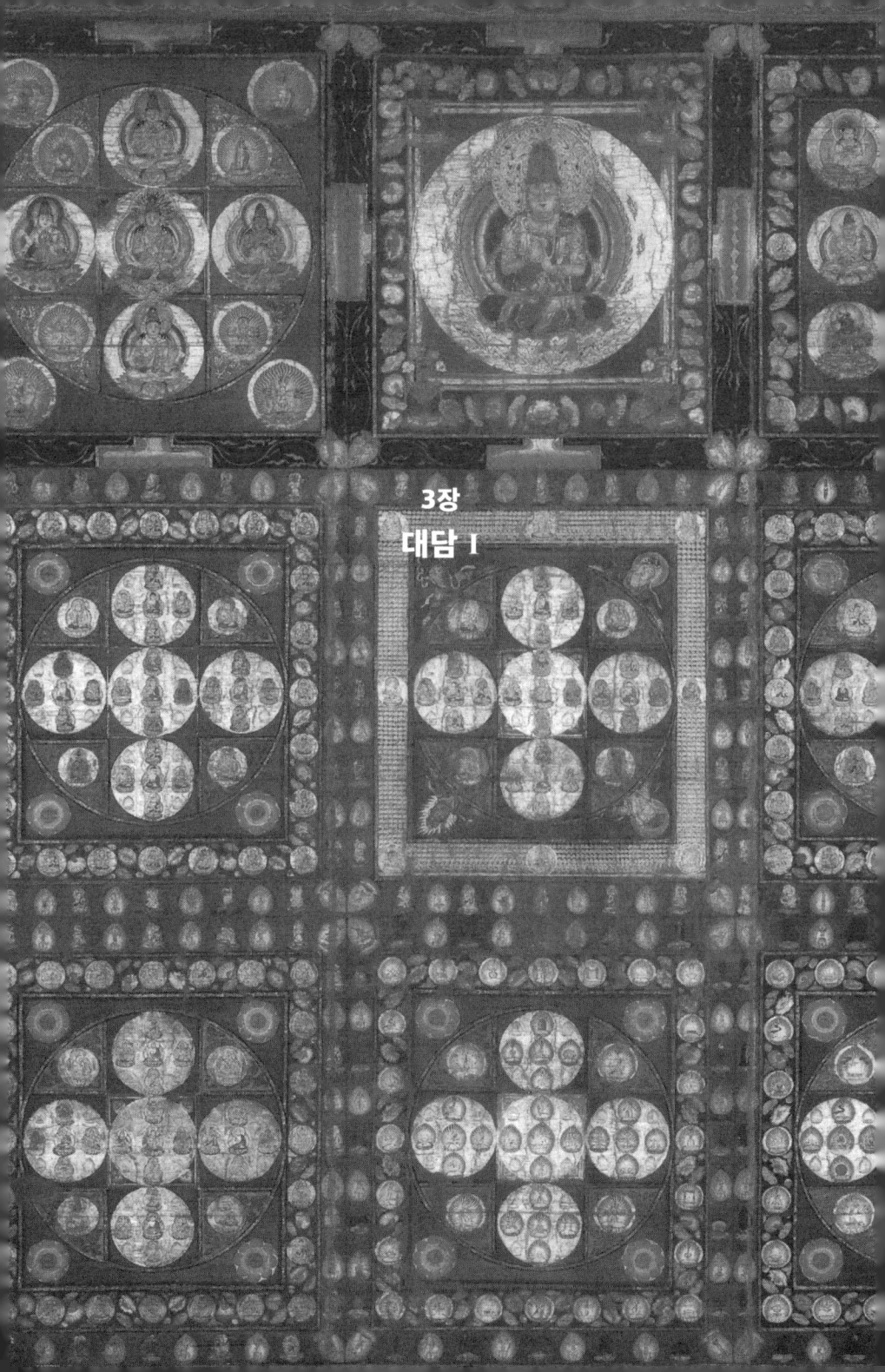

3장
대담 I

▶▶ "오늘날의 애니미즘"이라는 제목의 이 책에는 인류학자 오쿠노 씨, 철학자 시미즈 씨 각각의 입장에서 작성된 논고가 수록되어 있습니다. 이 자리에서는 앞에 수록한 서로의 논문을 비평하고 그 다음으로 오늘날의 애니미즘 문제를 이야기해보고자 합니다.

먹고 먹히는 관계로서 애니미즘

시미즈 나는 2장에서 애니미즘까지는 직접 다루지 못했고 불교와 선에 관한 논의에서 끝을 맺었습니다. 오쿠노 씨는 애니미즘에 관해 일본이나 해외의 사례를 구체적으로 기술해주셔서 고마웠어요. 애니미즘을 통해 무엇을 말할 수 있는지도 그렇고요.

오쿠노 인류학은 아무래도 구체적인 것에서 출발해야 하는 것이 있습니다. 시미즈 씨는 2장에서 애니미즘의 맹아와 같은 것을 삼분법의 논리로 깊이 있게 파고들었죠. 브뤼노 라투르에서 시작해 이와타 케이지와 선에서 절정을 이루며 마지막으로 도겐에 이르기까지 애니미즘으로 통하는 길을 매우 선명하게 보여주었습니다. 구체적인 현실과 마주하는 인류학자는 좀처럼 쓰기 힘든 박력 넘치는 논고였습니다.

시미즈 오쿠노 씨는 1장에서 애니미즘 세계와 인간 세계의 인접성 또는 단절에 대해 당사자로서 우리가 어떻게 이를 마주해야 할 것인지 그야말로 시의적절한 질문을 던져주었습니다. 이 인접성이 다양한 반전의 이미지나 왕상 및 환상 등의 회귀에 관한 주제로 이어지며, 이것을 문자 그대로 뫼비우스 띠 위를 걷는 개미의 관점에서 이야기한 부분이 흥미로웠습니다. 굳이 말하자면 나는 세계관 자체가 반전하는 현장을 포착하고자 했습니다. 한발 물러서서 상황을 조감한다고나 할까요. 나아가 선과 애니미즘 세계관으로의 불가피한 반전을 말하고 싶었습니다. 최근 들어 철학이나 인류학 등의 학문은 급변하고 있어요. 그 변화를 마주해서 고찰하지 않으면 알 수 없는 것들이 많아졌습니다. 혼자 생각하기에는 문제가 너무 버거워져서 인류학자인 오쿠노 씨의 지혜를 빌리지 않고서는 풀기 어려운 지경에 이르렀습니다 (웃음). 어떤 학문에서든 달라진 점은 서양의 근대문명을 비판하는 양상입니다. 다양한 문화를 상대화할 뿐만 아니라 과학지식의 대상이나 사물의 수준에까지 어느 학문이고 할 것 없이 모두 발을 들여놓기 시작했죠. 여기에 금세기의 특징이 있습니다.

2장에도 썼지만, 라투르 등의 비판적 검증을 통해 무엇보다 자명해진 것은 근대서양의 기존 사고방식, 즉 '지식은 객관적 기초가 되는 부분에서부터 전체로 구성된다. 그러한 지향은 확고하다'라는 사고 자체입니다. 원자론(atomism) 등으로 나는 표현했는데요, 사실 이것은 조금도 자명하지 않습니다. 라투르는 예를 들어 젖산 발효와 같은 과학 지식의 대상이 만들어지는 과정에 주목합니다. 연구 주체가 다양한 접근을 통해 연구실의 여러 사물을 동원하는 과정을 상세히 분석하지요. 그러한 과학지식의 대상은 대상에 접근하는 연구 주체의 다양한 작용, 이른바 결절점=매체이며, 주체와 대상 사이에는 순환적인 상호작용이 있다고 합니다.

지식의 대상은 처음부터 그저 소박하게 존재하는 것이 아니라 이러한 작용 속에서 만들어지는 것이라고요. 그러나 중요한 것은 거기서 만들어진 대상이 또 다른 대상을 만들기 위해 다시 동원되기도 한다는 점입니다. 주체와 대상 사이에 순환작용이 있다는 것은 더 나아가 간접적으로 복수의 대상과 대상 사이에도 상호적이며 가역적인 생성이 있다는 것입니다. 행위자-연결망의 결절점이라는 것이 상정된다면, 그것을 찾아내기 위해 동원되는 다양한 행위자도 본래 자명한 것이라고 할 수 없습니다. 그것들 또한 연결망의 결절점일 테니까요. 애당초 학문적, 기술적인 대상 세계 전체가 그러한 복수의 결절점이 결합한 거대한 '그물망'이자 연결망의 연결망 아닐까요? 여러 영역에 걸쳐 있는 라이프니츠 학문에 관한 연구에서 출발하여 이와 같은 세계관을 처음으로 제시한 이는 미셸 세르였습니다. 이 '그물망' 안에는 출발점도 곳곳에 있으며, 모든 결절점은 간접적으로 다른 결절점에 포함되어 있습니다. 그는 라이프니츠 연구로부터 현대 과학의 양상에 대한 고찰로 나아가며 그러한 생각에 도달했는데, 라투르는 그런 세르로부터 많은 것을 배웠습니다. 과학생성의 현장을 검토하는 방법으로서 '번역'의 개념 등이지요.[69]

따라서 원자적 세계관은 유럽 근대 과학이라는 특수한 전제 하에서만 성립합니다. 그러나 그것이 일단 무너지고 나면 어느 한 곳을 원인으로 고정할 수 없고 어디서부터 시작해도 무방하며 부분과 전체의 관계 자체가 뒤바뀔 수 있고 간접적으로 뭐가 뭐에 포함되어도 상관없는, 규모에서 자유로운 세계가 도래합니다. 이것은 지역연구의 현장에서 메릴린 스트래선과 같은 이들이 이미 지적한 바입니다. 예를 들어 좁고 한정된 지역을 출발점으로 더 넓고 복잡한 지역이 포착될 리 없다는 것이죠. 어떤 규모에서든 농밀한 문화 현상이 발견되며 그것이 부분으로부터 구성되는 일은 없습니다. 나아가 스트래선은 그런 문화들을 서로 느슨하게 연결하는 것은 다양한 도구인 사물=매체라고 말합니다.

그런데 오쿠노 씨의 1장을 읽으면서 새삼 든 생각이 음식을 먹는다든가 생명을 만든다는 일이 애당초 어떤 의미를 가지고 있는가라는 것입니다. 우리가 먹은 것이 우리를 만든다는 거겠죠. 예를 들어 아시아의 쌀 문화는 쌀을 먹기 위해 한평생을 일

---

69 清水高志,「世界の《ざわめき》に耳を傾ける―ブリュノ・ラトゥールの思想的系譜とそのヴィジョン[세계의 '웅성거림'에 귀 기울이다: 브뤼노 라투르의 사상적 계보와 그 비전]」.『たぐい』Vol. 3, 93-106쪽, 亜紀書房, 2020.

하고, 쌀을 끊임없이 만들어내는 인생이라는 점에서 쌀을 먹는 것인지 쌀로 만들어지는 것인지 도무지 알 수 없는 측면이 있습니다. 그러니까 말하자면 이 세계에서 무엇이 무엇에 삼켜지는지 모른다는 것이죠. 오쿠노 씨가 언급했듯이 곰이 인간을 먹을 수도 있고 인간이 곰을 먹을 수도 있습니다. 거기에는 절대적으로 고정된 방향이 없어서 몇 번이고 뒤집힙니다.

그러한 상황에서 도래하는 극적인 '무언가'가 애니미즘이지 않을까 합니다. 근대적 가치관의 전제보다 비-원자적 세계가 오히려 더 포괄적이라고 한다면, 여러 조건이 바뀝니다. 그것을 사고하는 한 가지 열쇠가 애니미즘이지 않을까요?

오쿠노 맞습니다. 시미즈 씨가 비평하는 원자적 세계관이 바로 애니미즘론의 중심적 테마입니다. 나는 '애니미즘'을 주제로 웹 연재[70]를 하고 있는데, 그중에 미야자와 겐지[71]의 '법화경(法

---

70 이 대담이 이뤄진 2019년 11월 시점에서 아키책방(亜紀書房)의 웹사이트 "아키치(あき地)"에서 「정돈의 계곡 나우시카: 현대에 살아 숨 쉬는 애니미즘」이라는 제목의 에세이를 연재 중이었다(2019년 5월 24일~2020년 3월 24일). 그 후 이 글은 『モノも石も死者も生きている世界の民から人類学者が教わったこと[사물도 돌도 죽은 자도 살아있는 세계의 사람들에게 인류학자가 배운 것]』이라는 변경된 제목으로 출판, 간행되었다(2020년 9월 25일).

71 [역주] 미야자와 겐지(宮沢賢治, 1896~1933)는 일본의 시인이자 동화작가다. 혼슈 동북부 지방의 이와테현에서 독실한 불교 집안에서 태어나 어릴 때부터 법화경 등의 불경을 접했다. 모리오카농림고등학교(현 이와테대학 농학부)를 졸업한 후 이와테현립 하나마키 농업학교의 교사로 재직하면서 창작한 시와 동화를 여러 잡지에 투고했다. 1928년 폐렴이 발병하여 1933년 사망하기까지 농촌 계몽운동과 노동운동에 헌신하며 수많은 작품을 발표했다. 그가 생전에

華經)'적인 애니미즘에 관한 글이 있습니다. 철학자 우메하라 다케시도 『地獄の思想[지옥의 사상]』과 『人類哲学序説[인류철학서설]』에서 미야자와 겐지를 몇 번 언급합니다. 나 또한 1장에서 다뤘지만, 미야자와 겐지의 「나메토코산의 곰」[72]이라는 동화가 있어요. 거기서 사냥꾼 고주로(小十郞)와 곰은 대단히 가까운 관계입니다. 고주로와 곰은 대화도 나눌 수 있어요. 고주로가 곰을 사냥하는 게 아니라 곰이 고주로에게 스스로 제 몸을 던져주지요. 최종적으로는 고주로가 곰에게 자기 몸을 바칩니다. 요컨대 먹고 먹히는 관계란 북아메리카 북방 선주민 연구에서 '동물들의 증여(gift in the animal)'로도 알려져 있지만, 불교의 사신행(捨身行), 이른바 본생담(本生譚)[석가의 전생 이야기]이라는 것입니다.

시미즈 본생담에 나오는 '사신사호(捨身飼虎)'[73] 이야기군요.

오쿠노 그렇습니다. 이 이야기는 도호쿠, 홋카이도, 시베리아, 알래스카 등지에 널리 퍼져 있는 존재론이며, 그 세계관이 미야자와 겐지의 문학에 넘쳐흐릅니다. 곰이 인간에게 몸을 바치고

발표한 시집과 동화집은 『봄과 아수라』와 『주문이 많은 식당』뿐으로 무명이었지만, 사후에 『미야자와 겐지 전집』(1973~77)이 출간되는 등 일본 국민작가의 반열에 오를 만큼 그의 작품은 일본인의 많은 사랑을 받고 있다. 그의 작품은 불교 신앙과 농민의 삶에 뿌리를 두고 있다.
72 『미야자와 겐지 전집 1』, 박정임 옮김, 너머출판사, 2012, 345-56쪽.
73 [역주] 석가가 전생에 굶주린 호랑이에게 자신의 몸을 먹이로 주었다는 이야기.

7세기 타나무시노 즈시(玉虫逗子模造)[불당에 안치하는 지붕이 달린 소품]에 그려진 사신사호도. 나라현 국립박물관 소장.

또 마지막에는 인간이 곰에게 몸을 바친다는, 사냥하고 사냥당하며 사냥당하고 사냥하는 관계가 있어서, 이 관계의 반전 형태로 몸을 바친다는 것을 이야기합니다. 즉, 시미즈 씨가 서술했듯이 우리가 쌀을 먹는 것인지 쌀로 만들어지는 것인지 알 수 없는, 먹고 먹히는 관계가 분명치 않은 세계로 통하는 길이 애니미즘입니다.

삼분법과 애니미즘

오쿠노 시미즈 씨의 2장에 대한 감상을 이야기하자면, 인류학에서도 매우 중요한 문제이지만, 이원론이나 이항대립을 초극하는 문제가 서양 철학에서도 매우 중요했다. 그러한 초극 자체를 어떻게 볼 것인가? 이 질문을 레비스트로스를 단서로 풀어가셨죠?

그 논리 전개가 상당히 흥미로웠습니다. 서양 철학을 뛰어넘어 도약하는 시도 자체가 어떤 의미에서는 불모에 가까웠다고 이야기한 것으로 기억하는데, 2장에서는 더 구체적인 극복 방법을 찾기보다 이항대립 자체가 하나가 아니라 여럿이며 겹쳐져 있다는 데에서 사고를 시작해보자고 합니다. 자기와 타자, 인간과 자연 등의 어느 한 이항대립의 양극에만 초점을 맞춘 논의로는 애당초 그것을 넘어설 수 없다고요. 그러니까 주체와 대상, 하나와 여럿 등등 갖가지 이항대립이 있다는 것에 주목해서 그로부터 삼분법이라는 도식을 끌어냅니다.

이러한 철학적 사색의 경로는 좀처럼 생각해본 적이 없어서 많은 공부가 되었습니다. 대립하는 이항, 나아가 배반성에 놓여 있다는 표현 방식 등 시미즈 씨 만의 독특한 이론 전개가 상당히 흥미로웠습니다. 대립하는 동시에 배반하는 이항의 관계성을 어떻게 묘사할 것인가라는 지점에서 행위자-연결망 이론이 등장합니다. 물론 라투르는 그렇게 말하지 않았지만 내가 느끼기에 행위자-연결망 이론이 일즉다 다즉일이라는 불교의 화엄 사상과 같은 방향을 향해 있다는 지적은 대단히 시사적입니다. 설령 라투르의 사고 속에 불교의 사고방식이 숨어 있다 해도 라투르 자신은 전혀 의식하지 않을 뿐더러 다루지도 않을 겁니다. 그런 이면의 숨은 진실을 시미즈 씨가 뛰어난 후각으로 낚아챈 게 아닌가 생각합니다.

시미즈 나는 여기서 세 개의 이원성(이항대립)을 논했는데, 그것들을 모두 조합하면 확실히 일즉다 다즉일의 세계관으로 알려진 화엄불교가 나타날 수밖에 없는 필연성이 느껴집니다. 겉보기에 전혀 다른 영역인 과학 및 기술 분야에서 라투르가 분석한 것은 작금에 다다른 과학의 상황론이지만, 세르가 말하듯이 여러 학문이 서로 '그물망' 모양의 총체를 이룬다면 그것 또한 일즉다 다즉일의 세계입니다. 라투르의 논의를 거쳐 초기의 세르가 라이프니츠나 20세기 엔치클로페디를 논한 것을 돌이켜보면, 새삼스레 이해되는 것이 많습니다. 그로부터 라이프니츠의 단자론까지 거슬러 올라가면 이것 또한 정말로 일즉다 다즉일의 세계관입니다. 니시다 기타로는 특히 노년에 이르러 화엄과 라이프니츠 이 두 사상으로부터 깊이 영향을 받아 독창적인 일본 철학을 만들어냈습니다. 현대 인류학과 라투르의 사상은 완전히 다른 접근에서 앞서와 같은 것을 다시 이야기합니다.

애당초 사이언스의 현장이나 구체적 현상에 있어서조차 앞서 말한 근대적 전제가 무너지고 있다면, 그것들 모두를 초월한 신앙이나 '기도' 속에서 느껴지는 전체로서의 세계에서는 더욱 그럴 수밖에 없겠죠. 그러한 세계[서양의 근대과학]만이 원자적으로 성립되어 있다고 생각할 수는 없으니까요. 하나와 여럿, 부분과 전체, 주체와 대상이라는 이항대립은 거기[전체로서의 세계]에서도 넘어서야만 합니다. 논리뿐만 아니라 삼라만상에서 그것[원자적 세계]이 성립한다는 것은 무엇을 의미할까요? 이것은 이제 철학만의 문제가 아닙니다. 여기서 일단 오쿠노 씨에게 바통을 넘기겠습니다. 어떤 반응일까 궁금하네요(웃음).

오쿠노 그렇게 되나요(웃음)? 시미즈 씨는 라투르에 근거해서 동양적이랄까, 인류학자 이와타 케이지 그리고 도겐의『정법안장』독해로 나아갑니다. '탈인불탈경(奪人不奪境)'은 임제선(臨濟禅)[임제종의 선법]입니다.

시미즈 네, 임제의 '사요간(四料簡)'[74]입니다. 여기서 '사람'과 '경계'라는 말이 나오는데, 요즘 식으로 말하자면 '주체'와 '대상세계'입니다. 선문답을 주고받는 가운데 문답 상대의 주체를 부

74 [역주] 각주 64 참조.

정해 빼앗거나 대상 세계를 빼앗거나 양쪽을 빼앗거나 어느 쪽도 빼앗지 않거나 하는 것을 반복하며 사구분별 곧 테트랄레마를 실천적으로 체득하도록 하는 것입니다. 그런데 나는 최근 한동안 나가르주나를 떠올리며 거기서부터 불교를 다시 생각하고 있습니다. 초기 불교에서 석가 자신이 확실하게 설파한 것은 유무이이변(有無離二邊)의 중도(中道), 다시 말해 '~가 이다'도 '~가 아니다'도 아니라는 것 그리고 십이지연기(十二支緣起)라는 사고방식입니다. 십이지연기는 '~가 있으므로 ~가 있다'의 형태로 고(苦)와 정념 세계의 성립을 설명하지만(순관), 거꾸로 역관(환멸문)이라고 해서 '~가 없으므로 ~가 없다'라는 식으로 고(苦)의 적멸(寂滅)을 설파하기도 합니다.

기이하게도 나가르주나는 석가의 입멸[임종] 이후 발전한 부파불교(部派佛敎)의 논의를 거의 부정합니다. 또한, 『중론』에서는 이러저러한 사구분별을 들어 그것들 대부분을 부정합니다. 나는 이 점이 계속 마음에 걸렸습니다. 그러다 새삼 테트랄레마는 사실 극히 한정된 경우에만 성립할지 모른다는 것을 깨달았습니다. 부파불교 이론은 '~가 있으면 ~가 있다'는 연기의 순관적 사고를 발전시켜 이론화한 것인데, '~가 있으면 ~가 있다'라는 표현에 이미 '있다'와 '없다'의 뜻이 있습니다. 이원성을 근본적으로 부정하는 '이이변의 중도'가 성립한다면 이것은 분명 앞뒤가 맞지 않습니다. 실제로 나가르주나는 처음에 네 종류의 이항(八不)만을 선택합니다. "존재는 영속하는 것도 아니고 단멸하는 것도 아니다"(不常不斷), "생겨나는 것도 아니고 사라지는 것도 아니다"(不生不滅), "같은 것도 아니고 다른 것도 아니다"(不同不異), "오는 것도 아니고 가는 것도 아니다"(不來不去)라는 네 가지입니다. '~가 이다'라는 세계의 존재 방식을 일반적으로 규정하는 테트랄레마는 실은 극히 드물어서 구체적인 것으로 마구 확장해서 논하기가 매우 어렵습니다. 아무래도 이 부분이 대승불교 이론의 전개가 낳은 수수께끼와 그 필연성을 이해하는 열쇠이지 않을까요?

한편으로는 그와 별개로 서양 철학의 맥락에서 이항대립의 문제를 지금까지 계속 고민해오면서 고찰할 수밖에 없는 근원적인 이원성을 끝까지 좁혀보면 결국에 남는 것은 세 가지뿐이라는 결론에 다다랐습니다. 안과 밖, 주체와 대상, 하나와 여럿이라는 세 종류입니다. 이것은 말하자면 새로운 팔불(八不), 아니 육불(六不)입니다(웃음). 이때 주체와 대상은 만드는 자와 만들어지는 것으로 바꿔 말할 수 있습니다. 예를 들어 라투르는 과학 및 기술의 대상이 그것을 만드는 주체의 작용을 통해 존재하는 것이지만, 대상 측의 작용 또한 있어서 주체들이 만들어지는 것이라고 보았습니다. 앞서 말했다시피 이러한 상호작용이 모든 영역으로 확장해가면, 자신이 세계 자체를 만들고 또 그 세계가 자기 자신을 만들어서 양자가 하나인 일즉다 다즉일의 세계에 다다릅니다. 선도 이것을 말하는 것일 테고요. 또한, 앞서 논한 먹고 먹히는 관계도 마찬가지입니다. 애니미즘이 시작도 끝도 없는 것이라면, 그 '무시무종(無始無終)'을 명확하게 정의하기 위해 엄선된 이항대립을 복수로 조합할 필요가 있습니다. 그렇다면 애니미즘의 경험을 이해하는 데에서 그러한 관점이 역으로 시사하는 바가 적지 않다고 생각합니다.

본생담 · 희생제의와 증여 · 무시무종의 세계

시미즈   이와타 케이지는 애니미즘에서 '중간'을 잇는 것의 중요함을 종종 지적했습니다. 오쿠노 씨의 논고에도 개구리에서 태어난 신생아 이야기가 있었죠? 개구리는 물과 대지를 잇는 존재이며 하늘과 땅 또한 비를 매개로 이어져 있고 개구리는 그것들의 '중간'에 있는 존재라고요. 이 '중간' 존재라는 것이 어떤 의미냐면, 예를 들어 '나무는 태어난 장소에서 죽는다'고 이와타는 자주 이야기했습니다. 시작이 있어서 끝이 있는 것이 아니라 하나의 전체가 있어서 거기서는 시작이 그대로 끝이기도 하다는 것입니다. 양극의 어느 쪽도 아닌 것이 '중간'이며, 그곳에 오히려 복잡함과 충만한 풍요로움이 있다. 나아가 시작도 끝도 없는 저 세계에서는 어떻게 움직여도 무방하다. 하늘이라는 환경 세계와 일체가 되어 날아다니는 새가 어디에서 어디로 날아가는 것이 아닌 것처럼.

　　이러한 감각은 종교적인 것으로 이해되고 애니미즘의 이야기로 받아들여집니다. 원자적인 전제가 붕괴하면 철학적으로도 그렇게 생각할 수밖에 없습니다. 그러나 이를 제대로 논리화하고자 한다면 앞서 말한 엄선된 이원성을 분명히 자각하고 조합해서 그 조합을 복잡하게 변화시킬 필요가 있습니다. '~가 있다'라는 구체적인 '사건'의 세계, 경험의 세계는 일단 그러한 추상적인 논의를 거쳐야 비로소 자유자재로 이야기할 수 있습니다. 애니미즘에 대해 불교가 한 작업도 그와 같았으며 오늘날의 철학도 그러한 작업을 해야 합니다.

예를 들어 개구리가 동면에서 깨어나 울면 비가 온다는 동시성을 사람들이 느끼고 개구리를 깨우기 위해 일제히 꽹가리를 친다고 합시다. 이것은 일종의 '기도'이지만, 그 안에는 여러 가지 사건이 동시에 일어나는 것에 대한 희열이 있습니다. 이때 실은 상향하는 것처럼 세계 전체가 열립니다. 선으로 말하자면, 그것이 바로 '깨달음'이지요. 그런 상황을 어떻게 파악할 것인가?

오쿠노 씨의 논고에도 아이누의 곰 의례인 '이요만테'가 나오는데요, 시작도 끝도 없다는 것을 뫼비우스의 띠라는 형상을 통해 설명하고 또 그것이 왕복 순환이라는 것을 다루었죠. 인상 깊은 비유입니다. 이항대립을 조정한다는 것이 애니미즘에서 어떻게 표현되는지가 중요하지요.

오쿠노 씨는 여기서 미야자와 겐지와 더불어 이케자와 나쓰키와 아서 클라크의 SF 소설을 꺼내 듭니다. 나는 로트레아몽의 시를 도입부에서 다루었는데, 이러한 예술이나 문학 또한 원자론이 제어하는 방향으로 나아가는 대신 다양한 이항대립을 겹쳐나가며 복잡한 현실성을 창작하는 무의식의 영위라고 생각합니다. 그런데 이케자와 나쓰키와 아이누의 인연이란 어떤 것이었나요?

오쿠노 이케자와의 선조는 원래 아와지섬(淡路島) 출신으로 막부 말기 도쿠시마 번과 스모토 번의 전쟁에서 패한 후 홋카이도로 개척 이주를 합니다. 홋카이도에서는 아이누 사람과 교류했다고 하는데, 소설 『静かな大地[고요한 대지]』에서 이 가족사를 다룹니다. 이케자와 본인은 홋카이도 출신이지만 자신의 뿌리

홋카이도 아이누 축제의 '이요만테'. 아사히카와(旭川) 시영 구장에서. 촬영 아사히 신문사(1996년).

를 찾아 자신의 선조가 홋카이도와 아이누 사람들과 어떻게 관계했는지를 취재하면서 이를 통해 알게 된 사실로 역사소설을 씁니다. 그리고 취재를 통해 아이누를 더 깊이 알게 된 후에 그는 『고요한 대지』의 후속작으로 창작 신화 『곰이 된 소년』을 썼습니다. 문학적 상상력이 돋보이는 작품입니다. 이 창작 신화에서 이케자와는 사람과 곰의 관계를 반전시킵니다. 곰이 인간 세계로 내려오는 것이 아니라 사람이 곰의 세계로 들어가서 환대를 받고 곰의 처지에서 곰 의례의 소중함을 깨닫는다는 겁니다.

우메하라 다케시 또한 『인류철학서설』에서 곰과 인간의 관계를 둘러싸고 곰의 관점에서 사람을 바라봅니다. 미야자와 겐지의 「나메토코산의 곰」을 인용하면서요.

「나메토코산의 곰」은 이 대담의 서두에서 말했듯이 본생담으로 해석할 수 있습니다. 우메하라에 따르면 이 이야기가 본생담인 것은 곰 쪽에서 몸을 바치는 것과 더불어 인간 또한 자신의 몸을 바치기 때문입니다. 「나메토코산의 곰」의 고주로도 마지막은 곰의 습격을 받아 죽습니다. 사실 고주로는 엽총으로 곰을 쏘려다가 쏘지 못했어요. 그렇게 곰에게 몸을 바친 것이죠. 이타행(利他行)[75]입니다. 겐지가 풀어내는 일종의 법화경적 애니미즘입니다. 곰과 인간은 곰이 인간에게 먹히기 위해 인간을 찾아올 뿐만 아니라 인간 또한 반대로 곰에게 먹힌다는, 사냥하고 사냥당하는 관계, 다시 말해 먹고 먹히는 관계를 반전한 형태로 서로가 서로에게 스스로 몸을 바치며 관계성을 만들어갑니다. 우메하라도 이케자와도 이러한 관계성을 중시했습니다. 이 관계의 반전은 결국 누가 먼저인지 알 수 없다는 것이 아닐까요?

시미즈 과연 시작도 없고 끝도 없는 '무시무종'의 세계군요. 그것은 무엇보다 먹고 먹힌다는 문제의식이자 또 증여와 희생 그리고 구제의 문제이기도 합니다. 본생담의 사신사호처럼 동물에게 스스로 몸을 바치는 것은 아니지만, 완전히 불합리한 죄를 뒤집어쓰고 죽는다는 사상은 기독교에도 있습니다. 불교학자 다마키 고시로(玉城康司郎)는 석가의 제자 중 앙굴리말라(Angulimala)라는 살인마 이야기에 주목합니다. 앙굴리말라는 출가 후 석가의 제자가 되어 마침내 깨달음을 얻지만, 과거가 과거인지라 그가 길을 나서면 사람들이 그에게 돌을 던졌습니다.

---

75 [역주] 자신의 이익을 나누어 남을 이롭게 한다는 뜻의 불교 용어다.

그래서 그가 석가에게 별다른 도리가 없는지 물으니 석가는 그렇듯 "업(業)이 이숙(異熟)[76]한" 것이니 그것을 짊어지라고 답했다고 합니다. 가령 이러한 뮈토스(신화)를 적극적으로 짊어짐으로써 앞서 말한 하나와 여럿, 개별과 전체가 한 몸이 된 세계에 참여할 수 있습니다.

근원적인 이항대립이 조화를 이루는 세계는 앞서 살펴봤듯이 '~인 것도 아니고 ~가 아닌 것도 아니다'라는 식으로 하나와 여럿, 개별과 전체의 '어느 쪽도 아닌' 세계일 수밖에 없습니다. 그러나 현상 세계라는 것은 통상적으로 '~가 있다', '~가 없다'라는 식으로 성립합니다. 예술과 신화 또한 이러한 구체성에 직면합니다. 5장에서 상세히 전개할 텐데요, 이때 '~가 없으므로 ~도 없다'라는 역관(환멸문)을 선택하는 것은 사실상 그것을 테트랄레마 'A도 아니며 非A도 아니다'로 한다는 것입니다. 이때 일상적인 것, 구체적인 것(속제(俗諦))의 모든 것이 처음으로 테트랄레마(진제(眞諦))가 됩니다. 여기에 불교가 생겨난 이래의 그 구조가 있으며, 정념을 멸한다든가 사신(捨身)한다든가 등의 윤리적 문제도 모두 이 구조와 연결됩니다. 불합리한 운명을 일부러 업으로 받아안는다는 것은 개체로서의 자신을 스스로 멸하는 대신 'A가 없으므로 非A도 없다'는 세계를 믿고 선택한다는 것 아닐까요? 혹은 여기서도 왕상과 환상을 이야기할 수 있는데요, 무력한 존재일지라도 누구나 그러한 선택을 한 자에게 몸을 맡

---

76 [역주] 끊임없이 다른 모습으로 변화하는 것을 일컫는 불교 용어다. 예를 들어 청년이 장년이 되고 노년이 되는 것처럼 존재의 변하는 성질을 가리킨다.

기고 구제받을 수 있다는 사상이 나옵니다.

이 지점을 깊이 파고들면 다양한 형태를 취하는 종교의 근본을 알 수 있습니다. 모종의 '~가 있으므로 ~가 있다'가 아니라 해도, 예를 들어 샤먼처럼 무인과적 연결을 불러들이는 자작극의 퍼포먼스를 하는 것도 자연스러운 일입니다. 레비브륄이 주목한 참여의 원리도 꼭 틀렸다고는 할 수 없습니다. 거기에도 분명 '기도'가 있어요. 종교의 근간은 애니미즘, 샤머니즘, 불교 모두에 공통하며 그것들은 정말로 전부 이어져 있습니다.

일찍이 패전 직후 오리구치 시노부[77]가 일본이 전쟁을 일으키고 전쟁에 패한 것은 신도(神道)가 국민의 진정한 종교가 되지 못했기 때문이라고 말한 적이 있는데, 이와타도 이와 비슷한 말을 종종 했습니다. 애니미즘이 '진정한 종교'이자 '진정한 철학'이라고, 그렇게 되지 않는다면 우리는 우리 자신을 잃고 말 것이라고.

▶▶ 시미즈 씨의 이야기처럼 희생제의와 증여는 애니미즘과 같은 왕복 순환적 세계뿐만 아니라 기독교나 유대교와 같은 일신교의 세계에도 있습니다. 다신교와 일신교로 구분되기는 하지만, 양쪽 모두 비슷한 장치가 있다고 할 수 있습니다. 그런데도 그 속에서 작용하는 논리가 상반되는 이유는 무엇일까요?

---

77 [역주] 오리구치 시노부(折口信夫, 1887~1953)는 일본의 민속학자이자 국문학자다. 오사카의 유복한 집안에서 태어나 어려서부터 시 창작을 즐겨 했다. 국학원대학(國學院大學) 국문과를 졸업 후 국학원대학과 게이오대학 등에서 국문학과 한문학을 강의했다. 야나기타 구니오를 만난 후 향토 연구에 관심을 갖게 되고 구술 전승의 민속학을 발전시킨다.

시미즈 물론 일신교와 다신교는 다릅니다. 그러나 불합리한 죄를 뒤집어쓴 사신행(捨身行) 같은 이야기는 의외로 도스토옙스키의 소설 등에도 나옵니다. 『죄와 벌』을 읽어보면 [고초를 겪는] 인물들이 끝까지 자신이 한 일을 '죄'라고 생각하지 않습니다. 또 『카라마조프가의 형제들』에서 드미트리가 갑자기 시베리아 유배를 받아들입니다. 나는 문학을 좋아해서 사실 예부터 그런 이야기가 '급소'라고 할까요? 인도의 서사시 『라마야나(Ramayana)』에서는 라마 왕자가 느닷없이 부친의 인과(因果)로 인해 죄도 없이 숲으로 추방됩니다. 나는 그런 이야기에 묘하게 끌립니다. 그 속에는 보편적인 구조가 있다고 생각합니다.

누군가가 희생되는 일이 더 추악한 형태를 띨 때도 있어요. 르네 지라르는 종교의 근원에 폭력과 희생이 있다고 보았습니다. 한 인간이 다른 모두를 위해 희생된다. 공공의 적을 만들어 그에게 폭력을 가함으로써 공동체는 안정된다. 점차 그 구조가 은폐되고 희생자는 미화된다. 바로 여기에 '성스러운 것'의 기원이 있다고 지라르는 주장했습니다. 그러나 희생이 반대로 그러한 구조를 가시화할 수 있고, 희생되는 당사자가 그 구조를 선택할 수 있습니다. 사신행도 어떤 의미에서는 그러한 가시화의 예로 볼 수 있지 않을까요?

오쿠노 인류학에서는 희생, 달리 말해 희생제의의 문제는 굳이 말하자면 애니미즘을 주제로 다룰 때는 잘 나오지 않습니다. 이와타가 말하는 '신'과는 별개로 일신교든 다신교든 신이 나오고 그 신과 교섭이나 계약을 하는 데에서 인간이나 동물을 희생제물로 바친다. 인간은 신에게 작물을 바치거나 가축을 바치고 그 보답으로 증여를 기대한다. 19세기 인류학자들과 오스트리아의 전파론자들은 희생을 그러한 것으로써 바라보았습니다. 이 맥락에서 애니미즘은 애당초 희생제의와 같은 것이 불필요하지 않았을까요? 시미즈 씨의 논고에 따르면, 희생제의가 아니라 이 원성을 남김없이 제거하는 가운데 펼쳐지는 세계가 있습니다. 내 표현을 따르자면 반드시 저편이 있다고 단정할 수 없는 세계가 있어서, 우리 주변에 있을 수 있겠지만, 〈뫼비우스의 띠〉 모양으로 순환하고 있는, 그래서 저편으로 건너가도 어느새 돌아와 있는 그러한 순환이 자유로운 세계에서 희생제의는 그다지 필요하지 않을 수 있다는 것이죠. 애니미즘은 희생 그 자체의 대가를 요구하는 증여와 보답의 관계처럼 이편과 저편, 주체와 대상이 분화하지 않습니다.

시미즈 애니미즘은 보답을 요구하지 않는다. 확실히 통상의 희생제의는 시주(施主)나 집행자가 큰 보답을 요구한다는 느낌이 듭니다. 반면에 곰을 잡아먹는 것 자체는 단독의 행위죠. 서로 잡아먹는 것 자체로는 말이에요. 이때 〈뫼비우스의 띠〉와는 다른 차원에서 먹는 자가 먹히는 자가 된다는 것은 오히려 표면적입니다. 어느 한쪽이 일방적으로 다른 신체의 구성요소가 된다기보다 피부 가죽 한 장이 서로 뒤바뀐다고 할까요? 그것 외에는 이리저리 옮겨 다닐 수 있습니다. 이렇게 보면 애니미즘의 아이누 신화에서 동물과 인간의 차이는 모피 한 장 차이라고 말하는 것도 쉽게 이해됩니다.

오쿠노 그렇군요. 그렇게 볼 수 있겠네요. 이른바 외적인 우주 간의 교환이 아니라 내적으로 한 인간이자 개체로서 존재하는 문제와 깊게 관련되어 있군요. 애니미즘의 우주에는 개체가 모피 한 장으로 뒤바뀐다는 사고방식이 있다는 거지요.

시미즈 그렇습니다. 그러고 보니 오쿠노 씨는 사람-곰(신)-사람-곰(신)과 같은 순환에 관해서도 쓰셨죠. 그 순환의 전체를 보면 그것이 바로 신의 세계이며 땅으로서 떠오른다…. 시작도 끝도 없는 영원한 세계와 현상의 세계가 서로 순환하는 그러한 관계지요. 이것은 불교적이기도 합니다. 오쿠노 씨 또한 요시모토 다카아키의 환상론 및 왕상론과 정토사상을 다루었고 나도 그랬기 때문에, 함께 불교를 생각해 볼 수 있었습니다. 사실 오늘 대담에 앞서 『탄이초(歎異抄)』[78]를 다시 읽어보았습니다. 그중 일부를 읊어보면, "염불을 한 번 외우면, 팔십 억겁의 죄를 멸한다"라든가 "염불을 열 번 외우면 팔백 억겁의 죄를 멸한다"라는 구절이 있습니다. 이제는 간단한 셈법조차 의심스럽습니다(웃음).

오쿠노 『탄이초』에도 그런 말이 나오는군요.

시미즈 네, 신란의 제자 유이엔(唯円)이 그렇게 썼습니다. 타력불교(他力佛敎)는 그 정도로 소박한 대중을 향해 있습니다. 그래

---

78 [역주] 정토진종(淨土眞宗)을 세운 일본의 고승 신란의 법어(法語)를 그의 제자 유이엔(唯円)이 신란의 사후에 편찬한 불교 서적이다.

서 무사 계급이 선호한 선과는 다른 듯하지만, 결국 그 선에서도 주객은 상황 속에서 혼연일체가 됩니다. 배를 젓는 사람도 배도 환경 속에서 혼연일체가 되며, 더군다나 여기서 빠져나오기는 이미 자력만으로 불가능합니다. 일단 주체와 객체의 양극이 부정되고 개별도 전체도 부정되는 형태를 거쳐 그것들이 또 다시 연결되어야 합니다. 시작도 끝도 없는 곳이라면 새는 어디로든 날 수 있습니다. 물고기는 어떻게 헤엄쳐도 되지요. 그곳에서는 움직이는 대로 순환하는 대로 모든 것이 영위되지만, 종교는 그곳을 빠져나와 무한에 포섭되고자 합니다. 어쩌면 타력(他力)이란 어디까지나 거기에 무게중심을 둔 것이 아닐까요?

애니미즘과 샤머니즘

시미즈 오쿠노 씨는 애니미즘과는 별개로 샤머니즘을 언급하고 실제로 몽골에 다녀오는 등 여러 현장을 봐왔습니다. 이러한 현장 중심의 연구는 철학자가 접근하기가 쉽지 않습니다. 오쿠노 씨가 드는 사례를 보면 절로 고개가 끄덕여집니다.

오쿠노 이와타 케이지는 미묘한 표현을 합니다. "애니미즘은 선에 가까우며 샤머니즘은 정토교에 가깝다고 한다면 물론 반대하는 이들이 많을 것이다. 그러나 그렇다 할지라도 가만 생각해보면 역시 그렇지 않은가?"[79] 참 기이한 정의입니다.

시미즈 그렇습니다. 그러니까 샤머니즘은 정토교에 가깝다는 것이지요?

오쿠노 네, 그렇다고 이와타는 말합니다, 기묘하게 에둘러서요 (웃음).

시미즈 그렇군요. 샤머니즘에 왕복 순환이 있다…. 선은 어쨌듯 주객상관(主客相關)의 상황에서 벗어나려고 하잖아요. '정당임마시'라든가 '지금'의 동시성을 강하게 내세우면서 그것이 자연 그 자체이고 세계를 만드는 것도 자기 자신이라고. 하나로서의 자신의 성립이 전체로서의 세계의 포이에시스(제작)[80]이기도 해서, 세계가 내게 보여주는 것도 바로 그것이다…. 도겐은 "나를 배열해서 진계(塵界)(전세계)로 하였다"라는 표현을 합니다. 세계와의 이러한 단적인 만남이 애니미즘에 있는데요, 샤머니즘은 좀 더 빙빙 돌아가는 것 같아요.

오쿠노 이와타가 말하는 것은 샤먼이 매개자가 된다는 것이 아닐까 생각합니다. 샤먼이 저편으로 건너갔다가 돌아온다는 그

---

79 이 책 1장 6절 샤머니즘과 애니미즘을 참조할 것.
80 [역주] '포이에시스(poiēsis)'는 그리스어로 제작, 생산을 의미한다. 플라톤과 아리스토텔레스는 이 말을 시 창작 혹은 시 창작의 기술을 뜻했다. 이와 관련해서 완성된 작품으로서 시는 '포이에마(poiēma)'라고 했다.

런 이미지죠. 그러나 애니미즘은 샤먼과 같은 자가 자유자재로 오가는 그런 게 아니고 그 자신이 애니미즘의 세계에 잠긴다는 것을 말하는 느낌입니다. 뭐, 확실치는 않지만….

시미즈 듣고 보니 그렇네요. 꽹과리를 쳐서 개구리를 깨운다고 말하는 순간 이미 애니미즘인 거죠. 하지만 그것이 샤먼이라는 전문가를 매개한다면, 신란이라든가 진종(眞宗)에서 말하는 법장보살(法藏菩薩)과 같이 특수한 매개자를 통한 구제를 논하는 것과 구조적으로 유사할 수 있습니다.

오쿠노 네, 니치렌(日蓮)[81] 같은 이는 당연히 샤먼입니다. 종이나 북을 치지요. 몽골의 샤먼도 그리합니다. 제가 처음으로 장기간 조사한 보르네오 섬(인도네시아 서칼리만탄주)의 카리스족이라고 불리는 화전 농경민도 징, 곧 타악기를 사용했어요. 징은 중국과 열대지역 간의 삼림산품(森林産品) 교역을 통해 보르네오의 깊숙한 오지까지 파고들어 귀중품 및 위신재가 되었습니다. 그들은 징을 사용해서 접신(接神)에 들어갑니다. 이것은 샤머니즘의 실천으로 상당히 보편적으로 행해지고 있습니다. 말하자면 목탁을 두드리는 것과 같은 감각입니다. 로드니 니담[82]

---

81 [역주] 니치렌(日蓮, 1222~1282)은 가마쿠라 시대의 일본 선승이다. 가마쿠라 불교의 하나인 니치렌종(日蓮宗)을 개교했다.
82 [역주] 로드니 니담(Rodney Needham, 1923~2006)은 영국의 사회인류학자다. 옥스퍼드대학에서 사회인류학을 전공했으며 보르네오 섬의 페난 공동체를 현지 조사하여 1953년 페난의 사회조직에 관한 논문으로 박사학위를 취득했다.

의 「타악기와 의식의 변성(Percussion and Transition)」[83]이라는 유명한 논문이 있습니다. 소리를 내고 리듬을 새기는 행위를 쉴 새 없이 반복해서 트랜스에 들어갑니다. 다른 세계로 이행하는 것이죠. 논문에서는 타악기가 이승에서 저승으로의 이행을 상징한다고 합니다. 이것은 매우 보편적인 현상이 아닐까요? 소리의 리듬이 귀라는 감각기관을 통해 수용되고 신체 그 자체에 리듬이 새겨지며, 의식이 일종의 변성 상태에 들어가기에 앞서 어떤 시각적 비전이 보이기 시작한다. 이 시점에 이미 건너편으로 가고 있는 겁니다. 어떤 의미에서 이 장소에 있으면서 다른 장소로 가고 있다는 것 자체가 애니미즘이며, 샤머니즘이란 의식적, 주체적으로 어떻게든 그 경지에 도달하려는 기술이자 방법이 아닐까 생각합니다.

시미즈 음악과는 다소 거리가 있지만, 선에서도 소리를 어떻게 표현하느냐가 중요합니다. '도득(道得)'이라는 말로 자신의 경지를 표현하고, 또 그 와중에 도도히 산하를 묘사하거나 세계를 지어내 표현합니다. 그런 일을 도겐은 계속 해왔습니다. 노래하듯이 계속 묘사하는 것이지요. 『정법안장』 제40권 「화병(畵餅)」에서 '이른바 그림의 떡은 먹을 수 없다. 그러므로 의미가 없는 것인가?'라고 묻고 있습니다. 이에 대해 도겐은 오로지 그 그림

옥스퍼드대학에서 1956년부터 사회인류학을 강의했으며 1976년부터 교수로 임용되어 1990년 퇴임했다.

83 Rodney Needham, "Percussion and Transition," Man(N.S.): 606-14, 1967.

을 어떻게 묘사할 것인지만을 이야기합니다. 단지 떡이라는 대상이 외부에 있어서 그것을 먹는 것이 아니라, 대상은 만드는 것입니다.[84] 따라서 애니미즘의 세계로 건너간다고 해서 그것으로 끝나는 것이 아니라 거기에서 또한 무언가를 만들거나 표현할 필요가 있습니다. 샤머니즘의 표현도 리듬 속에서 반복적으로 세계와 이계(異界)를 만드는 것일지 모릅니다. 굳이 말하자면 선(禪)은 시각적입니다. 샤머니즘은 음악적이랄까요, 시간적입니다.

오쿠노 그렇습니다. 샤머니즘은 트랜스에 기반합니다. 의식 상태를 바꾼다는 것이죠. 눈앞에서 실제로 보거나 느끼는 것과 다른 것을 보거나 느낍니다. 의식의 변성이 기본입니다. 이를 위해 약을 사용하기도 합니다. 카리스족의 샤먼은 천을 뒤집어쓰고 그 안에서 향을 피워 후각에서부터 의식을 변성시킵니다. 카리스족이 사용하는 또 다른 트랜스 수단은 그네입니다. 그네는 샤머니즘의 오래된 장치라고 하는데요, 카리스족의 샤먼은 방 안에 신장대를 세우고 그 옆에 그네를 달아서 의식을 거행합니다.

시미즈 그래서 접신이 되나요?

오쿠노 네. 그네를 흔들면서 옆에서 영의 이름을 줄줄이 외칩니다. 그리고 노래 같은 것을 읊으면서 점차 트랜스에 빠져듭니다.

---

84 [역주]『역주 정법안장 강의 제5권』, 한보광 옮김, 여래장, 2020, 366-91쪽 참조.

보르네오 섬 카리스 부족의 샤먼(balian). 그네를 타고 계속 앞뒤로 흔들고 노래를 부르면서 변성의식 상태에 들어가 정령과 교섭한다. 촬영 오쿠노 카즈미(1999년).

시미즈 정말이지 순환이라는 느낌이네요. 신사에서 밧줄을 당겨 방울을 흔드는 데에도 마찬가지로 순환이 있다는 이와타 케이지의 말 또한 수긍이 갑니다. 별별 순간에 그런 것을 느끼는 혈 자리 같은 것이 있어요.

오쿠노 되풀이하는 것, 반복하는 것입니다.

동시성과 애니미즘

시미즈 오쿠노 씨는 무인과적 연관, 즉 동시성의 문제에 관해 썼습니다. 사실은 나도 동시성을 탐구해보고 싶었습니다.

오쿠노 동시성의 문제는 아직 깊이 파고들지 못했습니다. 고민해봐야지 하면서도 좀처럼….

시미즈 확실히 어려운 문제입니다. 결국에 동시성은 '무시무종'의 문제여서, '지금'이 복수로 병존하는 상황이란 대체 어떤 것인지를 근본적으로 고찰할 필요가 있습니다. 철학적으로는 니시다 기타로가 "영원한 지금의 자기 한정이…"라고 표현했지만, 그것을 느낄 수 있다는 것이란 어떤 것인가? 그것은 일종의 불합리한 것으로서 시작이 이편에 있고 저편의 결과로 이어진다는 것이 아니라, '지금'이라는 동일한 형태의 두 가지 사태가 이른바 빨려들어 간다. 거기서 세계 전체의 구조를 직관한다는 것이 어떤 의미인지를 적극적으로 찾아내려는 것은 앞서 불합리한 죄를 굳이 떠안는 것과 유사합니다. 가마쿠라 시대의 화엄종 승려 명혜(明惠, 1173~1232)의 『夢記[몽기]』를 읽어보면 동시성 현상이 많이 나옵니다.

오쿠노 이와타 또한 동시성 문제를 파고듭니다. 나는 애니미즘의 동시성을 융에서부터 접근해보고자 합니다. 융 학파의 심리학자이자 심리요법가인 가와이 하야오[85]는 자녀가 등교를 거부

---

85 [역주] 가와이 하야오(河合隼雄, 1928~2007)는 일본의 심리학자이자 교육학자다. 일본인 최초로 융 연구소에서 융 학파 분석가 자격을 취득했다. 일본에서 분석심리학을 보급하는 데 크게 기여했으며, 환자에게 일정한 크기의 모래 상자에 정원에 만들게 해서 환자의 심적 흐름을 해석하고 치료하는 요법인 상자정원요법(Sandspiel)을 일본에 도입했다.

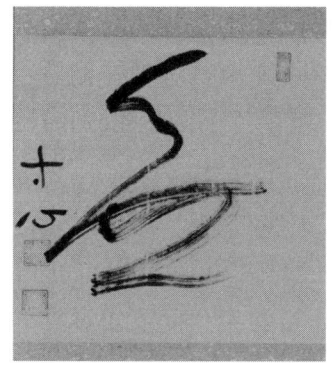

니시다 기타로가 쓴 휘호 '무(無)'.
이시가와현 니시다 기타로 기념철학관 소장.

한 것과 거의 동시에 아버지의 회사 사정도 안 좋아진 한 가정의 사례를 소개합니다. 지금까지 평탄했는데 아이가 등교를 거부하자마자 느닷없이 아버지 회사가 기울어지고 어머니까지 몸이 안 좋아지거나 다치는 등 상담하다 보면 이러한 일이 비일비재하다고 합니다. 가와이 하야오는 그러한 현상을 융의 개성화(individuation)와 자기실현 개념을 통해 설명합니다. 살다 보면 안 좋은 일들이 한꺼번에 동시에 찾아오는 일이 많다는 것이지요. 아이의 등교 거부와 동시에 이러저러한 안 좋은 일들이 한꺼번에 밀려온다. '동시성'입니다. 그리고 그러한 사례는 보통 부정적인 것으로, 즉 악재는 연달아 일어난다는 식으로 생각되지만, 사실은 그렇지 않다고 합니다. 동시성은 지극히 긍정적으로 자기실현을 해나가는 것이라고요. 이렇듯 정반대로 받아들이면 자기실현의 거대한 흐름 속에 있을 수 있습니다. 가와이 하야오는 융을 거쳐 임상 심리 현장에서 이야기되는 개별사건들의 연쇄적인 위기 사례로부터 동시성을 설명합니다.

시미즈 통상적으로 아이의 등교 거부는 아이 자신이 부모의 회사 사정이 어려워져서 진학은 어렵겠다고 느낀 나머지 공부를 포기하게 됐다는 식의 인과관계로 생각할 수 있지만, 그래서는 안 된다는 거네요.

오쿠노 맞습니다. 인과관계의 논리로 받아들일 것이 아니라 별도의 축을 가져와 인생에서 극복해야 하는 시련으로 받아들이라는 겁니다. 곤경의 극복을 스스로 발견함으로써 자기실현으로 나아간다는 것이죠.

시미즈 괴로운 처지에서 그저 상황의 작용을 받는 것이 아니라 오히려 그것을 시련으로 받아들임으로써 주체적으로 나아간다. '지금'의 병존, 동시성을 발견한다는 것은 또한 '나'를 발견한다는 것이기도 합니다.

오쿠노 우리는 근대적 자아를 품고 있고, 이 자아가 더 넓은 자기를 발견해가는 계기가 된다고도 말합니다. 그 동시성, 즉 인과가 아니라 융이 말하는 '무인과적 연관' 혹은 '유의미한 우연의 일치'로서 생각하는 것이 애니미즘과 어떻게 교차하는가? 이것이 이와타가 말하는 동시성과 같은 것인가? 퍼즐을 맞추듯이 맞춰보면 흥미롭겠지만, 한편으로는 상당히 어려운 작업이 되겠지요….

시미즈 이와타의 경우 상당히 폭넓은 범위에서 '지금'을 이야기하고 그것들을 모두 동시성이라고 부릅니다. 또 주객의 작용이 뒤얽힌 복잡한 순환 전체를 동시성으로 보는 사고방식이 있습니다. 예를 들어 니시다 기타로는 윌리엄 제임스의 순수경험론을 그런 식으로 독해합니다. 제임스에게 대상이란 과거의 경험이 미래의 경험과 잘 맞아떨어질 때 예기된 그 후속 경험을 일컫는데, 여기서 과거의 경험은 예기한 주체가 됩니다. 그런데 니시다는 이렇게 말합니다. 명인이 피아노를 칠 때 손가락이 건반 위를 매끄럽게 미끄러져 간다. 주의가 그곳에 집중되는 모든 순간이 '지금'이다. '지금'은 주객의 순환하는 상호작용을 포함한다는 것입니다. 교토학파의 울타리에서 성장한 이와타 케이지가 어디까지 니시다를 읽고 받아들였는지는 알 수 없지만, 니시다와 이와타는 상당히 부합합니다. 예를 들어 교토에서 도쿄까지 신칸센을 타고 가는 그 기나긴 간격을 '지금'이라고 한다든지, 나무는 태어난 장소에서 성장하고 죽어간다든지, 이와타는 이러한 사례를 이야기하는데 전부 동시성입니다. 한 가지 더 사례를 말하면, 개구리를 결절점으로 하는 하늘과 땅과 비의 관계도 그렇습니다. 그것들이 다 같이 소리를 낸다는 것 또한 동시성 현상입니다.

조금 전 융에 관한 이야기를 들으면서도 생각했지만, 확실히 평소 우리는 과거의 현상에서 사건의 원인을 찾는 경향이 강합니다. 예를 들어 수험생이 원하는 대학에 진학하지 못한 것은 집안이 경제적으로 힘들어서 학원에 다닐 수 없었기 때문이라든지. 하지만 그렇지 않은 경우도 많거든요. 몸과 마음이 여러모로 힘들어지는 것도 누군가에게 무슨 일을 당했기 때문만은 아닙니다. 인과관계를 따라가 봐도 어딘가에 끊어진 곳이 있습니다. 그 끊어진 부분을 낚아채게 하는 것이 실은 동시성의 작용이며 또 그것이 '나'의 성립에 중요한 역할을 한다는 것은 마땅한 이치지요.

야나기타 구니오의 애니미즘 체험

시미즈 그러고 보니 고바야시 히데오[86]가 말년에 결국 완성하지 못한 원고가 있어요. 프로이트와 융이 동시성을 두고 논쟁하던 때 벌어진 일을 다루고 있지요. 그들이 한참 토론하는 도중에 돌연 원인 모를 커다란 소리가 울렸고, 융은 그때 "이것이 동시성이다!"라고 말했다고 합니다. 고바야시는 이 일화를 적은 미완의 원고를 남깁니다. 거기에는 젊은 시절 그와 논쟁한 마사무네 하쿠초[87]나 프로이트, 융에 관한 것들이 쓰여 있는 것으로 보

---

86 [역주] 고바야시 히데오(小林秀雄, 1902~1983)는 일본의 평론가이자 작가다. 도쿄제국대학 불문과를 졸업한 후 가와바타 야스나리와 함께 잡지 《문학계》를 창간했다. 1938년 메이지대학 교수로 임용되었고 이후 여러 평론을 발표했으며 1953년 요미우리 문학상을 수상했다.

87 [역주] 마사무네 하쿠초(正宗白鳥, 1879~1962)는 일본의 소설가이자 극작가, 문화평론가다. 자연주의 문학을 추구했으며 냉소적인 비평으로도 유명했다. 고바야시와는 톨스토이의 죽음을 계기로 논쟁을 벌였다(톨스토이는 말년에 집을 나와 떠돌다가 철도 옆에서 객사했다). 마사무네는 이를 두고 일본의 지식인들은 마치 톨스토이가 인생의 마지막 구원을 찾아 집을 나선 것처럼 추앙하지만 실상은 아내가 두려웠을 뿐이라는 기사를 쓴다. 이를 본 고바야시가 1936년 4월 『문예춘추(文藝春秋)』에 「사상과 실생활(思想と実生活)」을 발표하고 마

아 그로서는 풀기 힘든 문제였던 것 같습니다.

오쿠노 결국 고바야시는 프로이트와 융에 대해서 글을 쓰지 않았습니다. 베르그송에 대해서는 『感想[감상]』[88]에서 다루었지요.

시미즈 베르그송에 관해 썼다면 쓴 것이지만, 스스로는 썼다고 생각하지 않았습니다. 자신의 작품으로서 인정하지 않았죠. 고바야시와 베르그송은 정말이지 상극인 면이 있습니다. 베르그송은 『도덕과 종교의 두 원천』(박종원 옮김, 아카넷, 2015)만 봐도 시선이 미래에 향해 있어요. 주체적이고 능동적이죠. 하지만 고바야시 히데오는 "살아있는 인간이란 인간이 되어가는 일종의 동물이다."라는 명언을 남겼듯이 과거로 향해 있는 사람입니다. 그런 부분이 상당히 다릅니다. 마지막에 고바야시는 모토오리 노리나가(本居宣長)[89]에게 경도되어 '모노노아와레(物の哀れ)'[90]를 이야기하는 등 오히려 무력함을 중시하는 방향으로 나

사무네를 정면으로 반박하며 사상은 실생활의 희생을 요구한다는 입장을 표한다. 이에 마사무네는 1936년 5월 『중앙공론(中央公論)』에 「사상과 새생활(思想と新生活)」을 발표하고 생활을 떠난 사상은 없다고 고바야시의 입장을 반박한다.

88 小林秀雄, 『小林秀雄全作品集』別卷1感想(上), 別卷2感想(下), 新潮社, 2015, 2016.
89 [역주] 모토오리 노부나가(本居宣長, 1730~1801)는 일본 에도 시대의 의사이자 학자다. 일본 혼슈 중남부의 이세국(伊勢國)(현 미에현)에서 부유한 상인 집안에서 태어났고 16세에 교토로 유학을 가 의학과 중국학 등을 배웠다. 이때 국학(國學)에 뜻을 품고 귀향한 후 일본 『고사기(古事記)』 해설서인 『고사기전(古事記全)』 집필에 전념하는 한편 후학을 양성하여 국학 발전에 크게 기여한다.
90 [역주] 모노노아와레는 헤이안 시대의 왕조 문학 가운데 등장한 문학적, 미학

아갑니다. 여기서 그가 다루는 주제가 정념입니다. 정념의 세계란 고바야시 혹은 그가 젊은 시절부터 탐독한 알랭[91]의 표현을 빌리면 그야말로 주체가 있어서 대상이 있다는 세계지요.

알랭의 『행복론』에는 알렉산더 대왕의 애마 '부케팔로스'의 일화가 나옵니다. 이 말은 본래 통제가 안 되는 난폭한 말이었는데, 도대체 왜 그랬는가 하면, 자신의 그림자를 보고 날뛰고 있었다는 겁니다. 격하게 요동치는 자신의 그림자를 보고 흥분해서는 더더욱 날뛰었죠. 그래서 말의 코끝이 태양을 향하게 했더니 자신의 그림자가 보이지 않아 얌전해졌다는 이야기입니다. 물론 이 일화는 알렉산더의 동방원정을 상징하는 우화이기도 하지만, 알랭은 말이 지면이라는 대상에 투영된 자신의 그림자에 흥분하듯이 정념이란 대상에 투영됨으로써 증폭되는 것이라고 말합니다. 문학도 불교도 모두 이러한 정념의 문제를 깊이 통찰해왔습니다. 나가르주나 또한 『대승이십송론(大乘二十頌論)』에서 "세간의 화가가 야차[92]의 모습을 그려놓고 자기 그림에 자

적 이념의 하나다. 우리가 사물에게서 영감을 받는 것은 그 무상함과 우울함에서 온다는 관념이다. 이것은 일본 문학의 미적 감각과 가치에 많은 영향을 미쳤다.

91 [역주] 알랭은 필명이며 본명은 에밀 샤르티에(Emile Chartier, 1868~1951)다. 그는 프랑스의 철학자이자 평론가이며 대표적인 저서로는 『행복론』(변광배 옮김, 디오네, 2016)이 있다.

92 [역주] 야차(夜叉)는 인도 신화나 불교에 나오는 귀신의 한 종류다. 야차는 원래 인도의 토착신으로서 선한 이들에게 자비롭지만 악한 이들에게 무자비한 존재였지만 아리아계 종교에 밀려 귀신으로 격이 낮아졌다. 불교에서는 불법을 수호하는 비사문천을 따르는 무리로 묘사된다.

기 스스로 두려워하는 것처럼 이를 지혜 없는 자라 하네."[93]라고 썼습니다.

앞서 화제에 오른 십이지연기의 '환멸문' 또한 정념을 둘러싼 통찰입니다. 정념이 사라질 때는 '~가 없어서 ~가 없다'는 형태로 말라간다. 혹은 인과가 끊어진 곳이 불합리한 형태로 드러난다. 그러한 것이 대단히 중요합니다. 정념은 마침내 과거의 것이 되어 사라지지만, 거기에 테트랄레마적인 영원도 있다. '모노노아와레를 안다'든가, 노리나가도 어떤 의미에서 인간의 무력함에 가치를 둔 미의식을 가지고 있었지만, 문예의 방면에서도 실은 불교가 행한 것과 같은 방향의 깊이 침잠한 흐름이 있습니다. 무상관(無常觀)[94]이라고 하면 상투적인 것 같지만요. 고바야시는 두말할 것 없이 그 계승자지요. 덧붙이자면, 불교에서 직접 영감을 받은 흐름도 있어서 그것이 바로 이와타 케이지가 속한 교토학파의 흐름입니다. 나와 오쿠노 씨 모두 이와타의 애니미즘에 주목한다는 점에서도 우리의 고찰에는 공통분모가 있습니다. 그 화살 이야기도 그렇고….

---

93 [역주] 불교기록문화유산 아카이브(https://kabc.dongguk.ed)에서 인용.
94 [역주] 무상관은 세상의 만물과 작용은 덧없고 항상 변한다는 불교적 관념이다. 이 관념이 일본의 중세 문학에서 일본인 특유의 미의식으로 발전했다. 일본인은 영원한 것을 추구하기보다 영원한 것은 없다는 제행무상(諸行無常)에서 아름다움을 느낀다는 것이다.

오쿠노 푸난의 이야기지요?

시미즈 바람총을 훅 불었더니 새가 툭 하고 떨어진다든가, 화살이 날아간 동시에 새가 떨어진다 해도 새가 그 화살을 맞은 것이라고 말할 수 없다든가, "해파리를 보아도, 그 투명한 해파리 속에 혼 같은 것은 아무것도 없었다. 해파리의 혼은 밖에 있는 게 아닐까?"라든가. 이와타 케이지의 일련의 비유에는 공통된 특징이 있습니다. 모두 안과 밖의 이야기, 가까운 환경 세계(형상)와 더 큰 환경 세계(지면)의 이야기, 즉 '무시무종'의 이야기라는 것입니다. 이 '무시무종'의 세계에서는 어떤 움직임도 그 자체로 무방합니다. 이와타는 "혼이란 무심(無心)의 다른 이름이 아닌가!"라고 이야기합니다. 이 무심한 망아(忘我)의 경계에 있다면 환경 세계와 일체를 이루는 것이며, 또 그 가운데 완전히 빠져버린 데에서 세계 전체와의 만남이 있고 '나'의 혼도 거기에 있다. 종교적 의례는 이런 것입니다. 애니미즘이 강렬하게 계시되는 그러한 순간들을 하나하나 철학적으로 깊이 통찰할 필요가 있습니다.

또는 한 해를 마무리하며 남편의 노고를 치하하기 위해 아내가 남편의 작업복을 입고 춤을 추며 접신에 들어가는 타마후리[95] 의식과 같은 것들은 어떤 의미가 있는 것일까요? 사냥꾼의 아내는 그러한 의식에서 하늘을 향해 총을 쏘기도 한다고 이와타는 말합니다. 무심을 거쳐 새로운 혼을 또다시 부르는 것이지요. '천

---

95 [역주] 타마후리(魂振り)란 문자 그대로 혼의 흔들리는 몸짓을 뜻하며, 외부에서 활력을 잃은 혼을 흔들어 깨우는 행위를 가리킨다.

황(天皇)'의 영(靈)을 몸에 붙이는 타마후리 의식으로 '천황'이 거행하는 '다이조사이(大嘗祭)'[96] 또한 그렇습니다. '노(能)'[97]는 바로 그것의 연극판이지 않을까요? 아리와라노 나리히라(在原業平)[98]의 아내가 주인공으로 나오는 《우물 담》에서 나리히라의 옷차림을 한 주인공이 무심히 춤을 추는데 그것은 나리히라의 아내 몸속으로 들어온 나리히라의 새로운 '혼'이 추는 것입니다. 여기서 의복이나 옷차림이 대단히 중요한데, 이것은 생명의 본질은 살가죽 안에 있다는 이야기와 매우 가깝습니다. 이 모든 것의 근저에 애니미즘과 그 사상이 있습니다. 실은 나도 푸난의 바람총 이야기를 쓰고 싶었고, 그래서 아까 그 벼농사 이야기도 쉽게 납득할 수 있었습니다.

---

96 [역주] '다이조사이(大嘗祭)'는 일본 천황의 왕위 계승을 맞이하는 궁중 의식이다. 새로운 천황이 즉위한 후 햇곡식을 신들에게 바치고 자신도 그것을 먹는 의례를 행한다. 이 의례의 의미는 천황이 국가와 백성의 안녕과 풍요를 기원하고 감사한다는 것이다.

97 [역주] '노(能)'는 본래 특정 장르의 예능을 가리키는 것이 아니라 서사극 전반을 뜻했다. 메이지 유신 이후 노가쿠사(能樂社)가 설립되며 노가쿠(能樂)의 노를 가리키게 되었다. 노가쿠는 8세기 경 중국으로부터 노래와 춤에 익살과 풍자가 가미된 산가쿠(散樂)라는 예술 형식이 들어왔고 이것이 일본 사회에 뿌리내리면서 전통 가면극으로 자리 잡았다. '노'는 노가쿠 중 초자연적인 것을 소재로 한 가무극을 가리킨다.

98 [역주] 아리와라노 나리히라(在原業平, 825~880)는 일본의 헤이안 시대 귀족이자 시인으로 일본의 설화집 『이세모노가타리(伊勢物語)』의 주인공의 실제 인물로 알려져 있다. 본래 51대 천황인 헤이제이(平城) 천황의 직계 손자였으나 810년 천황으로 복권을 노리던 헤이제이 상왕의 거병이 실패로 돌아간 '구스코의 난'의 후속 조치로서 그의 일족이 신민의 신분으로 강등되었다.

오쿠노 그렇군요.

시미즈 『사피엔스』(조현욱 옮김, 김영사, 2015)에서 유발 하라리는 인류가 벼나 보리 등의 곡물에 기생하며 곡물의 노예가 되었다고 말하더군요. 그러고 보면 확실히 곡식에 인생을 잡아먹히고 있다는 느낌이 듭니다. 천황이 일본을 통치할 때도 상징적으로 전국 각지의 생산물을 먹는다(食べる)(다스린다(食す))[99] 고 했습니다. 앞서 미야자와 겐지의 이야기에서도 동물이 스스로 자신을 바친다는 이야기가 있습니다. 예전에는 그다지 생각해보지 않았지만, 예를 들어 야나기타 구니오의 『산의 인생(山の人生)』[100]에서 숯장이 남자 이야기가 나옵니다. 이 가난한 숯장이 남자에게 아이가 둘이 있었죠. 너무 가난해서 도저히 자식들을 먹여 살릴 수 없는 지경에 이르자 아이들이 자진해서 도끼를 가져와 "이걸로 우리를 죽여주세요"라고 합니다. 숯장이 남자도 머리가 어떻게 됐는지 저도 모르게 아이들의 목을 퍽 하고 내리치고 맙니다. 남자는 죽어버릴까도 생각했지만 스스로 목숨을 끊지 못하고 형무소에 잡혀들어갔다는 이야기입니다. 야나기타는 이 비참한 사연을 동물의 자기희생 이야기와 이어지는 것으로 느낀 것은 아닐까요? 얼핏 무관해 보이지만, 실은 야나기타 구니오에서도 애니미즘의 맥락에서 읽어낼 수 있는 부분

---

99 [역주] 일본어에서 '먹는다(食べる)'와 '다스린다(食す)'에는 공통적으로 '식(食)'이라는 한자가 들어간다. 여기서 천황이 전국 각지의 생산물을 먹는 것은 천황이 전국을 다스리는 것을 상징한다.
100 柳田國男, 『山の人生[산의 인생]』, 角川ソフィア文庫, 2013.

바닷속 해파리.

이 많습니다.

오쿠노 네, 그렇습니다. 그 숯장이 이야기는 『고향 70년』[101]에도 나와 있습니다. 야나기타는 몇 번이나 그 이야기를 썼습니다. 아마 계속 생각난 모양입니다. 그러고 보니 고바야시 히데오도 강연에서 야나기타에 대해 이야기했지요.

시미즈 납석과 직박구리 이야기죠? 그것도 정말로 애니미즘 세계의 계시를 이야기합니다.

오쿠노 그렇습니다. 야나기타가 유년 시절 살았던 고택의 토광 앞마당에 사당이 하나 있었다고 해요. 그 사당은 돌아가신 할머니를 모시고 있었죠. 어린 마음에 사당 안이 궁금한 나머지 사당을 들여다봤더니 안에 납석이 있었답니다.

시미즈 납석은 할머니가 살아계셨을 때 허리가 아프다며 문지르던 돌이었다죠. 야나기타는 납석을 본 순간 어째서인지 우주가 보였다고 해요. 그런 비슷한 말을 했습니다.

오쿠노 네, 별이 빛나는 하늘이 보인 것이죠. 한낮인데 별이 빛나는 하늘이 보였다. 그곳에 가려는 순간 직박구리가 운 탓에 돌아올 수 있었다. 그런 이야기죠. 이것도 애니미즘이네요.

---

101 柳田國男, 『故鄉七十年』, 講談 社学術文庫, 2016.

시미즈 선에서도 마당을 빗자루로 쓸다가 맞고 날아간 작은 조약돌이 대나무 숲에 부딪히는 소리를 듣고 그 순간 큰 깨달음을 얻었다는 이야기가 자주 나오는데요, 야나기타의 경우에는 '돌아왔다'는 느낌이군요.

오쿠노 야나기타는 원래 행방불명될 뻔한 아이였다고 합니다.

이와타 케이지와 이마니시 긴지 — 교토학파의 계보

시미즈 오쿠노 씨가 인용한 마츠오 바쇼의 '개구리와 파문' 이야기인데요, 이것도 참 좋은 비유입니다. 시간이 멈추고 공간이 나타나고, 그 공간에 구멍이 있어 그곳으로 시간이 스며든다. 시간이 스며든다는 것은 순환한다는 것이지요. 동시성이 있으면서 순환이 있다는 것. 이것들이 교차하는 세계가 있다. 그리고 이러한 일상적 사건 모두 마침내 테트랄레마의 세계로 변해간다고 나는 생각합니다.

오쿠노 점차 변해간다는 거죠. 변신해간다.

시미즈 네, 변신입니다. 파문의 동심원이 퍼져감에 따라 동시성도 증식하며 다른 것으로도 변성해간다. 이와타는 나무와 동일한 시간을 나눠 가진다거나 보르네오의 무룻족(Murut)은 가장 근원적인 시간을 가리켜 "탯줄을 공유하는 자의 시간"이라고 한다는 등의 말을 했죠. 이러한 동시성은 무인과적인 것이므로 하나하나의 사건은 "저절로 그리 된다"는 것이지요. 예를 들어 그는 나무에 매달려서 나무와 같은 존재를 공유한다고 할 때 그런 식으로 "저절로 될 수밖에 없어서 된다"라고 말하는데, 이때 염두에 두는 것은 이마니시 긴지[102]일 겁니다. 이마니시 긴지는 진화를 외부 요인으로 귀속하지 않고 종의 내부에서 일어나는 동시성으로 파악했습니다. 원숭이는 "설 수밖에 없어서 선다"고 그는 말했습니다. 동시성 가운데 직립한 원숭이와 직립한 원숭이가 만나고, 달리는 말과 달리는 말이 만난다. 그것이 종의 탄생이자 진화라는 것이지요. 이마니시는 개체를 초월한 더 큰 지속이 있고, 그것을 종의 '문화'라고 주장합니다. 생물은 모두 저마다의 '문화'를 가지며 그것이 저절로 변할 뿐이라고도 말합니다. 가령 영원의 표준으로서 바퀴벌레의 생존 가능성을 말할 수도 있겠지만, 그마저도 변한다는 것이지요. 동시성 형태의 변화만이 일어나 뿔뿔이 흩어진 종과 종 간에 서식처 분할(habitat segregation)이 이루어진다는 것이 이마니시 긴지의 기본적인 사고입니다.

---

102 [역주] 이마니시 긴지(今西錦司, 1902~1992)는 일본의 생태학자이자 문화인류학자다. 교토에서 태어났으며 교토제국대학 농림생물학과를 졸업한 후 등산원정대를 조직하여 국내외의 여러 산을 다니면서 삼림의 생태적 분포뿐만 아니라 그 속에서 살아가는 사람들에 대한 민족지적 연구를 진행했다. 제2차 세계대전 후 교토대학 인문과학연구소 강사로서 일본원숭이를 연구해 일본 영장류학의 초석을 마련한 것으로 알려져 있다.

일찍이 이마니시 긴지와 경제학자 프리드리히 하이에크[103]가 대담을 나눈 적이 있어요. 하이에크는 한 문화집단이 우수한 사회구조를 가지면 열등한 사회구조의 문화집단은 경쟁에서 도태된다는 견해였지만, 이에 반해 이마니시는 '문화'는 도태라는 말을 동원할 필요조차 없이 자연적으로 바뀐다고 주장했습니다.

오쿠노 바뀔 수밖에 없어서 바뀐다는 것이군요. 애당초 하이에크의 논의는 전혀 맞물리지 않는군요(웃음).

시미즈 네, 전혀 다릅니다(웃음). 열띤 논쟁을 벌였지만, 서로 전혀 의견이 맞지 않았죠.

오쿠노 이마니시 긴지와 이와타 케이지는 소위 교토학파죠.

시미즈 그렇습니다. 이와타 케이지가 이마니시의 연구회에 참가한 것을 보면 연결고리가 있었던 것 같습니다. 본인은 니시다 기타로를 그다지 공부하지 않았다고 겸손해하지만, 교토학파의 흐름과 간접적으로 연결되어 있지 않았을까요? 내가 『実在への

---

103 [역주] 프리드리히 하이에크(Friedrich Hayek, 1899~1992)는 영국의 경제학자이자 정치철학자. 1974년 화폐와 경제변동에 관한 연구로 노벨경제학상을 받았다. 그는 계획경제와 복지주의를 비판하고 케인즈에 대항하여 자유시장 경제체제를 옹호하였다. 그의 자유시장 이념은 1980년대 레이거노믹스와 대처리즘의 신자유주의 정책의 사상적 기반이 되었다.

殺到[밀려드는 실재]』(水声文庫, 2017)를 출간한 후 어느 날 나카자와 신이치 씨로부터 전화를 받은 적이 있어요. 그때 이와타 케이지에 관한 이야기를 잠깐 나눴습니다. 나카자와 씨는 '이와타 케이지 씨는 말이야, 역시 교토학파이기 때문에 니시다 정도는 무의식에 깔려 있어'라고 말했습니다. 그 무의식이란 아마도 우리가 평소 사용하는 의미에서가 아니라 나카자와 씨가 지금까지 이런저런 표현으로 언어화를 시도한 다소 특수한 '무의식'이라고 생각합니다. 그것이 바로 개체를 초월한 종으로서의 교토학파의 '무의식' 같은 것이죠.

이와타 케이지의 현대성

▸▸ 앞서 불교 이야기와 더불어 인류학자 이와타 케이지의 연구 및 사상을 논했는데요, 이와타 케이지는 전후(戰後)라는 시대적 상황에서 왜 애니미즘을 재평가한 것일까요? 혹은 왜 애니미즘을 자신의 사상의 주축으로 삼은 것일까요? 그리고 21세기를 살아가는 오늘날의 우리가 과연 '오늘날의 애니미즘'이라는 것을 사고할 때 이와타 케이지의 유산을 어떻게 받아들여야 할까요?

시미즈 이와타 케이지가 살았던 당시는 교토학파라는 학문이 있어서 이와타의 연구 및 사상을 그것과 연결하는 것을 수긍했을 수도 있습니다. 그렇지만 오늘날 인류학자가 이와타를 읽고 그 배후에 니시다 철학의 구조가 있다고 생각할 수 있을까요? 상당히 알기 어렵다고 생각합니다. 현대성으로 말하자면 이와타 케이지는 이미 현대 사상에서 이야기되는 사물의 행위성을 중심으로 말하고 있습니다. 이와타는 지리학에서 인류학으로 넘어갔지요. 이것은 라투르가 사회학에 대해 언급한 것과도 연결되는데, 그때까지의 지리학처럼 미리 어떤 지리적 범주가 있고 그 안에 인간을 풀어놓는다는 개념으로는 전망이 없다는 것을 니시다는 일찍 깨달은 것 같습니다. 그래서 인류학으로 방향을 틀어 집단의 형성과 그 매체가 되는 사물에 주목합니다.

예를 들어 보르네오의 이반(Iban)족은 절구와 절굿공이를 사용해 매일 아침 쌀을 찧어 정미합니다. 사실 그 절구는 바닥에 일종의 장치가 있어 악기가 되기도 하는데, 그들에게는 그 소리를 듣는 것이 생활의 구심력이 됩니다. 벼의 신도 그 소리를 기뻐하며 구름이나 빗물이 되어 다시 논으로 돌아온다고 합니다. 쌀을 먹는 것인지 쌀에 먹히는 것인지 알 수 없다는 이야기도 했지만, 그러한 시작도 끝도 없는 세계는 또한 순환의 세계이기도 해서 그것을 매개하는 것이 정미(精米) 소리라는 것이지요. 거기에 사람들과 그 하루하루의 삶이 있습니다. 이러한 매체 작용은 스트래선이나 라투르와 같은 현대 인류학자들이 착안하는 것이기도 해서 이 의미에서도 이와타는 굉장히 선구적입니다.

그리고 그것은 철학적으로도 새롭습니다. 다양한 이항대립을 넘어설 수 있는 단서가 풍부하게 숨어 있기 때문이지요. 이 점을 분명히 하지 않으면 이와타 케이지 작업의 의미는 도무지 이해할 수 없습니다. 또 그의 글쓰기 방식에도 특징이 있습니다. 내가 경애하는 미셸 세르도 정말로 그렇지만, 얼핏 보면 스치는 단상 같아서 보통이라면 전혀 신경도 쓰지 않는 그런 부분에 무서울 정도로 예리한 통찰이 들어있습니다. 그런 부분을 파고들어 '깊다, 깊다' 떠들어대며 읽는 것이 나라는 인간의 즐거움인지라 그 의미에서도 이와타 케이지에 주목하게 된 것이지요(웃음).

오쿠노 나로 말하자면, 보르네오 섬이라는 이와타 케이지와 같은 현지를 연구하고 있습니다. 그래서 처음에는 같은 지역의 연구자로서 그의 연구를 읽기 시작했습니다. 특히 보르네오 섬의 말레이시아 쪽 사라왁에 대해서요. 그런데 최근에는 인류학의 존재론적 전회라는 맥락 속에서 에두아르도 비베이루스 지 카스트루[104], 필리프 데스콜라[105]와 같은 인류학자가 등장하며 애니미즘의 재평가, 재검토가 이뤄지고 있습니다. 그러한 학자들과 비교해봐도 이와타는 각별하다고 생각합니다.

---

104 [역주] 에두아르도 비베이루스 지 카스트루(Eduardo Viveiros de Castro, 1951~)는 브라질의 인류학자다. 아마존 원주민인 투피족의 식인주의를 연구하여 아마존의 존재론으로서 다자연주의와 퍼스펙티브주의를 이론화했다. 한국어로 출간된 그의 저서는 『식인의 형이상학』(박이대승, 박수경 옮김, 후마니타스, 2018)과 『인디오의 변덕스러운 혼』(존재론의 자루 옮김, 포도밭출판사, 2022)가 있다.

105 [역주] 필리프 데스콜라(Philippe Descola, 1949~)는 프랑스의 인류학자로서 레비스트로스의 마지막 제자로서 구조주의를 계승한 것으로 평가된다. 아마존 아추아르족의 자연관 및 우주론을 연구했으며, 인간과 비인간의 관계양식을 중심으로 네 양식의 존재론을 이론화했다. 한국어로 출간된 그의 저서는 『타자들의 생태학』(차은정 옮김, 포도밭출판사, 2022)이 있다.

최근 에드워드 타일러의 『원시문화』 번역본[106]이 상하권으로 간행됐어요. 대단히 흥미로운 책으로 타일러는 지금까지 종교의 문화진화론을 주창했다고 알려져 왔습니다. 그러나 읽어보시면 알겠지만, 사실은 그렇지 않아요. 종교의 문화진화론이란 애니미즘이 종교의 원시 형태로서 그것이 다신교가 되고 일신교가 되어 진화해왔다는 것을 뜻합니다. 그러나 먼저 전제할 것은 19세기 후반 서구사회는 종교 자체가 없는 민족이 많다고 일반적으로 생각했다는 것입니다. 그런데 타일러는 『원시문화』에서 종교는 어느 민족에나 존재하는 것이라고 주장합니다. 이때 종교를 어떻게 정의하냐면, 만물에 영혼이 깃들어 있다는 것을 애니미즘으로 이름 붙이고, 이 애니미즘을 출발점으로 사고하려 한 것입니다. 종교란 인류에게 보편적이라는 생각을 밀어붙이고 싶었던 것이지요. 그러니까 문화의 진화를 논하는 연구자로 알려진 타일러의 이미지와는 전혀 인상이 다릅니다.

또한, 흥미롭게도 이 책에서는 애니미즘의 전신으로 데모크리토스가 소개됩니다. 데모크리토스는 혼과 같은 것이 있어서 그것이 방출된다고 생각했습니다. 이 덕분에 인간은 사물을 의식할 수 있게 되었다고요. 그리고 타일러는 이 데모크리토스의 '혼론(魂論)'이 플라톤의 이데아론으로 이어졌다고 쓰고 있습니다. 이데아론은 서양 형이상학 흐름의 출발점에 있습니다. 서양 철학의 원천이에요. 그것이 실은 데모크리토스를 매개한 애니

---

[106] [역주] 한국에서는 2018년 아카넷 출판사에서 1, 2권으로 나누어 출간했다. 일본에서는 2019년에 상하권으로 출간되었다.

미즘으로부터 흘러들어온 것이라고 타일러는 말한 것입니다.

시미즈 데모크리토스의 원자론 자체가 더 오래전 인도에 있었다고도 합니다. 왕래가 꽤 있었던 것 같아요.

오쿠노 아, 그렇습니까? 어쨌든 타일러는 애니미즘은 데모크리토스를 거쳐 이데아론으로 이어졌다. 즉, 애니미즘이라는 것이 서양 형이상학의 출발점에 접속해 있다고 말합니다. 그러한 논의가 인류학 분야의 애니미즘론에 처음부터 있었던 것은 분명해 보입니다. 타일러가 『원시문화』를 집필한 때가 1871년이니까 약 150년 전입니다. 지난 150여 년 동안 이러저러한 경위가 있었지만 역시 인류학에서는 애니미즘 하면 타일러의 이름부터 나오지요.

그렇다면 타일러 이후 애니미즘 연구는 어찌 되었는가. 결론부터 말하자면 20세기 후반에 진화주의적 사고가 부정됨에 따라 애니미즘 자체에 대한 언급도 점차 사라지게 됐습니다. 레비스트로스는 1961년의 강의 「오늘날의 토테미즘 및 야생의 사고」에 기반하여 그 이듬해인 1962년 『오늘날의 토테미즘』을 간행하였는데, 그 책에서 토테미즘은 환상이라고 비판했습니다.[107] 지금으로부터 60여 년 전입니다. 그 이후 토테미즘과 애니미즘은 인류학에서 연구대상이 되지 못했습니다. 그러다가 등

---

107 [역주] 클로드 레비스트로스, 『오늘날의 토테미즘』, 류재화 옮김, 문학과지성사, 2012.

장한 이들이 레비스트로스의 제자 세대인 비베이루스 지 카스트루와 데스콜라 등입니다. 이들이 등장하기까지 애니미즘 연구는 거의 명맥이 끊어졌다시피 했습니다.

데스콜라는 애니미즘, 토테미즘, 아날로지즘, 내추럴리즘이라는 네 개의 양식을 제출하고 이것들을 사분면의 도식으로 정리합니다. 최초의 논문은 1996년으로 이때까지는 세 가지였지만, 2006년에는 현재와 같은 네 가지 도식으로 분석하고 있습니다. 이 덕분에 대략 1990년대 무렵부터 서서히 애니미즘 논의가 부흥하기 시작합니다. 데스콜라와 비베이루스 지 카스트루 사이에 벌어진 논쟁으로 더 크게 주목받은 면도 있었지만요.

한편에서 일본에는 이와타 케이지가 있었습니다. 그는 애니미즘이라는 용어를 사용해서 매우 많은 책을 썼어요. 그런데 그러한 전통이 충분히 계승되지 못한 채 인류학에서 일본의 애니미즘론은 현재 꽤 정체된 경향이 있습니다.

그렇다면 데스콜라와 카스트루가 애니미즘을 어떻게 다루는지를 보면, 카스트루는 데스콜라의 애니미즘이 타일러의 투영 도식에 불과하다고 비판합니다. 인간이 가진 성질을 개개의 사물에 그대로 적용해버린다. 그러한 인식의 틀에서 벗어나지 못했다고 말이죠. 반면 그렇게 말하는 카스트루는 퍼스펙티브주의로 가버립니다.

이렇게 보면 타일러 이후 애니미즘을 정면으로 돌파한 이는 이와타가 유일하다고 말할 수 있지 않을까요? 그런 와중에 제가 주목하는 것이 팀 잉골드입니다. 그는 시베리아 유카기르의 애니미즘 세계를 그린 『영혼 사냥꾼』[108]의 저자 라네 빌레르슬레우의 스승 격 인물로 인류학적 현상학의 방법론으로 애니미즘을 다시 다룹니다.

시미즈 잉골드는 나도 좋아합니다. 이와타와 공명하는 부분도 많다고 생각합니다. 연을 날리는 사람과 연 자체가 얼마간 서로를 끌어당기다 보면 제3항의 매질인 대기를 타고 안정된다는 점에 그는 주목했죠. 이것은 주객 작용의 순환과 길항(拮抗)을 넘어 한층 더 안쪽의 환경 세계로 들어간다는 이야기입니다. 토기를 만들 때도 흙을 빚는 사람과 흙이 있을 뿐만 아니라 물레라는 안정된 제3항이 없으면 안 된다는 것에도 주목합니다. 직접 애니미즘의 이야기를 하지 않더라도 잉골드와 이와타의 착안점은 매우 가깝습니다.

오쿠노 네, 그래요. 가깝습니다.

시미즈 데스콜라의 경우에도 사분면의 도식 자체가 '도식적'이라든가 '개념적'이라는 비판이 있을 수 있지만, 이항대립의 '조합 방식'을 의도적으로 반전해가는 부분이 본질적입니다. 하나와 여럿, 주체와 대상 혹은 항[요소]과 관계에 대해 말하지만, 그것들을 조합해서 애니미즘, 서양의 내추럴리즘 그리고 토테미

---

108 [역주] Rane Willerslev, *Soul Hunters: Hunting, Animism, and Personhood among the Siberian Yukaghirs*, University of California Press, 2007.

즘과 아날로지즘이라는 형태를 산출합니다. 이항성을 조합하는 만큼 복잡한 음미가 가능해집니다. 레비스트로스가 북아메리카 원주민의 신화와 문화 속에서 찾아낸 것도 이항대립을 복잡하게 조합하면서 조정해나가려는 사고입니다. 인류는 그러한 방식을 다양하게 모색해왔습니다.

오쿠노 시미즈 씨가 번역한 미셸 세르의 『작가, 학자, 철학자는 세계를 여행한다』[109]에서는 데스콜라의 사분면 도식을 이어받아 유럽 문학과 서양 문화를 논하고 있습니다. 매우 박력 넘치는 철학적 작업입니다. 이러한 애니미즘 논의를 받아들이고 한층 더 밀고 나가는 작업은 인류학에는 거의 나오지 않습니다.

시미즈 데스콜라는 다소 유형화해서 분류하는 경향이 있지만, 세르는 오히려 학자든 작가든 창조적인 인물이라면 애니미즘, 내추럴리즘, 아날로지즘이 중첩된 영역에 있다는 것을 서구의 인물이나 문화에 근거해서 분석합니다. 주체가 대상을 만들고 대상도 어떤 의미에서는 주체를 만듭니다. 하나와 여럿도 서로를 만드는 것이라고 한다면, 그것들의 조합인 애니미즘이나 내추럴리즘이라는 문화의 여러 층위도 창조의 참된 현장에서는 뒤섞일 수밖에 없습니다. 이와타만 해도 단지 애니미즘뿐만 아

---

109 [역주] Michel Serres, *Écrivains, savants et philosophes font le tour du monde*, Le Pommier, 2015. 시미즈 다카시의 일본어 번역본은 『作家、学者、哲学者は世界を旅する』(水声社, 2016)이다.

니라 내추럴리스트인 훔볼트에게도 계속 경도되어 있었습니다. 오리구치 시노부 또한 아날로지스트이자 애니미스트입니다. 미나카타 쿠마구스[110]같은 경우는 거의 전부가 섞여 있습니다. 오히려 섞여 있기 때문에야말로 창조적이죠. 이원성의 재조합을 통해 문화의 다양한 층위를 내보이는 것은 중요한 작업입니다. 인디오가 깨달은 것도, 불교가 생각한 것도 바로 이것입니다. A와 非A가 쌍을 이루고 또 그러한 것이 조합되어 겹겹이 중첩되는 것이 세계다. 이것이 진실이라고 생각합니다. 그러한 차원으로부터 문화의 현상을 읽어나가지 않으면 알 수 없는 것들이 많지 않습니까?

오쿠노 이와타는 지리학에서 출발해서 현지 조사를 나갈 때는 『정법안장』을 들고 있었습니다. 『정법안장』을 곁에 두고 애니미즘을 생각했습니다. 그 깊이가 대단해요. 일본인이 애니미즘을 생각할 때 가장 가까운 곳에 가장 훌륭한 스승이 있다는 인상입니다. 다만 마츠오카 세이고[111]는 『이와타 케이지 저작집』에 관

---

110 [역주] 미나카타 쿠마구스(南方熊楠, 1867~1941)는 일본의 박물학자이자 민속학자다. 와카야마현의 부유한 상인 집안에서 태어났으며 17세에 도쿄로 상경하여 대학입시를 준비하나 실패한다. 20세에 고향으로 낙향하여 이듬해인 1887년 미국으로 건너가 학업을 이어간다. 1895년 영국의 대영박물관에 동양도서목록 편집자로 취직한다. 1900년 일본으로 돌아온 후 점균 연구와 식물표본 수집에 매진하는 한편 일본 민속에 관한 다양한 기록을 남겼다. 그의 학문은 박물학, 식물학, 인류학, 민속학 등의 여러 분야에 걸쳐 있으며 생태학을 일본에 들여왔다.
111 [역주] 마츠오카 세이고(松岡正剛, 1944~)는 일본의 사업가, 편집공학자, 저술

해 이렇게 말하고 있지만 말이죠. "실은 어느 것이나 비슷한 이 야기만 하고 있다"[112](웃음).

시미즈 나는 이와타 말년의 저작 『木が人になり、人が木になる[나무가 사람이 되며 사람이 나무가 된다]』를 계속 반복해서 읽고 있습니다. 이 책은 매년 다시 읽고 있어요. 미셸 세르의 저작도 그렇지만, 세부에 전체가 깃들어 있고, 시작도 끝도 없이 빙글빙글 돌고 있는 듯한 느낌입니다. '원풍경(原風景)'은 근경(가까운 환경 세계)과 원경(더 큰 환경 세계)이 서로 녹아드는 곳에 있다든가, '여백'의 이야기라든가 정말 흥미롭습니다. 이와타는 수수께끼 같은 그림을 즐겨 그렸습니다. 수묵화풍의 감귤이 다섯 개 그려진 그림이 나오는데요, 보통 여백은 그림의 하얀 부분이라고 생각하지 않습니까(웃음)? 그런데 이와타는 그림에서 감귤을 오려내면 뻥 뚫린 구멍이 생기고, 그 잘려나간 부분 이외는 전부 여백이라고 합니다. 하얀 부분은 거기에 포함되어 있다는 것이지요.

처음에는 누구라도 평면에서 감귤과 그 옆의 공간을 이항적으로 파악한 평면적 시각에서 하얀 부분을 여백이라고 생각하

가다. 교토에서 태어나 3세 때 아버지를 따라 도쿄로 이주한다. 와세다 대학 불문과에 입학한 후 1960년대 학생운동의 소용돌이 속에서 논객으로 이름을 알린다. '편집공학'이라는 분야를 확립하고 여러 영역의 잡지 등을 창간해 편집자로서 운영하는 한편 독자적인 일본인론 등에 관한 저술 활동을 전개해왔다. 한국에는 『독서의 신』(추수밭, 2013)의 저자로 알려져 있다.
112 『松岡正剛の千夜千冊[마츠오카 세이고의 천일 밤 천 권의 책]』 홈페이지에서 「岩田慶治草木中魚の人類学[이와타 케이지 초목중어의 인류학]」 기사를 참조할 것. (https://1000ya.isis.ne.jp/0757.html)

지만, 실은 그것을 포섭하는 삼차원의 공간이 있어서 거기에도 감귤이 아닌 부분, 즉 여백이 있다. 전부 연속하고 있다는 것이죠. 이게 참 재미있는 사례 같아요. 이차원과 삼차원의 이야기는 선에서도 종종 이야기합니다. "대나무 그림자가 섬돌을 쓸어도 티끌 하나 일지 않고"라든가. 바람에 흔들리는 대나무 그림자가 섬돌과 마당을 쓸어도 그 그림자로 인해 티끌이 일어나지 않는다는 것입니다. 대나무의 그림자는 이차원이지만, 티끌은 삼차원의 세계를 관통하기 때문입니다. '무시무종'을 말하려면 일차원에서 이차원으로, 이차원에서 삼차원으로, 즉 아래에서 위로 단계를 밟아가는 바텀업(Bottom-up)으로 생각해서는 안 됩니다. 그것은 원자적 사고입니다. 오히려 우리의 경험 세계는 우선 전체로서 있습니다. 그것을 오려내고 해석한 것이 통상 우리가 아는 세계라는 점을 깨달아야 합니다. 움직이지 않는 티끌과 같다는 것이지요. 유한의 입체 속에 무한의 면이 있듯이 감귤 그림의 여백 또한 그저 평면의 '비(非)-감귤'이 아니라 실은 삼차원의 방향으로 무한히 연속합니다. 게다가 그것들은 단적으로 경험됩니다. 이 점이 중요합니다. 이를 라이프니츠는 수학적으로 이야기합니다. 유한 속의 무한이라든가 대수적 조작으로서의 수학이라든가 또 반대로 연속체를 어떻게 합성할지 등이 그에게 중요했는데, 단자론의 사고 또한 원자론을 뒤집는 것으로서 그러한 발상과 깊이 연결되어 있습니다.

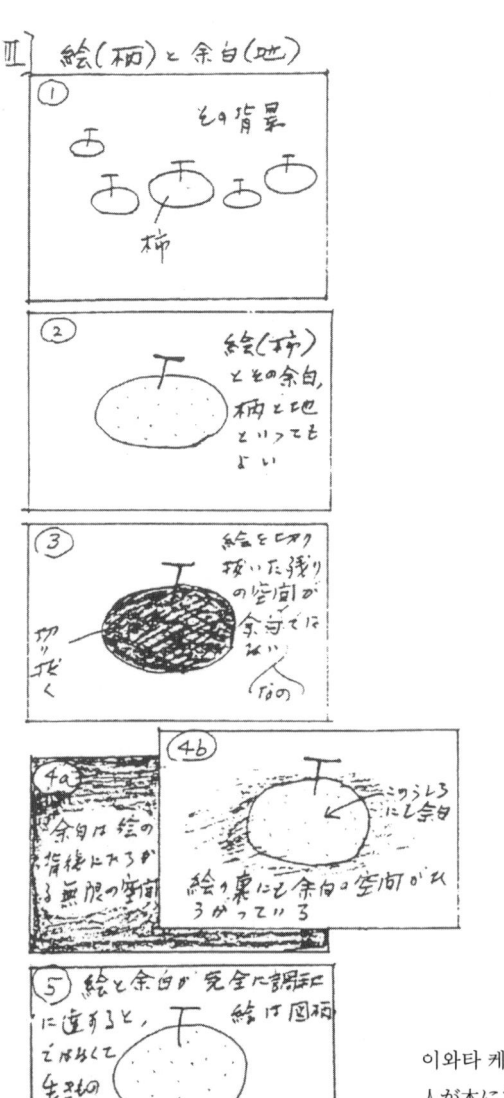

이와타 케이지 『木が人になり、人が木になる[나무가 사람이 되며 사람이 나무가 된다]』(人文書館, 2005), 106쪽.

애니미즘을 '진짜 종교'로 해야 한다

▸▸   조금 전 타일러의 『원시문화』에 관한 대담에서 소위 미개한 사회에는 종교가 없다는 일반적인 인식을 부정하고 애니미즘이야말로 원초적인 종교로서 모든 문화에 편재하는 종교라고 이야기했습니다. 이 대담의 전반부에 시미즈 씨는 '진짜 종교는 애니미즘'이라는 발언을 했는데요, 이것은 어떤 의미인가요? 종교의 핵심을 이루는 것이 애니미즘이라는 것인가요?

시미즈 애니미즘을 핵심으로 하는 종교를 '진짜 종교'로 만들어야 합니다. 앞서도 다뤘다시피 그것이 바로 오리구치 시노부 이후의 과제라고 생각합니다. 아니, 훨씬 전부터 일본인은 실제로 그러한 동기에서 예술과 문학을 추구한 것이 아닐까요? 그것이 바로 일본의 문화가 아니었을까요? 그러한 부분까지 포괄하지 않으면, 이런저런 타문화뿐만 아니라 문명으로서의 일본마저 알 수 없게 되어버립니다. 애니미즘은 다양한 종교, 예술, 문예, 예능의 핵심을 구성하며 오늘날에도 여전히 그것들의 '종자'입니다. 전통적으로는 불교적 생태학이라고 할까요? 생태계와 같은 것을 현란하게 상상해왔지만, 애니미즘이라는 핵심까지 거슬러 올라감으로써 그러한 것들도 이제 완전히 새로운 표현을 얻게 될지 모릅니다. 인간과 자연이 만난다거나 공명하기 위한 감수성이 오늘날 매우 쇠약해졌습니다. '애니미즘을 진짜 종교로 해야 한다'는 것은 예술, 정치적인 태도, 윤리 등등을 모두 쇄신하는 것입니다.

오쿠노 타일러는 영이든 혼이든 신이라는 것은 우리가 감득하는 감수성과 결코 분리할 수 없으며, 종교가 없다고 여겨지는 사회에도 깊이 뿌리내리고 있다고 생각했습니다. 방금 시미즈 씨가 이야기했듯이 인간과 자연의 관계로 말하자면, 앞서 곰 이야기도 나왔지만, 나카자와 씨의 말처럼 정밀도 높은 무기가 등장하며 인간은 곰을 멀리서 쏠 수 있게 되었습니다. 그러나 화기(火器)가 아직 없던 시절에 인간은 곰과 매우 가까운 거리에서 대치해야 했습니다. 그 때문에 먼저 곰이 어떤 존재인지 면밀하게 관찰해 알아두어야 했습니다. 곰이 어떻게 움직이고 어떻게 우는지 또 잠을 잘 때 코를 고는지 더 구체적으로 실감할 수 있는 거리까지 다가가서 알아낼 필요가 있었습니다. 가까운 거리에서 인간은 곰을 알게 되고, 그것이 인간이 지닌 감수성으로 이어졌다는 것이지요. 그러한 거리감에서는 곰이 인간에게 말을 걸어옵니다. 곰이 실제로 수다를 떨거나 꿈에 나와 무언가를 이야기하는 일이 일어나도 전혀 이상할 게 없는 세계였습니다.

미야자와 겐지의 「나메토코산의 곰」에는 곰 모자가 산을 바라보며 대화를 나누는 모습을 고주로가 보고 듣는 장면이 나옵니다. 어미 자식 간의 대화를 들으며 가슴이 벅차오르는 경험을 겐지는 고주로의 입을 통해 말한 것이지요. 알다시피 곰은 맹수 중의 맹수고 인간을 공격하기도 하지만, 인간과 곰을 주체와 대상의 형태로 분리해서 이쪽과 저쪽에 두는 대신 서로 가까운 거리에서 관계하는 자세야말로 진짜 종교 혹은 진정한 종교의 존재 방식이라고 생각해보면 어떨까요? 애니미즘은 진짜 종교라는 시미즈 씨의 주장에 대한 내 생각입니다.

만약 곰이 바란다면, 나도 이제 총을 쏠 수 없을 만큼 쇠약해졌겠다, 까짓거 내 몸 하나 줘버려도 상관없다. 이러한 생각을 할 수 있는 거리감이 밑바탕에 깔린 세계를 우리는 확실히 잃어버렸어요. 애니미즘은 이렇듯 인간과 동물의 거리 혹은 동물에 한정 짓지 않는 인간과 사물의 거리감을 다시금 재고할 것을 우리에게 요구한다고 할 수 있습니다.

예를 들어 돌과 우리의 관계는 상품 가치가 없으면 버려지는 그런 자본주의 관계만 있는 것이 아닙니다. 우리는 돌의 다양한 형상에서 무언가 신기함을 느낍니다. 그런 돌을 모으기도 하고요. 그 감각은 이와타가 말한 것과도 비슷합니다. 이런저런 돌을 둘러보다 페니스 모양의 돌을 발견하면 깜짝 놀라겠죠. 바기나 모양의 돌이 있다면 더 놀랄 겁니다. 돌을 응시하거나 소중하게 다루면서 무언가 애착을 느낀다는 것을 포함하여 애니미즘이 발동하기 쉬운 거리가 있었을 테지요. 이렇게 보면 현대사회에서 반려견이나 반려묘 혹은 봉제 인형이나 피규어 등과의 거리감은 특별히 애니미즘적이라고 할 수 있지 않을까요?[113]

규슈 남단의 야쿠시마(屋久島)로 이주한 야마오 산세이[114]라는 시인이 있습니다. 그 또한 그러한 논의와 굉장히 가까운 이야

---

113 奧野克巳,「ぬいぐるみとの対話 アニミズム、身体の内と外から[봉제 인형과의 대화: 애니미즘, 신체의 안팎에서]」,『ユリイカ』769, 青土社, 2021, 158-166쪽.
114 [역주] 야마오 산세이(山尾三省, 1938~2001)는 일본의 시인이다. 도쿄에서 태어났고 와세다대학 서양철학과를 중퇴했다. 1977년 야쿠시마의 폐촌으로 일가족이 이주해서 논밭을 일구며 시 창작 등의 집필활동을 전개했고 그곳에서 생을 마감했다.

기를 합니다. 야마오는 이와타와 마찬가지로 애니미즘에 관한 많은 책을 냈는데 시를 쓰거나 세상만사를 생각할 때, 그 자신의 표현을 빌리면 가까운 거리에서 돌을 바라보면 돌 그 자체의 마음이 된다고 합니다.[115] 돌에 대한 애정으로 다 설명할 수 없는, 돌 자체가 내 쪽으로 말을 걸어오거나 움직여주는 거리감에서 돌과 만난다. 그 거리감은 자타의 경계 자체를 희미하게 만듭니다. 이러한 관계 방식이 애니미즘에서 말할 수 있는 것이 아닐까 생각합니다.

시미즈 친밀한 거리감이라면, 이와타 케이지도 인류학의 '참여관찰'을 원점에 둡니다. 그것은 관찰되는 자의 안쪽에 있으면서 그와 동시에 바깥쪽에서 본다는 것입니다. 이 세상에 살고 있다는 것에서부터 바텀업으로 만사를 파악하는 것이 아니라, 환상 및 왕상과 마찬가지로 어느 쪽도 아닌 '중간'에서 보는 관점이 있으며, 그것이 일종의 대화라는 것이지요.

오쿠노 이와타는 흙 속에서 무 등을 뽑는 순간 신을 느낀다는 것을 중시합니다. '신'이라는 언어로 규정하기 이전, 즉 언어 이전의 경이로움 그 자체를 관찰합니다. 나도 예전에 땅속에서 무를 뽑은 적이 있는데 그 무가 정말 컸습니다. 잡아당기는 순간 그대로 쏙 하고 빠질 줄 알았더니 땅속 깊이 계속 이어져 있었습

---

115 山尾三省, 『ジョーがくれた石―12の旅の物語[조가 준 돌: 열두 가지 여행 이야기]』, 地湧社, 1984.

니다. 능동적으로 뽑아냈다기보다 잡아당기는 도중에 힘이 빠져버려 무 쪽에서 제멋대로 나와버린 듯한, 말이 안 되지만 무가 뽑혀준 듯한, 그 느낌은 말이 되기 이전의 감각이라고 할까요? 경이로움이었습니다.

시미즈 아, 그렇군요. 사신(捨身)이라고까진 할 순 없겠지만 내어준 것이군요.

오쿠노 그렇습니다. 무 쪽이 주체였습니다. 저 자신이 그것을 잡아당기고 있다기보다는 잡아당겨지고 있었습니다. 언어화하면 그렇게 되겠지만, 그런 식으로 말이 나오기 이전의 경이로움 같은 것을 이와타는 아마 '신'이라는 글자로 표현한 것이겠죠. 그것이 애니미즘이라고 한다면, 이와타는 애니미즘을 확장하고 있습니다. 애니미즘 개념을 단지 미개 종교라든가 종교의 원시형태 같은 것으로 정의하는 것이 아니라, 좀 더 우리가 살아있다는 것에 대한 일종의 기쁨이자 유한 속의 무한, 무한 속의 유한과 같은 것으로 폭넓게 생각하고 있습니다. 아무래도 학문으로서의 인류학은 비베이루스 지 카스트루나 데스콜라가 언어로 분명하게 표현한, 퍼스펙티브주의나 사분면의 도식 같은 것에 연연하지 않을 수 없어요. 그렇게 해서 논문을 쓰고 연구자의 자세를 유지하고 있지만, 이와타는 그것과는 전혀 다른 발상이죠. 우리가 살아간다는 것은 도대체 무엇인가? 이를 정면에서 돌파하고자 했습니다. 그런 부분이 잉골드와 매우 상통합니다.

시미즈 그저 기뻐할 뿐인 세계이군요(웃음). 이와타의 세계라는 것은 말이죠.

오쿠노 그렇습니다(웃음). '대단하다!'라는 것을 이런저런 방식으로 표현을 바꿔 말해보며, 조금씩 다르게 쓰고 있습니다. 중요한 부분은 어디서나 같은 말을 사용하지만요(웃음).

시미즈 그렇지 않고서는 힘들어요(웃음). 이와타는 한 번 읽어서는 그 연속성이나 문맥을 알 수 없는 이야기도 하지만, 그 근거가 상당히 깊습니다. 선에 대한 이해도 대단합니다. 이를 본받아서 나도 진지하게 애니미즘에 파고들어 진정한 이론화를 시도해봤지만, 정말 쉽지 않네요.

오쿠노 애니미즘은 말로 표현할 수 없어서 어렵습니다.

다종인류학과 애니미즘

▸▸ 일본에서는 일찌감치 오쿠노 씨 등이 다종인류학[116]을

---

[116] 다종인류학에 관해서는 다음을 참조할 수 있다. 奧野克巳, 近藤祉秋, ナターシャ・ファイン編, 『モア・ザン・ヒューマン マルチスピーシーズ人類学と環境人文学[인간 너머의 다종인류학과 환경 인문학]』, 以文社, 2021. 奧野克巳, シンジルト編, MOSA(マンガ), 『マンガ版マルチスピーシーズ人類学[만화판 다종인류학]』, 以文社, 2021.

도입하여 연구회도 활발히 열리고 있는데요, 다종 간의 윤리를 생각할 때 애니미즘을 경유하여 생각하기도 하나요? 조금 전 말한 먹고 먹힌다는 관계와 같이 오늘날의 인권사상에서는 나올 수 없는 생명의 발상이 있지 않을까 생각합니다. 다종인류학과 애니미즘은 어떻게 연결될까요?

오쿠노 오늘날 우리는 인권이라는 것을 인간의 권리로 규정하기 때문에, 그것을 유일하고 절대적인 것으로 생각하는 경향이 있습니다. 그런데 그것이 정말 그렇냐는 겁니다. 이를 재고하는 데에서 피터 싱어[117]의 『동물 해방』(김성한 옮김, 연암서가, 2012)은 매우 중요한 책입니다. 1975년 싱어가 이 책을 간행한 이래 동물 권리 운동이 대단히 활발해졌습니다. 총론으로서 그 책은 '다른 방법으로 생각하기' 위한 중요한 도전이었습니다. 그러나 현재 동물권을 이야기하는 사람들의 활동은 인간중심주의 그 자체를 비판하는 것이 아니라, 굳이 말하자면 동물권에 찬성하지 않는 사람을 비판하고 공격합니다. 그러한 인간 대 인간의 흐름이 지나치게 강하다는 것을 부정하기 어렵습니다.

▸▸ 동물권은 인간의 권리를 그대로 동물에 적용한 것일 뿐이라는 비판이 있습니다.

---

117 [역주] 피터 싱어(Peter Singer, 1946~)는 오스트레일리아 출신의 철학자다. 그는 실천윤리 및 생명윤리를 전공하며 동물의 해방을 주장했다. 1975년 출간한 『동물 해방』으로 세계적인 주목을 받으며 동물해방운동의 흐름을 형성해냈다.

숲에서 막 포획한 멧돼지를 등에 지고 벌목 도로에 나온 푸난의 사냥꾼. 촬영 오쿠노 카츠미.

시미즈 거의 그렇습니다.

오쿠노 유럽은 인간과 동물은 다르다는 데서 출발해 오랫동안 인간과 동물, 문화와 자연을 분리해왔으나, 최근 들어 지성을 가진 동물은 인간과 동등한 권리를 인정해야 한다는 사상의 전환이 이루어진 것처럼 보입니다. 분리된 부분을 다시 연결하겠다는 발상이겠지만, 그 발상이 가진 문제성이 하나의 과제로 남겠지요. 원칙적으로는 지성이 높은 동물 순으로 평등의 공동체에 가입시키는 셈이니까요. 돌고래나 고래, 대형 영장류 등이죠. 그러한 분리 방식에 따르면 점균 따위는 그 평등의 공동체에서 제일 먼저 필요 없는 존재가 되겠지요(웃음). 그러한 흐름이 인류사적인 과제로 남지 않을까요?

　동물권이나 비건을 실천하는 일부 사람들의 최근 발언은 상당히 과격합니다. 그런데 과격한 비판이 향하는 곳을 보면, 우리 안에 배양된 인간중심주의를 전복하려는 것이 아니에요. 동물권이나 비건이 아닌 사람들에게 향해요. 평소 너무 많은 비판을 받는 탓에 그에 대해 과잉 방어를 하는 측면도 있겠지요. 어쨌거나 본래 추구하고 탐구해야 하는 사태의 본질을 그들 내부적으로 잃어간다는 생각이 듭니다.

시미즈 그것은 내가 2장에서도 썼듯이 주객의 문제, 인간과 자연의 문제라는 그 이항만으로 생각하기 때문입니다. 그렇게 생각해서는 안 돼요.

오쿠노   확실히 헤어나기 힘든 이항대립의 함정에 빠진 것 같습니다.

시미즈   예를 들어 미셸 세르는 『자연계약』[118]에서 자연이 인류를 역습하는 생태적 파국이 멀지 않았다고 이야기합니다. 그래서 인간들 간의 사회계약에 해당하는 것을 자연과도 맺어야 하는데, 자연은 법적 주체가 아니므로 어떻게 계약을 맺을 것인가라는 문제에 봉착하게 되며 여기서 잠시 논의가 멈춥니다. 그러자 그는 인간과 자연이 불가분의 관계에 있고 그것들 사이에 순환적 응보가 오가는 상태를 생각해보자고 자연스럽게 이야기를 꺼내며 과학 인식론의 이야기를 시작합니다. 행위자-연결망 이론과 같은 이야기가 나오는 것이지요.

인간이 자연을 잃어버렸다. 어떻게 그렇게 된 것인지 영문은 알 수 없지만, 과학은 어떻냐는 겁니다. 그러면서 이번에는 과학 지식이 탄생하는 과정에서 나타나는 복수의 인간작용과 대상으로서의 자연이라는 문제로 나아갑니다. 그리고 복수의 인간 집단이 서로 견제하기 위한 매체로서 자연이 존재한다는 이야기를 합니다. 여기서 하나와 여럿의 문제가 결부되고 이윽고 인간과 자연의 관계도 그 문제를 매개로 조정할 수 없을지의 지점에 이르게 됩니다.

---

118   [역주] *Le Contrat naturel*, Paris: François Bourin, 1990. (*The Natural Contract*, English translation by Elizabeth MacArthur and William Paulson, University of Michigan Press, 1995.

비건이 非비건을 비판하는 실제 사례에서는 사물을 매개로 사람들이 서로의 다른 존재 방식을 가시화한다거나, 그러한 경합 관계를 받아들이는 경우가 없습니다. 그것은 사물의 행위성이 전혀 기능하지 않으며 그저 인간 집단의 권력투쟁이 되어버렸다는 것을 의미합니다. 이항대립을 단순하게 취급하며 대상으로서 자연을 잃어버린 것입니다.

오쿠노 혹은 동양 사상이나 불교 사상으로부터 사고의 모색을 되찾아오는 것도 유효할지 모르겠습니다.

시미즈 거기서부터 생각할 필요가 있습니다. 우메하라 타케시는 결국 일본인의 사상은 기본적으로 애니미즘과 습합한 천태본각사상(天台本覚思想)[119]이라고 이야기하는데, 쇼와 시대[120]까지는 확실히 그랬다는 생각이 들어요. 언제나 애니미즘이 근저에 있었으며 데즈카 오사무[121]의 국민작품조차 천태본각사상의

---

119 [역주] 천태본각(天台本覺)에서 '본각(本覺)'이란 모든 중생에게 본래적으로 갖춰져 있는 깨달음의 지혜를 뜻한다. 이 관념은 천태종(天台宗)을 중심으로 불교 일반에 널리 퍼져 있다. 본각 사상에서는 인간이 태어나면서부터 본각을 가지고 있지만 성장하면서 세상의 고뇌로 인해 자신이 부처와 같은 존재임을 잊게 된다고 말한다. 일본사에서 최초로 무신정권이 들어선 가마쿠라 시대(1185~1333년) 중기에 본각 사상이 유행했고 이를 바탕으로 가마쿠라 불교가 성립된다. 이후 본각 사상은 일본의 주요 사상의 하나로 자리잡았다.
120 [역주] 천황의 재임 기간에 따른 일본의 연호로서, 히로히토가 재임한 1926년부터 1989년 사이를 말한다. 보통 담론상에서는 사회문화적 시기 구분으로 쓰인다.
121 [역주] 데즈카 오사무(手塚治虫, 1928~1989)는 일본의 만화가이자 애니메이션

SF 버전 같은 느낌입니다. 지금까지 일본 애니메이션 영화에서 역대 흥행 수입이 가장 높았던 작품이라고 하면 미야자키 하야오의 《센과 치히로의 행방불명》과 《모노노케 히메》, 또는 신카이 마코토의 《너의 이름은》 등인데, 누가 봐도 애니미즘이 충만한 것들이 대부분 선두를 차지하고 있습니다. 기층에서는 끊임없이 이어져오고 있었지만, 그것이 과거의 불교처럼 사상으로서는 자각되지 않고 있습니다.

오쿠노 다종인류학은 바로 그러한 부분을 다시 생각해보고자 합니다. 인간을 포함한 복수 종을 다시 생각하는 것. 인류학은 지금까지 인간에 관한 것을 인간이 생각할 때의 차이를 '문화'의 축으로 다뤄왔습니다. 문화 속에는 오직 인간만 존재했으며 동식물은 외부 요소 정도로밖에 보지 않았던 것이지요. 레비스트로스가 토테미즘을 논하며 동물 등 다른 종들은 '생각하기에 좋다(Good to think)'라고 말한 것은 잘 알려져 있습니다. 마빈 해리스는 이 말을 활용해서 동물은 먹기에 좋다(Good to eat)'고 말합니다. 매우 유물론적인 사고방식이죠. 이어서 인류학자는 아니지만, 도나 해러웨이는 인간은 다른 종과 함께 살기 좋다(Good to live with)고 말합니다. '함께 살아가는' 존재자들로

감독이다. 나라현립 의과대학을 졸업한 후 한때 의사라는 직업을 가졌지만, 만화가로서 전업의 길을 걸었다. 뛰어난 스토리 전개와 작화 실력을 바탕으로 일본에서 애니메이션 장르를 확고히 자리매김하는 데 크게 기여한다. "일본 만화의 아버지"로 불리며 대표적인 작품으로 《우주소년 아톰》과 《밀림의 왕자 레오》가 있다.

서 동물과의 관계성을 재구축한 것이죠. 이러한 선언이 그녀가 2003년 『반려종 선언』[122]을 간행한 무렵부터 확산하고 있습니다. 인류학이 해러웨이의 선언을 진지하게 받아들이기 시작한 것은 2010년 전후부터죠. 이제 막 시작한 까닭에 여러 어려움이 있습니다.

최근 해러웨이는 음식을 먹고 배설하는 행위에 대해 말합니다. 즉 음식의 일부는 신체에 흡수되어 에너지가 되지만, 일부는 배설물이 되고 그 배설물이 다시 퇴비가 되어 다음 생명을 태어나게 한다는 것이죠. 벌써 불교적입니다. 불교의 연기나 윤회와 마찬가지일지도 모릅니다. 아직 누구도 확실하게 말한 적은 없지만, 다종인류학은 무자성(無自性) 또는 무아(無我)와 같이 자기 그 자체를 전제하지 않는 데서 출발합니다.

돌이켜보면 지금까지 인류학은 자기에서부터 출발했습니다. 자기와 타자입니다. 자기를 문화의 절대적인 단위로서 생각해왔습니다. 그리고 그 문화 또한 하나의 단일성 내지는 실체를 가지고 있는 것, 하나의 개체로 간주해왔습니다. 그러한 이론적인 토대 위에서 현지를 조사하고 민족지를 기술해온 것이죠. 이에 대한 비판은 포스트모던 인류학 무렵부터 계속해서 제기해온 문제입니다. 예를 들어 한 문화 속으로 이민자가 들어온다거나, 반대로 이주와 함께 문화를 이동시키는 경우처럼 단일성이나 실체성으로는 문화를 설명할 수 없다는 사실을 진작 깨달았

---

[122] 도나 해러웨이, 「반려종 선언: 개, 사람 그리고 소중한 타자성」, 『해러웨이 선언문: 인간과 동물과 사이보그에 관한 전복적 사유』, 황희선 옮김, 책세상, 2019.

보르네오 섬 열대우림에서 수액을 먹기 위해 모여든 개미들. 촬영 오쿠노 카츠미.

음에도 불구하고 인류학자는 그 점을 그렇게 깊이 탐구하지 않았습니다.

그 속에서 드디어 다종인류학의 움직임이 나온 것이죠. 즉, '인간이란 무엇인가'라는 물음을 복수 종과의 관계 속에서 사고한다는 발상의 전환을 통해 자기(自己)와 같은 실체가 없다는 것, 즉 사회나 문화라는 것은 처음부터 존재한 적이 없다는 사실을 파고들기 시작한 것입니다. 반대로 말하면 어째서 지금까지 그러한 사실을 깨닫지 못했냐는 점이 더 큰 문제라고 할 수도 있겠죠.

시미즈 정말로 비인간이군요. A와 非A의 이야기가 있었지만, 역시나 그러한 부분에서부터 다종인류학의 윤리를 생각해야 합니다. 윤리가 자명한 사회의 구성요소인 인간 주체에게서 발상한다는 사고는 이미 파탄이 난 지 오래라서 그렇지 않은 것을 어떻게 구조화할 것인지가 중요합니다. 거기에서 등장하는 것이 시작도 끝도 없는, 서로 포섭하고 포섭되는 존재 방식이라고 생각합니다.

거기에 이르기까지 예를 들어 애니미즘이나 불교의 '연기'와 같은 사상을 종교에서는 이렇게 생각하고 있었다고 말하며 끝내버려서는 안 됩니다. 의심에 의심을 거듭하여 논리적으로 그렇게 되지 않을 수 없다는 데까지 생각을 밀고 나가야 합니다. 그것이 앞으로의 철학에 남겨진 하나의 과제라고 생각합니다.

오쿠노 맞습니다. 종교라기보다 불교의 지식, 지혜로 다시 한번 돌아가서 생각해나간다는 것이군요.

시미즈 그렇습니다. 돌아가는 편이 좋습니다. 불교라는 것은 여전히 애니미즘의 색채가 짙은 한편 애니미즘을 지양하는 것이기도 하며 철학 또한 지양하는 것이기도 합니다. 불교 자체도 이론으로서 단련하여 거기에 경험이나 개개를 넘어선 정념의 깊이, 풍부함을 더해가는 것이 지금부터 문명이 나아가야 할 큰 방향 아닐까요? 그렇지 않으면 비건이 비건 아닌 사람을 공격한다든가, 정치적 올바름의 주장과 그에 대한 반발적 응보 등 윤리도 가치도 문화도 텅 빈 획일적인 것이 되고 말 것입니다.

 안타깝지만 오늘날 일본인은 불교로든 그 밖의 문화로든 자신의 문명이 어디에 있는지 알 수 없게 되었습니다. 이것은 저출산이 어떻다는 수준의 문제가 아닙니다. 문화적으로는 이미 소수민족이 된 지 오래입니다. 반대로 말하면 단순한 인구수 따위는 상관없다는 말입니다. 포스트모던을 넘어서자는 그런 이야기가 아니라, 애니미즘이나 불교까지 아울러서 지금까지 서양사상에서는 찾을 수 없는 형태로 우리 문명의 기초를 쌓아가야 합니다. 나의 작업 또한 그러한 연장선에 있습니다. 그렇지 않으면 이 막다른 길을 벗어나기 어렵습니다. 나는 이렇게 생각하고 있습니다.

4장
타력론의 애니미즘

구원에는 일체의 증거가 없는 걸세. 그 증거를 찾는 건 내 쪽의 뜻으로서 일종의 자력(自力)이지. 구원은 부처님의 본원으로 성취되어 있어요. 우리는 자기 기량에 관계없이 그저 믿으면 되는 겁니다.
— 구라타 햐쿠조(倉田百三), 『스님과 그 제자』(김장호 옮김, 한걸음더, 2016), 106쪽.

1. 투문치족의 자력, 아이누족의 타력

1장에서 다룬 이케자와 나쓰키의 창작 신화 『곰이 된 소년』에 등장하는 투문치족은 곰 의례를 행하지 않는 사람들이다.[123] 투

---

[123] 이케자와는 『곰이 된 소년』의 「후기」에서 투문치족에 대해 이렇게 쓰고 있다. "아이누에 대항하는 사악한 일족을 투문치라고 부른다는 것을 나는 『시즈나이

문치족은 "마음이 올바른 아이누족이 아니어서 (…) 곰을 잡아도 곰의 혼을 제대로 신의 나라에 보내주지 않았습니다"(池澤 2009: 10). 투문치족은 "곰이 자기들이 있는 곳으로 와준 것이 아니라 자기들이 힘세서 곰이 잡혀온 것으로 생각했습니다"(池澤 2009: 11).

투문치족은 곰사냥에 관해서는 자신의 힘을 과신하는 사람들로 묘사된다. 그들은 아이누족과 달리 애니미즘의 연락통로를 막아버렸다. 투문치족은 나카자와의 표현을 빌면 "생물권에서 인간이 차지하는 압도적인 우위를 조금도 의심하지 않는 사람들"(나카자와 2003: 37)이다. "자신만은 먹이사슬의 고리에서 초월한 존재라고 확신하며 동물들을 마음대로 가두거나 사냥을 스포츠처럼 즐기며 동물들을 죽여도 상관없다고 생각합니다. 적어도 그런 것에 아무런 의문을 품지 않는 인간이 된 것"(나카자와 2003: 37)이다.

자력으로 못할 일이 없다고 생각하는 것이 바로 20세기 인간의 일반적인 특징이라고 말했던 이가 소설가이자 비평가인 이츠키 히로유키[124]다. 이츠키는 20세기를 되돌아보면 인간은

(静内) 지방의 전승: 오다 스테노(織田ステノ)의 구전문예 1~5』(静内町教育委員会編 静内町郷土誌研究会刊)에서 알았다. (…) 다만 투문치에 대해 알려진 바가 적고 그들이 곰 의례를 행하지 않는다는 가설은 내가 지어낸 것이다"(池澤 2009: 76).

124 [역주] 이츠키 히로유키(五木寬之, 1932~)는 일본의 소설가이자 수필가다. 후쿠오카현에서 태어나 교사인 아버지를 따라 조선으로 이주하여 경성과 전라도에서 유년 시절을 보냈다. 와세다대학 노어노문과를 중퇴한 후 작사가를 거쳐 소설가로 전업했다. 한국어로 번역된 그의 소설과 수필은 『대하의 한 방울』

너무나 오만방자했다고 말한다.

  인간은 자신의 힘으로 모든 것을 할 수 있었다. 심지어 달에도 갔다. 인류의 달 착륙은 인간의 힘에 대한 자신감이 지나쳐 오만함을 낳았다. 그리고 "이러한 오만함 탓에 인간이 기생하는 지구를 우리 인간이 엉망진창으로 만들었다. 오존층을 파괴하고 물을 오염시키고 열대우림의 숲을 닥치는 대로 파괴하고 경제적 개발을 위해 대지를 훼손하거나 공기를 오염시키는 등 온갖 만행을 저질렀다"(五木 2015: 12).

  이처럼 인간이 엄청난 힘을 상상 이상으로 발휘하게 된 연원은 이츠키에 따르면 14세기 이탈리아에서 시작되어 15세기 유럽으로 퍼져나간 르네상스다. 르네상스는 일반적으로 중세유럽의 신 중심의 가치관에서 개인의 이성과 존엄을 중시하는 인간 중심의 가치관으로 전환을 이뤄냈다고 평가된다. 이츠키는 다음과 같이 말한다.

  르네상스는 교회와 신의 권위 앞에서 잡초나 벌레 같이 보잘 것없는 존재인 인간에게 "아니, 그렇지 않아"라고 말 걸기 시작했다. 인간이라는 자는 위대한 존재다. 인간이 가지고 있는 재능과 자질을 계발하고 연마해서 그 가능성을 탐구한다면 인간은 하지 못할 일이 없다. 인간은 지상의 벌레가 아니라 왕자다.

(지식여행, 2012), 『타력: 혼란의 시대를 살아가는 100가지 힌트』(지식여행, 2012), 『사계 아키코』(지식여행, 2015) 등이 있다.

어떤 의미에서 인간의 독립선언과 같은 저 울림이 르네상스에 담겨 있습니다.

인간 만세, 참으로 훌륭합니다. 인간이라는 것에 자신감을 회복한다는 사고를 바탕으로 다양한 예술, 문화, 사상이 생겨났으니까요. 그리고 우리의 근대는 르네상스에서 시작된 인본주의에 깊이 뿌리내리고 있습니다.

그러나 인간 만세의 이 부르짖음은 지상의 주인공은 오직 인간이라는 사고방식으로 향해가고, 어느새 그 방향에 치우쳐버렸습니다.

인간은 다만 지구에 기생할 뿐인데 오만방자해져서 지상의 온갖 것들을 마음대로 소비하고 오염시켜왔습니다(五木 2015: 12-3).

기독교 교회의 권위 앞에 벌레나 다름없던 인간은 르네상스 시대에 이르러 벌레 따위와 견줄 수 없는 존재가 되었고 인간의 힘이 재검토되었다. 그에 따라 예술, 문화, 사상이 꽃을 피웠다. 이것은 훌륭한 일이다. 게다가 인본주의가 융성하면서 인간은 드디어 지상의 왕자 혹은 지상의 주인공으로까지 등극했다. 20세기에 이르러 인간은 지상의 주인공으로서 지구상의 모든 것을 소비하면서 주변 환경을 오염시켰다.

인간은 인간의 힘에만 의지해 인간을 넘어선 과업을 해냈고, 그러한 달성이 인간에게 자신감을 더욱 북돋아 이제는 하지 못할 것이 없다는 인간 자신의 힘에 대한 과신으로 이어졌다. "정말로 그 뿌리에 있는 것은 '백 퍼센트 자력'이라는 사고방식이 아닐까?"(五木 2015: 13)라고 이츠키는 말한다.

　이와 다른 측면에서 투문치족 또한 자력에만 의지하는 사람들이다.『곰이 된 소년』에서 주인공 소년 이키리는 죽임을 당한 곰을 불쌍히 여기지만, 주변 어른들은 그런 이키리에게 "곰 따위를 동정할 필요는 없어. 멋진 사냥꾼이 되려면 마음을 강하게 다잡아야 해"(池澤 2009: 22)라고 충고한다. 곰에서 인간으로 되돌아온 이키리가 곰의 혼이 신의 세계에 갈 수 있도록 곰 의례를 해주자고 투문치 사람들에게 간청했을 때 돌아온 대답은 "우리에겐 힘이 있어. 의식을 해주면 곰의 혼이 기뻐할 것이라고 너는 말하지만, 그 말을 누가 믿겠어. 우린 강해."(池澤 2009: 55)였다. 투문치족은 자기 힘의 강함을 추호도 의심하지 않았다. 그들도 '백 퍼센트 자력'을 관철하고자 했다.

　자력으로 식량을 구할 수 있다고 생각한 투문치족에게는 애니미즘이 없다고 할 수 있다. 마찬가지로 현대 인간에게 애니미즘은 사라지고 없다고 말하면 지나친 비약일까?

　질문을 바꿔보자. 인간의 힘에만 의지하는 사람들이 결여한 것은 대체 무엇일까? 자력의 자신감이 넘쳐나는 이면에 부족한 것은 '타력'이 아닐까? 반면 곰(신)과의 사이에 애니미즘의 연락통로를 유지하는 아이누족은 자력에만 의지하지 않고 타력을 느끼면서 그들 자신의 세계를 만들어온 것이 아닐까?

　이번 장에서는 애니미즘을 자력이 아닌 타력, 즉 인간의 힘이 아닌 눈에 보이지 않는 거대한 힘으로 파악하는 관점에서 생각해보려 한다.

2. 무사시, 요시오카 가문과 일생일대의 결투를 앞두고[125]

타력이란 단순히 '네게 맡긴다'거나 '남에게 맡긴다'는 것이 아니다. 이츠키의 설명을 들어보자.

> 나는 일찍이 타력의 움직임을 바람에 비유한 적이 있습니다. 엔진이 없는 돛단배는 바람이 없으면 움직일 수 없습니다. 역풍이든 순풍이든 바람이 불어야지, 완전한 무풍상태에서는 배를 움직일 수 없습니다.
>
> 타력의 바람이 불지 않으면 돛단배는 자력으로 나아갈 수 없습니다. 그렇다고 바람이 불기만을 넋 놓고 기다리고 있으면 바람이 불어와도 소용없겠죠.
>
> 수평선 구름의 동향을 열심히 살펴서 언제 바람이 불어올지를 예측해서 그 기회를 놓치지 않도록 두 눈을 부릅뜨고 지켜봐야 합니다. 모처럼 바람이 불어와도 돛을 내리고 깜박 잠

---

125 [역주] 에도 시대 초기의 검객인 미야모토 무사시(宮本武蔵, 1584~1645)에 관한 일화를 가리킨다. 미야모토 무사시는 13세에서 29세까지 60여 차례의 결투에서 승리했는데, 이것은 소설, 영화, 연극 등 다양한 작품의 소재가 되었으며, 이중 요시오카(吉岡) 가문과의 세 차례 싸움은 정사를 비롯해 여러 야사에 다양하게 기록되어 있다. 요시오카 가문과의 마지막 싸움에서 무사시는 결투장으로 가는 도중에 하치다이 신사(八大神社)에 들러 결투의 승리를 기원하려 했으나 그만두었다. 대신 그는 결투장인 "이치조지 사가리마츠(一乘寺下がり松)"라고 불리는 곳의 소나무 뒤에 밤새 숨어 있다가 요시오카 가문의 무리가 당도하자 무리의 대장인 세이쥬로를 일격에 죽이고 나머지 무리도 홀로 대적하여 물리쳤다고 한다.

들어버리면 의미가 없겠죠.

　이렇듯 자력의 노력이 필요합니다. 그렇다 해도 배가 달릴 수 있게 마음만 조급해서 손으로 물을 휘저어봤자 돛단배는 앞으로 나아가지 않습니다.

　타력은 자력의 어머니라고 나는 생각합니다. 자신을 믿고 힘내자고 마음먹을 때 그 의지야말로 타력의 작용이 아닐까요? (五木 2014: 182)

　자력으로 보이는 노력이 타력의 작용이라는 것이 '타력'이다. 그것은 눈에 보이지 않는 거대한 힘으로 자연에 이끌리는 것과 같다(五木 2005: 41).

　『곰이 된 소년』을 보면, 아이누족은 애니미즘의 연락통로를 통해 타력의 '바람'이 불어오는 시기와 계절을 살피면서 자력에 의지해 사냥한다. 이 의미에서 곰 의례는 자력을 능가하는 타력을 느껴볼 기회일 수 있다.

　또 하나 이츠키가 언급한 타력의 예를 살펴보자. 요시카와 에이지[126]의 소설 『미야모토 무사시』에는 주인공 무사시가 요

126　[역주] 요시카와 에이지(吉川英治, 1892~1962)는 일본의 소설가다. 요코하마 출신으로 10세 때부터 잡지 등에 글을 투고하여 「소년」 잡지에 작품이 입상했다. 목장을 경영하는 아버지의 사업 실패와 이복형과의 불화로 소학교를 중퇴한 후 여러 직업을 전전하다가 1914년 22세 되던 해에 「講談俱樂部[고단구락부]」 잡지에 단편소설이 3등에 당선된다. 그 후 소설가로 전업했고, 1935년부터 4년간 아사히 신문에 연재한 『미야모토 무사시(宮本武蔵)』가 엄청난 인기를 끌면서 '국민작가'로 등극했다. 『미야모토 무사시』의 한국어 번역본은 10권의 대하소설로 잇북에서 2020년 출간되었다.

사가리마츠의 고목. 촬영 모가미 케이슈(最上桂舟).

시오카 가문의 무리와 결투하기 위해 "이치조지 사가리마츠"로 향하는 도중에 우연히 하치다이 신사에 들르는 장면이 나온다. 무사시는 배전(拜殿)[배례를 위해 신사의 본전 앞에 지은 건물]의 현판을 우러러보면서 어떤 거대한 힘이 자기 편인 듯한 기분에 사로잡힌다. 배례하기 전 손을 씻고 입안을 헹군 후 배전의 종을 치려다 무사시는 자신이 여기서 무엇을 하고 있는지를 자문한다. '사무라이의 아군은 타력이 아니다. 죽음이야말로 사무라이의 변하지 않는 아군이다. 이미 죽음을 각오한 몸일진대, 무엇을 빌고 무엇을 바라리오'라고 마음속으로 되뇌며 신에게 승리를 빌려다 멈춘다.

신은 없다고 할 수는 없지만 그렇다고 그것이 의지해야 할 존재도 아니었다. 자신이라는 인간이 너무나 약하고 미약한 존

재라는 것을 깨닫는 비애에 지나지 않았다.[127]

무사시는 한발 물러서서 오로지 양손을 모아 신의 가호를 빌 것이 아니라 자력으로 싸울 것을 마음속으로 결심하고 그곳을 지나친다. 이츠키는 이 장면을 언급하면서 다음과 같이 쓴다.

'신령과 부처에 기대지 않는다'는 자력의 마음을 미야모토 무사시가 마음에 품었다는 것. 실은 이것이 바로 거대한 타력의 바람을 느낀 것이다(五木 2015: 8).

신이라는 눈에 보이지 않는 거대한 힘에 의탁하지 않고 결투 장소로 향했다는 사실 자체가 타력이라는 기묘한 힘에 이끌렸음을 보여주는 증거라고 이츠키는 말한다(五木 2015: 10). 무사시가 타력에 기대지 않고 자력으로 싸울 결심을 한 이면에는 타력이 있다.

이츠키는 신란의 말을 빌려 "자신이 관여한 바가 아니다"라는 것이 타력이라고 쓴다.[128] 애니미즘에는 나/우리가 무엇을 행

---

127 [역주] 요시카와 에이지, 『미야모토 무사시』, 김대환 옮김, 5: 바람의 권(하), 잇북, 2020.
128 일본의 고승 신란의 법어를 담은 『탄이초(歎異抄)』 제8조에는 다음과 같은 글이 쓰여 있다. "염불은 이것을 외우는 행자에게 선(善)도 아니고 행(行)도 아닙니다. 행(行)이라는 것은 자신의 힘인 것인데, 염불은 자신이 관여한 바가 아니고 아미타불의 부르심에 의해 이뤄지는 것이므로 행이 아니라는 것입니다. 또 선(善)이라는 것은 자신의 힘으로 하는 것에 관련된 것인데 염불은 자신이 관여한 바가 아니고 아미타불에 의해 이뤄지는 것이므로 선이 아니라는 것입니다.

한다고 해서 무엇이 이뤄진다는 것이 아닐뿐더러 '자신이 관여한 바가 아니다'라는 태도가 깔려 있다. 애니미즘은 인간 너머의 보이지 않는 거대한 힘에 의해 그렇게 하지 않을 수 없으며 인간이 스스로 그 힘에 이끌린다는 것을 함의한다.

이러한 타력의 사례는 우리 일상 속에도 있다. 나는 대학에서 종교 인류학 과목을 담당하고 있고, 이 수업을 수강하는 학생들에게 애니미즘에 관한 경험담을 보고서로 제출할 것을 과제로 낸 적이 있다. 그중 몇 가지를 소개해보겠다.

> 애니미즘과 관련된 나의 직접적인 체험이라고 하면 초등학교 저학년 무렵의 일을 이야기할 수 있다. 나는 당시 집안 가구들과 마음속으로 대화를 나누곤 했다. 예를 들어 자려고 침대에 누울 때마다 나도 모르는 '누울 타이밍'이 있었고, 그 타이밍을 결정하는 것은 내가 아니라 침대였다. 타이밍이 맞지 않으면 침대가 '다시 한번'이라고 말하는 느낌이 들어 다시 침대에 들었다.

침대가 '누울 타이밍'을 내게 명령해준다는 것이다.

> 나는 꽃과 식물을 좋아해 집에 많은 관엽식물을 두고 있다.

모두가 오로지 아미타불에서 나오는 작용으로 이뤄지는 것입니다. 자신과 떨어져 있으므로 염불은 행자에게 결코 행도 아니고 선도 아닌 비행(非行), 비선(非善)입니다"(梅原 1993: 154).

이 식물에 물을 줄 때 나는 항상 말을 건넨다. "많이 컸네. 물 많이 먹고 더 크렴"이라고 말하기도 하고 때로는 내가 좋아하는 음악을 식물 가까이에 틀어주고 "좋은 곡이야"라고 말해준다. 그리고 난 다음 날이면 말 걸기 전보다 식물이 곱고 아름답게 성장해 있는 느낌이 든다.

말 걸거나 이야기를 나누면 예뻐지는 식물이 있다. 식물에 물을 주는 것은 다만 식물이 좋아하기 때문만이 아니다. 물을 줌으로써 더 아름답게 성장한 것처럼 느껴지게 하는 식물의 작용이 있기 때문이다.

내가 침대에 누울 타이밍은 '자신이 관여한 바가 아니고', 관엽식물은 수고를 들이면 예뻐지는 존재감을 계속해서 발산한다. 이것들의 공통점은 그렇게 하지 않을 수 없는 것들에 '나'가 이끌린다는 것이다.

애니미즘이란 자신과 자신의 주변 세계를 연결하는 통로를 항상 열어두는 것이다. 즉, 우리가 사물과 생명에 주의를 기울이면 사물과 생명 그리고 세계로부터의 작용에 응할 수 있는 기제가 작동한다.[129] "거대한 '타력'을 느끼면서 '자력'을 잊지 않는 것, 이렇듯 자유롭고 활기 넘치는 사상으로서 '타력'을 상상하

---

129 이와타 케이지는 명시적이지는 않더라도 애니미즘의 타력을 다루고 있다. 그는 샤머니즘은 왕상과 환상이 가능하므로 정토교와 유사하다고 쓴 후에, 회향(廻向)의 주체일 수 있는 것은 아미타불뿐이고 중생으로서는 자력에 의한 회향을 부정하고 있다. 이는 샤머니즘의 뿌리에 있는 애니미즘 또한 자력이 아닌 힘이 관여하고 있음을 시사한다(岩田 1993: 151).

는"(五木 2014: 184) 것이야말로 여기서 말하는 애니미즘이다.

3. 유카기르족의 애니미즘에서 타력의 신체징후

앞서 살펴봤듯이 아이누 사람들의 사냥은 자력뿐만 아니라, 눈에 보이지 않는 거대한 힘의 세력권인 신의 세계와 연락통로로 연결된 가운데 타력에 의존해 행해진 애니미즘이다. 곰 의례는 이 애니미즘의 이념을 구체적으로 나타내는 명백한 계기였다. 이제 아이누족의 애니미즘과 대비되는 시베리아의 수렵민인 유카기르족의 애니미즘을 살펴보자. 유카기르족에 관한 민족지는 수렵 활동으로 이어지는 그들의 일상생활에서 타력의 징후가 뚜렷하게 나타난다고 보고한다.

라네 빌레르슬레우[130]의 『영혼 사냥꾼: 시베리아 유카기르의 사냥, 애니미즘, 인격성』[131]은 유카기르족 사냥꾼인 스피리돈 노인이 사냥 중에 '엘크 인간'이 되는 장면에서 시작된다. 스피리돈 노인은 털을 바깥으로 뒤집은 엘크의 가죽 외투, 유난히 돌출

---

130 [역주] 라네 빌레르슬레우(Rane Willerslev, 1971~)는 덴마크의 인류학자다. 2003년 케임브리지대학에서 시베리아 원주민의 사냥과 영적 지식에 관한 논문으로 박사학위를 받았다. 2004년부터 맨체스터대학의 사회인류학 교수와 오슬로대학의 문화역사박물관장을 거쳤고 2017년부터는 덴마크국립박물관장을 맡고 있다.

131 [역주] Rane Willerslev, *Soul Hunters: Hunting, Animism, and Personhood among the Siberian Yukaghirs*, University of California Press, 2007.

된 엘크의 뿔 소재의 머리 장식, 엘크가 눈 속을 걷는 소리를 흉내 내기 위해 엘크 다리의 매끈한 모피로 감싼 스키를 착용하고 몸을 앞뒤로 흔들면서 엘크처럼 걸었다. 다른 한편 그는 장전된 소총을 한 손에 들고 눌러쓴 모자 아래 인간의 눈, 코, 입의 얼굴을 한 인간 남자이기도 했다. 빌레르슬레우는 "그는 엘크가 아니었지만, 엘크가 아닌 것도 아니었다"(Willerslev 2007: 1)라며 '엘크 인간'의 이미지를 묘사한다. 노회한 사냥꾼 스피리돈은 버드나무 숲에서 암컷 엘크가 나타나길 기다렸다가 나타나는 즉시 그것에 가까이 접근한다. 암컷 엘크는 엘크를 모방하는 노인의 퍼포먼스에 속아 노인 쪽으로 다가온다. 암컷 엘크의 뒤편에서 새끼 엘크가 나타나는 순간 스피리돈 노인은 총을 들어 두 발을 쏴 죽인다. 후에 그는 이 사건을 다음과 같이 회상했다.

> 나는 두 사람이 춤을 추며 내 쪽으로 다가오는 것을 보았다. 어미는 아름다운 젊은 여자였는데, 이렇게 노래를 부르며 내게 말했다. '자랑스러운 친구여! 어서 오세요. 내가 당신 손을 잡고 우리 사는 곳으로 안내할게요.' 그 순간 나는 둘을 모두 죽였다. 만일 내가 그녀를 따라갔더라면 죽은 것은 나였을 것이다. 그녀가 나를 죽였을 테니까(Willerslev 2007: 1).

스피리돈 노인은 아름답고 젊은 여자로 보이는 암컷 엘크가 자기 집에 오라고 권유하는 순간 두 사람(두 마리)을 총으로 쏴 죽였다. 빌레르슬레우는 "인간이 아닌 동물에 (그리고 무생물과 정령 등의 동물이 아닌 것에까지) 인간의 인격과 동등한 지적,

정서적, 영적인 성질을 부여하는 이 일련의 믿음을 우리는 전통적으로 애니미즘으로 명명해왔다"(Willerslev 2007: 2)고 말한다.

유카기르족이 자력에만 의지해서 동물을 사냥하는 것이 아니라 타력에 열려 있다고 말할 수 있는 것은 또한 사냥에 앞서 사냥꾼과 그 가족에게 타력의 신체징후가 나타나기 때문이다. 빌레르슬레우는 유카기르족의 "사냥꾼은 자신의 신체라는 행위체가 다가오는 사냥에서 행운이 따를 것인지 불운이 올 것인지를 알려주는 예언의 신체징후를 보여줌으로써 그 자신의 사냥을 어떻게 돕는지를 설명해주었다"(Willerslev 2007: 56)라고 쓰고 있다.

한 노파는 '아랫입술이 떨리는 것'은 사냥이 성공하리라는 것을 보여주는 징후라고 말했다. 이 징후는 그녀가 가까운 시일 내에 고기를 먹을 것을 뜻한다. '겨드랑이가 가려운 것' 또한 사냥의 성공 징후다. 왜냐하면, 그것은 엘크의 신체 속에 탄환이 박히게 될 장소를 가리키기 때문이다. 또 다른 예로 한 젊은 사냥꾼은 '등이 아픈 것'이 큰 사냥감을 죽이게 될 것을 암시한다고 이야기했다. 요통은 가까운 시일 내에 대량의 고기를 운반하게 되리라는 것을 알려준다는 것이다. 어느 사냥꾼은 '눈썹이 경련하는 것'이, 다른 사냥꾼은 '귀가 가려운 것'이 사냥의 성공 징후라고 보았다.

요점은 모든 사냥꾼이 자신의 신체 또는 신체의 특정 부위가 곧 있을 사냥의 성공 여부에 관한 사실을 알려준다는 믿음을

시베리아의 엘크. 촬영 다나카 코조(田中光常).

공유한다는 것이다(Willerslev 2007: 57).

유카기르족에서 사냥의 출발점은 신체나 신체의 각 부위에 나타나는, 내가 관여한 바 없는 긍정적인 징후에 있다. 눈에 보이지 않는 힘이 신체나 신체의 각 부위에 작용해서 어떤 신체징후로 나타나 사냥의 성패를 알려준다. 반대로 "만약 누군가에게 불운을 알려주는 신체징후가 나타나면, 그는 보통 계획을 변경한다. 그의 신체가 행운의 신호를 그에게 보여줄 때까지 그는 사냥감 추적을 중단한다"(Willerslev 2007: 57). 이것은 유카기르족이 자력에만 의지해서 사냥을 나가는 것이 아니라 눈에 보이지 않는 어떤 힘, 즉 타력의 작용에 의해 사냥을 시작한다는 것을 보여준다.

4. 엘크 사냥에 나타나는 관점의 고속교환

이러한 신체징후를 확보한 후에 유카기르족의 사냥 준비는 사냥하기 며칠 전부터 시작된다. 사실상 사냥 전 타력을 느낀 때에 사냥이 시작된 것이며, 그들은 사냥감과의 영적인 교섭을 거쳐 자력을 포함한 행동으로 전환한다.

사냥꾼은 사우나에 들어가 인간의 냄새를 지운다. 그리고 또 인간이 포식자임을 잠시 멈추기 위해 일상적인 언어 사용을 중단하고 동물을 표현할 때는 은어를 사용한다. 예를 들어 엘크는 일반적으로 '큰 놈'으로 불린다. 사람들은 '엘크 사냥 가자'라는 등의 표현을 하지 않는다. 그들은 '큰 놈을 보러 가자', '숲에 갔다 오자', '산책 갔다 오자'라고 말한다.

동물의 발자국을 발견하면 암호화해서 사람들에게 전달한다. 야영지로 돌아온 사냥꾼이 '벨트 부츠를 신은 러시아 사람의 발자국을 찾았고 그의 오두막은 멀지 않은 곳에 있다'라고 말할 때가 있다. 그러면 사냥 통솔자는 '내일 인사하러 가자'라고 응답한다. 여기서 러시아 사람은 곰을 가리킨다.

사냥꾼은 또한 '죽인다'는 말을 사용하지 않는다. 대신 손을 아래쪽으로 향해서 동물이 지면에 쓰러져 있는 상태를 나타낸다. 또 그들은 사냥 당일에 칼을 간다거나 총을 닦는 것은 폭력의 의도를 드러낸다고 생각한다(Willerslev 2007: 101).

사냥꾼은 사냥에 나서기 며칠 전 저녁 무렵 외래의 교역품을 불에 바친다. '불에 음식을 주는 것'은 동물을 유혹하는 데 필요한 조치라고 생각한다. 불에 던져진 보드카나 담배는 동물의 주재자(정령)를 음란한 기분에 빠져들게 만든다고 믿는다. 알코올이 정령의 감각을 흐리멍덩하게 만든다는 것이다. 그로 인해 정령은 사냥꾼의 꿈속에서 동물로 분해 정령의 집을 찾아온 사냥꾼을 알아보지 못하고 그 정체를 오인한다. 만취해서 성적 욕망에 사로잡혀 '눈이 보이지 않게 된' 정령은 '가택 침입자'를 무해한 연인이나 가족의 일원으로 착각한 나머지 잠자리를 함께한다.

한밤의 밀회에서 사냥꾼이 주재자에게 주입한 음란한 감정은 "어찌된 영문인지 물질계에서 정령의 대응물인 사냥감 동물에까지 전이된다. 그리하여 다음 날 아침 사냥꾼이 엘크를 발견한 후 엘크를 모방하기 시작하면, 성적 흥분의 절정을 맛보려는 동물이 사냥꾼에게 달려든다"(Willerslev 2007: 101). 그렇게 해서 사냥꾼은 앞 절의 첫머리에서 봤듯이 최종적으로 사냥감을 쏴 죽인다.

빌레르슬레우는 이때 사냥꾼과 엘크의 상호작용에 대해 다음과 같이 기술한다.

> 사냥꾼은 자신을 향해 걸어오는 엘크를 볼 뿐만 아니라 마치 그 자신이 엘크인 듯이 '외부'에서 자기 자신을 본다. 즉, (주체로서의) 타자가 (객체로서의) 그에 대해 가지는 일종의 퍼스펙티브를 그 자신이 채택한다(Willerslev 2007: 98-9).

이것을 빌레르슬레우는 사냥꾼의 '이중적 퍼스펙티브(double perspective)'라고 부르며 "시각상의 흔들림과 같은 것"(Willerslev 2007: 99)이라고 표현한다. 그리고 그는 "이 흔들림 속에는 '객체로서의 엘크를 보는 주체로서의 사냥꾼'과 '주체로서의 엘크에 보이는 객체로서의 자신을 보는 사냥꾼'이 매우 빠른 속도로 교차하기 때문에 종 간의 경계가 침범될뿐더러 어느 정도 '일체화'가 경험된다"(Willerslev 2007: 99)라고 논한다.

인간으로서의 자기와 엘크인 자기 사이를 고속으로 진동하는 과정에서 역설적으로 사냥꾼은 '엘크의 인격성'을 부정할 수 없다. "왜냐하면, 이것은 결과적으로 그 자신의 인격성을 부정하는 것을 뜻하기 때문이다"(Willerslev 2007: 99). 이어서 그는 "사냥꾼의 심리적인 안정, 즉 한 인격으로서의 자기의식은 인격으로서의 바로 그 동물에 의존한다"(Willerslev 2007: 99)라고 서술한다. 요컨대, 사냥꾼은 사냥 실천에 종사하는 가운데 인간의 인격을 동물의 인격성으로부터 부여받는다. 유카기르족에게 '인간의 인격성'은 소여로서 주어진 것이 아니라 사냥 실천의 과정에서 동물에게서 부여받은 것이다.

사냥 장면에서 인간과 동물 사이의 진동은 또한 다음과 같은 말로 바꿔 표현할 수 있다.

> 우리가 다루는 것은 '나'와 '나-아니다'가 '나-아닌-것이 아니다'로 되어가는 기묘한 융합 혹은 합성이다. 나는 엘크가 아니면서도 엘크가 아닌 것도 아니다. 마찬가지로 엘크는 인간이 아니면서도 인간이 아닌 것도 아니다. 타자와 같으면서도 그와 동시에 타자와 다르다는 이 근원적인 모호함은 바로 동물과 인간이 서로의 신체를 걸치면서 서로인 양 행세하면서도 완전히 같지는 않지만 유사한 방식으로 행동한다는 유카기르족의 이야기에서 우리가 찾아낸 것이다(Willerslev 2007: 100).

유카기르족의 애니미즘은 인간과 동물, 무생물, 정령 등의 비인간 사이에서 '나'가 '나-아니고' '나-아닌-것이 아니다'라는 진동을 경험하는 가운데 존재자들을 분리하는 경계가 차츰 희미해져 인간의 인격과 동등한 지적, 정서적, 영적인 성질을 가진 존재자가 나타난다는 신앙과 실천에 관한 것이라고 바꿔 말할 수 있다.

5. 공공의 공간과 사적인 영역을 왕복 순환하다

그런데 '나'가 공감하고 모방하는 '나-아닌' 엘크가 살아가는 세계는 반드시 '나'가 경험하는 세계와 동질적이지 않다. 1장에서 지적했듯이 이편과 이어져 있는 저편은 인과율에 갇히지 않은 무인과적 연결을 원리로 하는 세계다. 애니미즘은 우리가 살아가는 현실 세계와 그 실재와 질서를 무효로 할 수 있는 저편 세계와의 왕복순환 운동을 포함한다.

이 논점을 상기하면 유카기르족에서 주객의 고속교환은 좀 더 검토할 여지가 있다. 1장에서 논한 애니미즘의 왕복순환 운동으로서 주객의 진동을 다시 검토해보자. 여기서 단서로 삼은 것은 철학자 니시다 기타로다.

니시다는 한쪽에 '마음'을 놓고 다른 한쪽에 '사물'을 놓은 후 각각을 독립적인 것으로 다루면서 주객을 대치시키는 도식적 이해를 비판적으로 검토한다. 그는 주객의 대치는 사후적으로 분석적인 이성에 의해 성립하는 것이고 본래의 경험에는 주객의 구별이나 대치가 없다고 보았다.

원래부터 정신과 자연이라는 두 종류의 실재가 있던 것은 아니다. 그 둘의 구별은 동일 실재를 향한 관점의 상이함에서 발생하는 것이다. 직접 경험한 사실에서는 주객의 대립이 없고 정신과 물체의 구별이 없다. 사물이 곧 마음이고 마음이 곧 사물인 단 하나의 현실만이 있을 뿐이다(니시다 2019:

264[132]).

[니시다에 의하면] 의식 현상은 먼저 의식되는 대상이 있고 그것을 우리가 의식한다는 기제로 일어나지 않는다. '사물이 곧 마음이고 마음이 곧 사물[物即心, 心即物]'이라는 사실이 있을 뿐이라고 니시다는 말한다. 니시다가 드는 아름다운 음악의 예를 가져와 보자.

마치 우리가 미묘한 음악에 마음을 빼앗겨 물아상망(物我相忘)[사물과 자아가 서로를 잊은 물아일체의 경지] 속에서 천지가 오직 청량한 한 줄기 악기 소리가 되려는 찰나에 이른바 참된 실재가 현전한다. 이것을 두고 공기의 진동이냐 내가 듣는 것이냐 하는 생각은 우리가 이 실재의 참모습을 떼어놓고 반성하고 유추함에 따라서 일어나는 것이다. 그렇게 되면 우리는 이미 참된 실재를 떠나 있다(니시다 2019: 86).

우리가 음악의 기묘한 조율에 마음을 빼앗기는 순간을 공기의 진동으로 환원하는 것은 '실재의 참모습' 혹은 '참된 실재'로부터 이미 분리해 있다는 것이다.

아직 주객이 나뉘지 않는, 독립적이고 스스로 완전한 참된 실

---

132 [역주] 니시다 기타로, 『선의 연구』, 윤인로 옮김, 도서출판b, 2019. 이후 인용문은 역자에 의해 부분 수정함.

재는 지정의(知情意)[지식, 감정, 의지]를 하나로 한 것이다. 참된 실재는 흔히 생각하듯이 냉철한 지식의 대상이 아니다. 우리의 감정과 의지에서 성립된 것이다(니시다 2019: 87).

참된 실재란 '지정의'를 하나로 한 것이므로 그러한 실재로부터 감정과 의지를 끌어낸 것이 지식의 대상이 된다. "감정과 의지를 제거한 지식이란 폭 없는 선과 마찬가지로 실제로 존재하지 않"(니시다 2019: 83)으며, "'감정과 의지를 배제하면 할수록 우리는 '실재의 참모습'으로부터 멀어져간다"(니시다 2019: 87).

실재의 참모습이란 오직 우리가 자득(自得)해야 할 것이지, 이것을 반성하고 분석해서 언어로 나타낼 수 있는 것이 아니다(니시다 2019: 91).

'자득(自得)'이란 '직관'을 말한다. 그것은 상황을 외부에서 파악하는 것이 아니라 상황 속 내부에서 그것을 파악하려는 태도 자체를 말하며, 자득에서 얻어지는 것은 실재의 참모습 혹은 참된 실재다. 즉, "경험한다는 것은 사실 그대로 안다는 뜻이다"(니시다 2019: 15).

예컨대 색을 보거나 소리를 듣는 순간에는 아직 이것이 외부 사물의 작용인지 내가 이것을 느끼는 것인지 생각 자체가 없을뿐더러, 이 순간은 색과 소리가 어떤 것인지 판단조차 가해지기 이전의 상태를 말한다. 그래서 순수 경험은 직접 경험과 동일하다. 자기의 의식 상태를 바로 즉각적으로 경험했을 때는 아직 주[체]도 없고 객[체]도 없으며 지식과 그 대상이 완전히 합일해 있다. 이것이 경험의 가장 순연한 상태다(니시다 2019: 15).

주체와 객체라는 구도가 그려지기 이전의 단계에서 말로 표현되기 이전의 사실 그 자체(藤田 1998: 42)를 니시다는 '순수 경험'이라고 부른다.

이편과 이어져 있는 저편은 주체와 객체, 자기와 타자의 분절 이전의 참 실재다. 그것은 "아직 주체도 없고 객체도 없다. 지식과 그 대상이 완전히 합일해 있는" 경험만이 만연한 세계다. 유카기르족의 사냥꾼이 경험하는 것은 이 주객 미분의 참된 실재, 즉 일종의 순수 경험일 것이다.

철학자 후지타 마사카츠[133]에 의하면, 순수 경험이란 "주객 대치와 언어화 이전"의 직접 경험이며, 주객이 대치되고 언어화되는 '공공의 공간' 너머의 사적인 순수 경험에 들어가는 것이다(藤田 1988: 70). 그리고 순수 경험에서 또다시 주객이 대치되고 언어화된 공공의 공간으로 되돌아 나온다.

더 엄밀히 말해 순수 경험이 '의식 상태의 즉자적 경험'이라

---

133 [역주] 후지타 마사카츠(藤田正勝, 1949~)는 일본의 철학자이자 사상사 연구자다. 교토대학 철학과를 졸업했고, 19세기 독일관념론과 교토학파 중심의 일본 철학사를 주로 연구했다.

고 한다면, 그것은 사후적으로만 의식이라고 말할 수 있고 그것이 정확히 무엇인지는 말할 수 없다. 그리고 뭐가 뭔지 알 수 없는 사태가 생긴다는 것은 무엇도 일어나지 않는 것과 같다(中村 2019: 37-9). 순수 경험은 이러한 난관에 봉착하지만, 여기서는 철학자 나카무라 노보루[134]를 좇아 순수 경험을 "주객이 아직 분리되지 않았지만, 결과적으로 그럴 수밖에 없는 방향성"(中村 2019: 27)을 가진 것이라고 이해해두자. 주객이 각각 등장하려는 잠재적인 상태의 존재를 인정하지 않는다면 그것을 경험이라고 부를 수 없기 때문이다.

니시다 철학에 근거해서 말할 수 있는 것은 애니미즘이란 인간이 공공의 공간과 사적인 순수 경험의 영역을 왕복하는 순환 과정에서 나타난다는 것이다. 다시 말해 애니미즘은 사적인 순수 경험의 영역을 깊숙이 헤집고 들어가 그 경험에 푹 빠져 있는 것이 아니라 공공의 공간으로 되돌아 나와 해당 현상을 객관적으로 판단하며 언어를 통해 파악하고자 할 때 우리 앞에 나타난다.

이 논의를 염두에 두면, 유카기르족의 애니미즘은 인간과 엘크 간 주객의 고속교환만을 뜻하지 않는다는 것을 알 수 있다. 인간 주체로서의 사냥꾼은 객체인 엘크와의 사이에서 관점을 교환할 뿐만 아니라 더욱 확장된 현실 세계와 그 이전 세계(실재의 참모습)의 왕복 순환 과정에 진입한다. 사냥꾼은 주객이 대치

---

134 [역주] 나카무라 노보루(中村昇, 1958~)는 일본의 철학 연구자다. 특히 비트겐슈타인, 화이트헤드, 베르그송의 철학을 연구했다.

되고 언어가 쓰이는 공공의 공간으로부터 주객이 분화되지 않은 언어화 이전의 사적인 순수 경험의 영역에 들어가고, 되돌아 나온다. 애니미즘은 이편과 저편 '사이'에서 나타난다고 말할 수 있다.

    사냥꾼은 엘크의 매력적인 특성과 행동에 매혹되어 아무 생각조차 할 수 없고 식욕을 잃어 죽음에 이를 수 있다. 저편으로 가 버린 것이다. 반대로 엘크가 야영지를 스스로 찾아오는 경우가 있는데, 이것은 엘크에게 전생의 기억이 남아있어서 인간 동료를 찾아가는 것이라고 한다(Willerslev 2007: 104). 또 야영지로 돌아오는 길을 잃어버린 채 인간의 근본적인 성질은 남아 있어 완전히 동물이 되지 못한 사냥꾼은 숲을 헤매는 인간과 동물의 잡종인 '털북숭이 인간'으로 변한다고 한다(Willerslev 2007: 165). 유카기르족의 애니미즘에서 교환은 관점의 단 한 번의 고속교환으로 끝나지 않고 주객이 대치되는 공공의 공간과 주객 미분의 사적인 영역 간의 끊임없는 왕복 순환 과정과 함께 되풀이된다.

    지금까지 타력의 신체징후에서 시작해서 자력을 포함한 사냥 행동에 드러나는 유카기르족의 애니미즘의 동태를 대략 살펴보았다(유카기르족의 애니미즘에 대해서는 5장 6절을 함께 참조). 다음 절에서는 이번 장의 주제인 타력을 다시 검토한다.

6. 자연법이와 현성공안

아이누족은 눈에 보이지 않는 거대한 힘에 자신을 맡긴 채 사냥에 임했다. 이에 반해 유카기르족은 신체적 징후를 다가올 사냥의 성패를 가르는 단서로 삼고 사냥에 임했다. 애니미즘은 자력에만 의지하는 것이 아니라 타력의 기회를 엿보는 가운데 나타난다고 할 수 있다.

그렇다면 타력이란 무엇인가? 어디서부터 오는 것인가? 좀 더 논해보자.

이츠키는 "'타력본원(他力本願)'이라는 말은 신란의 '자연법이(自然法爾)'와 마찬가지로 진실을 말하고 있다"(五木 2014: 44-5)라며 타력이 '자연법이'와 연결돼 있다고 말한다. 불교학자 나카무라 하지메[135]는 자연법이가 중국의 도교에서 쓰기 시작한 '자연'이라는 용어의 출처이며 인간이 살아갈 이유도 모른 채 눈에 보이지 않는 거대한 힘에 의해 살아가고 있음을 뜻한다고 이야기한다(中村 1989).

신란은 자연법이에 대해 다음과 같이 말한다.

'자연(自然)'에서 '자(自)'라는 것은 '저절로'를 뜻하며 이것은 염불의 행자가 관여한 바 없이 '그처럼 있게 한다'는 말이다. '연(然)'이라는 것은 '그처럼 있게 한다'는 뜻이며 행자가 관여한 바 없이 아미타불의 본원에 의해서 그렇다는 말이

---

135 [역주] 나카무라 하지메(中村元, 1912~1999)는 일본의 인도 철학자이자 불교 사상가다. 도쿄대학 철학과를 졸업했으며 초기 베단 철학에 관한 연구로 박사학위를 받았다. 1947년 도쿄대학 교수로 부임한 이래 인도 불교의 권위자로서 불교어 사전을 편찬하는 등 일본 불교학 발전에 많은 공헌을 한 것으로 평가받는다.

다. '법이(法爾)'라는 것은 아미타불의 본원에 의한 것으로부터 그처럼 있게 한다는 것을 말한다(淨土眞宗本願寺派 2016: 194).

자연이란 '저절로 그처럼 있게 한다'라는 뜻이다. 그것은 인간의 관여나 해석을 통해 바뀔 수 있는 것이 아니다. 그 자체가 저절로 진실의 작용을 드러낸다. 법이는 아미타불의 본원에 의해 그처럼 있게 한다는 것이다. 요컨대 '자연법이'란 인간의 관여를 떠나 있는 그대로 성립하는 상태를 말한다.

그런데 중국 당나라 시대의 승려 도작(道綽)은 자력으로 수행하여 깨달음을 얻은 불교를 '성도문(聖道門)', 타력에 의해 극락정토에 왕생할 수 있게 구제받는 불교를 '정토문(淨土門)'이라고 명명한 것으로 알려진다. 앞서 살펴본, 타력이 자연법이와 연결되어 있다는 사고는 정토문의 근본 사상이다.

한편 성도문에서는 일반적으로 타력이나 자연법이가 강조되지는 않지만, 일본에서 성도문 계열인 조동종(曹洞宗)의 시조 도겐선사(道元禪師)는 타력과 유사한 '관여한 바'에 대해 설파하고 있다. 『정법안장』 제3권 「현성공안」에 다음과 같은 구절이 있다.

자기를 실어 만법을 밝히는 것[수증(修證)[136]하는 것]을 미혹

---

136 이 글의 '수증(修證)'에서 '수(修)'는 실험, '증(證)'은 증명이며, '수증(修證)'이란 불교의 가르침이 주는 올바름을 증명하고 가르침으로서 만들어내는 것을 수행

(迷)이라고 하고, 만법이 권하여 자기를 밝히는 것[수증하는 것]을 깨달음(悟)이라고 한다. (『정법안장』제3권「현성공안」[137])

이 문장의 전반부에서 도겐은 자신의 관여로 세계를 이해하거나 (상대방이 응하도록 적극적으로) 작용하는 것을 '미혹'이라고 말한다. 반면 후반부에서 세계로부터 자신에게 작용하는 것이 '깨달음'이라고 말한다. 즉, 자력에 의지해서는 미혹이 생겨날 뿐이지만, 세계로부터의 작용, 곧 타력을 통해서 깨달음을 얻을 수 있다고 설파한다. 만법(萬法)에서 관여해오는 것이 깨달음이라고 한다면, 그것은 타력적인 것과 동등하다. 이러한 해석이 적절한지를 검토해보자.

문장의 전반부, '자기를 실어 만법을 밝히는 것', 즉 자력에 의해 깨달음을 얻고자 하는 것은 '모든 존재 양상을 불법에서 바라보는 시절'에 해당한다.[138] 이때 깨달음을 목표로 하기 위한 미

의 뜻으로 삼는다는 수행자의 기본적인 접근법을 보여준다(南 2008: 38).
137 [역주]『역주 정법안장 강의 제1권』, 한보광 옮김, 여래장, 2020, 165쪽.
138 「현성공안」에서 이 구절로 이어지는 앞 문단은 다음과 같다. "제법(諸法)이 불법(佛法)인 시절에 곧 헤맴(迷)과 깨달음(悟)이 있고 수행(修行)도 있으며 삶도 있고 죽음도 있고 제불(諸佛)도 있고 중생(衆生)도 있다. 만법과 함께 내가 없는 시절에 헤맴도 없고 깨달음도 없으며 제불도 없고 중생도 없으며 삶도 없고 멸(滅)도 없다. 불도는 본래 풍검(豊儉)[풍요와 검약]에서 나오기 때문에 생멸이 있고 헤맴과 깨달음이 있으며 중생도 있고 부처도 있다. 그러나 이와 같다고 할지라도 꽃은 아끼는데 떨어지고 잡초는 싫어하는데도 무성하다." (『역주 정법안장 강의 제1권』, 한보광 옮김, 여래장, 2020, 164-5쪽.)

혹이 있다. 그 시절에는 "'미혹(迷)'과 '깨달음(悟)'이 각각 분절해야 하는 것과 목표로 하는 것으로서 이원대립적으로 존재한다"(賴住 2014: 36-7). 이때 "세속에서 고정적 실체로서 허구화된 자기를 초월한 자기의 존재 방식이 있음을 알고, 다시 말해 자신의 괴로움이 해결 가능한 것임을 알고 인간은 발심한다"(賴住 2014: 36). 바로 이 때문에 자기로부터 출발해서 이 세계를 뛰어넘는 수(修)[수행]로 나아갈 수 있다.

이에 반해 문장의 후반부, '만법이 권하여 자기를 밝히는 것'이란 자기를 포함한 모든 것이 무아(無我)라는 깨달음의 세계에 도달하는 것이다. '깨달음'의 순간에는 "사람이 세속에서의 인식의 구도 속에서 불가피하게 양성한 이원적, 대립적 분절에 기초한 관점이 초월된다"(賴住 2014: 37). 이때 "'모든 존재 양상을 불법에서 바라보는 시절'의 서술과는 반대로 모든 분절의 무화(無化)가 이야기되기"(賴住 2014: 38) 때문에 "미혹도 없고 깨달음도 없고 부처도 없고 중생도 없고 생도 없고 멸도 없다".

윤리학자 요리즈미 미츠코[139]에 따르면, "이 이원적 분절 너머의 무차별, 평등, 무분별의 차원은 단순히 정적인 공무(空無)가 아니다. 그것은 '힘 그 자체'다"(賴住 2014: 38). 그리고 요리즈미는 다음과 같이 쓴다.

그것은 모든 것이 개(個)로서 고정화되고 의미화되며 서열화

---

139 [역주] 요리즈미 미츠코(賴住光子, 1961~)은 일본의 윤리학자다. 도쿄대 교수이며 일본 윤리 사상사를 전공했다.

된 세속세계의 양상을 뒤집음으로써 열리는 세속세계 너머 심층의 차원이다. 사람은 분절되고 고립된 속세에서가 아니라 무분절의 '힘 그 자체'로서의 심층의 차원에서 실재성을 찾아낸다(賴住 2014: 40).

세속세계 너머 심층의 차원이란 니시다가 말하는 실재의 참 모습이며 순수 경험의 세계다. '괴로움(苦)'과 '즐거움(樂)'이라는, 세속세계에서 이항으로 나뉘는 심적 상태를 생각해보자. 이 두 가지는 심층의 차원에서는 결코 명확하게 이항으로 나뉘지 않는다. 괴로움 속에 즐거움이 있으며 즐거움 속에 괴로움이 있다고 말하는 편이 경험의 실상에 더욱 가깝다. 세속을 넘어선 무분절(無分節)의 차원에서 진리가 나타나고 그곳에서 힘이 넘쳐 흐른다. 이를 근거로 요리즈미는 다음과 같이 말한다.

이 근원적인 힘이 자신에게 발동하고 있음을 알아채면 그때 발심, 수행, 개오성도(開悟成道)의 절차가 진행된다. 단서로는 자기의 대상물로서 고정화되고 파악된 이 힘을 스스로 체득했을 때 자기는 이 심층의 무분절(無分節)로 이어진다(賴住 2014: 40).

자력으로 깨달음을 얻으려는 미혹에 머물던 자가 심층의 차원에 도달한 후에 자기를 향한 타력에 의해 다시금 수행으로 나아간다. 도겐의 「현성공안(現成公案)」은 이렇듯 타력의 작용에 의존하면서 자력을 발휘하는 절차를 설명한다. 나아가 신란이 설파한 인간의 힘 너머의 거대한 힘으로 인간이 살아간다는 자연법이와 같은 것을 설명한다. 자력이 타력을 통해 너머로 넘어가기를 감행하고 타력에 의존하면서 자력이 이끌어진다는 이 동태는 아이누족과 유카기르족의 애니미즘 각각의 절차와 겹친다.

그런데 타력이든 법력이든 여기서 논한 이해 방식은 신란과 도겐 이전의 중국불교 및 중국의 고대사상에서 배양된 것으로 볼 수 있다(玄侑 2010a: 242-3). 다음으로 타력의 사고의 근원을 탐구하기 위해 노장사상을 헤집어보자.

7. 노장사상의 무위자연

2세기 말부터 4, 5세기에 걸쳐 대승 경전이 인도에서 중국으로 차츰차츰 전해졌을 당시 중국에서는 유교 사상이 점차 희미해지고 노자와 장가 계열의 자유로운 형이상학에 관한 관심이 높아지고 있었다. 현학(玄學)과 청담(淸談)[140]은 종래의 유교가 사용하지 않은 『역(易)』, 『노자(老子)』, 『장자(莊子)』를 사용해서 형이상학적인 '허무(虛無)'를 논했다(柳田·梅原 1997: 108). 이렇듯 '격의(格義)'[141]라 불리는 비교철학에서 출발한 중국불교에 있어

---

140 현학(玄學)은 위나라, 진나라 시대에 왕필(王弼)과 하안(何晏) 등에 의해 전개된 사상운동이며 청담(淸談)은 후한에서 육조 시대에 유행한 담론의 한 형식이다. 진나라 시대의 '죽림칠현(竹林七賢)'의 청담이 알려져 있다.
141 [역주] 격의는 불교가 중국에 전파될 때에 불교 교리의 어구를 중국의 서적에

서 구마라십(鳩摩羅什)[142]에게 수학한 동진(東晉) 시대의 승려 승조(僧肇)가 시도한 반야와 현학·청담의 결합은 중국불교가 맞닥뜨린 최초의 시련이었다고 한다.

또 중국에 전래된 불교는 한자로 번역되는 과정에서 도교의 종교철학 용어를 차용했을 뿐만 아니라 그 사상을 일부 도입했다(福永 1997: 105). "불교가 중국인의 불교가 되기 위해서는 가능한 한 도교와 타협하고 조화를 이뤄 도교적 불교가 되어야 했다"(道端 1971: 546). 도교 연구자 후쿠나가 미츠지[143]는 그것을 "불교의 도교화, 즉 중국불교의 성립"(福永 1997: 105)이라고 칭한다.

그 가운데 "선종은 도가적 영향에 의한 도교적 철학의 불교인 데다가 전문가의 불교, 출가 불교, 사대부 불교인 것에 반해, 정토교는 도교적 민간신앙으로 자리잡았고 민중의 종교, 재가의 종교, 서민의 종교가 되었다"(道端 1971: 548). 그 후 일본에도 각각의 흐름이 전해졌다.

중국불교에서는 장자가 설파한 '무위자연'에 도달하기 위한

서 찾아내어 이해한 것을 가리킨다.
142 [역주] 구마라십은 산스크리트어 '쿠마라지바(kumārajīva)'의 음역어다. 그는 인도 출신의 승려로서 대승경론(大乘經論)을 연구했으며, 중국으로 건너가 장안에 머물며 반야경, 법화경, 금강경 등 불교의 주요 경전을 중국어로 번역했다.
143 [역주] 후쿠나가 미츠지(福永光司, 1918~2001)는 일본의 중국학자이자 중국사상 연구자다. 교토대학 철학과를 졸업했으며 박사 과정을 수료한 후 동방문화연구소에서 연구 활동을 이어갔다. 교토대학과 도쿄대학에서 중국철학 교수를 역임했다. 그는 일본에서 노장사상과 도교 연구의 권위자로 알려져 있다.

수행이 중요시되었다. 일체의 관여를 떠난다는 의미에서 무위자연은 신란의 자연법이와 같은 사고라고 주장한 이가 중국사상 연구자 모리 미키사부로[144]다.

모리에 따르면 "인위적인 관여를 떠나는 데에서 나타나는 자연의 힘에 절대적인 신뢰를 보내는 자연법이의 입장은 그대로 노장의 무위자연으로 통한다"(森 1969: 170-1). 모리는 인위를 부정하는 데에서 나타나는 상태로서의 '무위자연'을 긍정한 이가 노자이며, "일본의 정토교 가운데에도 특히 타력을 강조하며 그에 철저했던 신란의 경우 노장적 무위자연의 사상이 현저하게 나타난다"(森 2003: 265)라고 말한다.

신란의 자연법이와 연결되고 또 본 장의 주제인 타력과도 연결되는 무위자연이란 무엇인가? 여기서는 그것을 '도(道)'와의 관계 속에서 탐구해보겠다.

도가도 비상도(道可道 非常道) 《노자도덕경》

중국철학 연구자 다테노 마사미[145]는 노자의 이 구절에 대해 "진정한 '도'는 말로 표현할 수 없다"(舘野 2007: 14)고 해석한다. 도(道)란 언어를 사용해서 사고의 이치로는 다룰 수도 설

---

144 [역주] 모리 미키사부로(森三樹三郎, 1909~1986)는 일본의 중국사상 연구자다. 교토제국대학 문학부 중국철학과를 졸업한 후 오사카대학에서 중국 상고시대부터 한나라 대에 이르는 성 관념을 연구해 박사학위를 받았다.
145 [역주] 다테노 마사미(舘野正美, 1954~)는 일본의 중국철학 연구자이자 동양의학자다. 현재 일본대학 문리학부 교수로 재직 중이다.

명할 수도 없는 진실에 관한 것이다. 임제종(臨濟宗)[146]의 승려 겐유소큐(玄侑宗久)에 의하면, "도란 어떤 정의에도 담기지 않는 생명의 원리이며 모든 생명이 그로부터 나온다"(玄侑 2016a: 24). 또 그는 "노자와 장자의 도 또한 자연(저절로 그러하다)에 따르는 존재 방식으로서 인위를 더하지 않는 것"(玄侑 2016a: 27)이라고 쓰고 있다.

후쿠나가는 도(道)를 다음과 같이 말한다.

일체 만물을 일체 만물로서 있게 하는 '저절로' 되는 작용이며, 말에 의해 설명할 수도 없고 지력에 의해 인식할 수도 없다. 도는 '저절로 그러한' 것이다. '저절로'라는 것은 언지(言知)를 넘어서 있다는 것이다(福永 1965: 132).

달리 말하면, 도란 언어와 지식 너머의 일체 만물을 저절로 있게 하는 작용에 관한 것이다. 후쿠나가는 도에 관해 '참된 실재'라고도 부른다(福永 1965: 132). 즉, 대우주를 순회하는 기의 흐름이 생명의 근원이며 도다(五木·福永 1997: 200).

유교에는 '인의예지신(仁義禮智信)'이라는 인위적인 '도'가 있지만, 도교에서는 "그러한 인위적인 도가 발생하기 이전의 도야말로 진정한 도다"(五木·福永 1997: 200). 장자에 의하면, 도는 혼돈의 비실재다. 무엇도 존재하지 않는다는 점에서 무(無)와 같

---

146 [역주] 임제종은 중국불교 선종 5가의 한 파다. 9세기 중국 당나라 선종 때 임제 의현(臨濟義玄)이 창시했다.

다. 즉, 모두 동등한 '만물제동(萬物齊同)'이며 그 제동으로부터 만물이 생겨난다(玄侑 2016a: 90).

"도상무위 이무불위(道常無爲 而無不爲)"(《도덕경》제37장)에서 말하는 바, 천지와 함께 무엇을 해보려는 의도 없이 계절은 돌아오고 태양은 비추고 구름은 비를 내리고 식물과 동물이 자라듯이 모두가 부족함 없이 되어간다는 것이 '무위'이며, '자연'이란 인위를 더하지 않는 존재 방식에 관한 것이다(玄侑 2016b: 56). 무위자연이란 현상을 있는 그대로 감득한 지경을 말하며, 미생의 단계에는 기의 흐름만이 있을 뿐이다. 그리고 "그것이 도(道)에 움트는 기의 흐름 변화에 따라 모이면 개개의 생명이 탄생해서 삶이 되며 생명현상이 성립"(五木·福永 1997: 204)한다.

이러한 도와 무위자연의 사고를 양성하고 중국 민중의 감각에 깊이 뿌리내린 도교가 합리주의만 바라보고 그에 따라 살아가는 것에 어려움을 느끼는 현대인에게 큰 빛과 지혜를 줄 것으로 생각한 이가 이츠키다(五木 2015b: 134-6). 도교의 중요성을 이츠키는 다음과 같이 쉽게 풀어서 설명한다.

도교에서 중히 여기는 사고방식에는 만물을 정확히 대칭적으로 정리하기보다는 나누지 않고 오히려 혼돈인 채로 놔두는 것을 소중히 여기는 감각이 있다.

유교에서는 2, 4, 8 등 정확히 둘로 나뉘는 숫자가 있다는 것을 가르치며 그러한 숫자를 중히 여긴다. 그에 반해 도교는 오히려 3, 5, 7, 9 등의 기수, 둘로 깨끗이 나뉠 수 없는 숫자를

더욱 중요하게 생각한다. 이 나뉠 수 없다는 것이 도교의 특
색이라고 나는 생각한다.
　　현실은 그와 마찬가지로 제대로 나뉘지 않는다. 도교란
혼돈에 파묻혀서 나뉘지 않는 속에 생명력이 있다는 사고방
식이 아닐까(五木 2015b: 131-2).

도교는 혼돈과 잡연(雜然)[불교 수행을 방해하는 여러 가지
인연] 속에서 생명의 기원을 들여다보는 사고방식이다.

예를 들어 자기와 비자기가 동시에 존재한다. 그것이 도다.
둘뿐만 아니라 더욱 다양한 것이 혼재하는 동시에 존재한다.
혼재하면서 존재한다는 것의 이 흥미로움, 그러한 것들 가운
데 하나의 에너지를 보고자 하는 사상이다(五木 2015b: 133).

잡다한 것이 엇갈리는 도가 하나의 에너지의 장이자 힘의 소재지다. 후쿠나가는 이러한 이츠키의 직관에 대해 "도는 모든 것을 이해한다. 성(聖)과 속(俗), 귀(貴)와 천(賤), 노(老)와 약(若), 남(男)과 여(女), 이 모든 것을 나누지 않고 받아들여서 나아가는 것이 도다. 그 모든 도가 근본원리임을 파악하는 것이 도교다"(五木·福永 1997: 199)라고 쓰고, 그 자신 또한 이에 동의한다.
　　모든 사물이 동등하다고 보는 도교의 '만물제동(萬物齊同)'은 앞서 살펴본 도겐선사의 "만법이 권하여 자기를 밝히는" 깨달음의 세계 그 자체일 것이다. 그것은 또한 모든 분절이 무화된

언어화 이전의 세계이기도 하다. 나아가 도교라는 기의 흐름[147]은 타력을 포함한다. 그것은 인간의 관여를 떠나 있는 그대로 성립하는 자연법이이며, 그 심층에 있는 '힘 자체'가 아닐까?

타력이란 이렇듯 인간의 관여를 떠난 무위자연을 중요시하는 노장사상의 영향을 받아 성립한 중국불교를 경유해서 생겨난 사고다. 자력에만 의지하는 것이 아니라 저편에서 일어나는 타력을 느끼면서 있는 그대로의 자연을 받아들이는 자세는 유카기르족의 사례에서 봤다시피 애니미즘의 중요한 요소다. 애니미즘은 타력에 대해 자기를 항상 열어놓음으로써 그에 따라 구동하는 만물의 운동을 내포한다.

8. 인간의 힘, 인간의 지혜가 미치지 않는 힘을 느끼다

그런데 시인 야마오 산세이(山尾三省)는 20세기는 신(神)과 불(佛)이 광언성(狂言性)과 배타성에 물들어 기만적 시스템이 되고 말았고 그래서 종교에 기반하는 것은 어리석은 짓이라는 의식이 형성되어왔던 것을 한탄한다. 그렇지만 인간은 의식의 궁극을 자각하기를 소망하는 생물이며 그 특징을 완전히 상실하지 않았다. 야마오는 이 점을 잘 생각해봐야 한다고 말한다. 그리고 그는

147　요시모토 다카아키는 이것을 신란에 입각해서 '빛[光]'이라고 부른다. "이 빛과 같은 것에 다가가는 수단, 방법이 아미타불의 염불입니다. 다시 말해, 그것을 말로 풀어내는 것이지요."(吉本 2012: 110).

오늘날에 있어서 애니미즘의 중요성을 다음과 같이 설파한다.

오늘날의 애니미즘 사상은 삼라만상을 마주하는 개인이 그 중의 어느 한 이미지에서 의미성과 기쁨으로서의 신을 찾아내 타자와 공유해가는 것이다. 이 새로운 애니미즘 사상은 개인이 개인이면서 그것을 넘어서는 자유를 내장하고 있고, 또 그와 동시에 환경문제라는 우리에게 들이닥친 불가피한 과제를 해결해가는 작지만 중요한 방법론이기도 하다(山尾 2000: 394).

야마오는 애니미즘이 개인이 개인을 넘어서 인간을 에워싼 환경에 관한 문제에 맞서기 위한 중요한 방법론이라고 주창한다.

이에 반해 우메하라 다케시는 인류의 원초 문화라는 것은 모든 것에 영이 깃들어 신이 도처에 있다는 사상으로서의 애니미즘이라고 말한다(梅原 2013: 36). 그리고 원초 문화의 사상에서 현재 서양 문화의 사상을 되묻는 것이 필요하다고 주장한다(梅原 2013: 37). "그리고 그것은 인류 존속의 위기를 논하는 현대에 있어서 어찌됐든 물어야 하는 질문이다"(梅原 2013: 36)라며 기존의 체계적인 철학의 틀을 넘어서는 '인류 철학'을 구상한다.

이츠키 또한 수다한 저작 속에서 단편적이긴 하지만 21세기의 오래되고 새로운 사상으로서 애니미즘에 가닿고 있다. 이츠키의 애니미즘론이 흥미로운 것은 그것이 타력론으로 이어지기 때문이다.

21세기는 종교가 거대한 주제로 등장하는 시대가 될 것이라고 이츠키는 전망한다. 이츠키에 따르면, 20세기가 과학과 전쟁의 시대라면 21세기는 종교의 시대가 될 것이다. 왜냐하면, 모든 사물의 배후에 숨겨진 힘을 확실히 보고 인식하는 시대가 도래할 것이기 때문이다(五木 2015b: 244).

올림픽의 기원은 인간이 올림픽의 신들 앞에서 신들에게 경기를 펼쳐보이는 것이었다. 일본의 "호노쓰모(奉納相撲)"[일본 왕실의 조상신을 모시는 이세 신궁 앞에서 치러지는 씨름 대회]나 '다이마노케하야(当麻蹴速)'[고대 일본의 씨름 선수] 또한 그랬다. 스포츠는 본래 신들에게 바치는 행사였다. 불전을 장엄하게 꾸미기 위해 꽃을 가져다 놓는 데에서, 그 꽃을 꽂아두는 승려가 부처의 가르침을 얻기 위해 온 사람들에게 자기를 스승으로 숭배하게 하고 결국 유파를 만든 예도 있지 않은가? 생화의 기원은 종교에 있고, '예배'는 위대한 힘을 대신하여 인간이 거행하는 성스러운 작업이었다. 야마토의 다이마데라(当麻寺)라는 절에는 커다란 만다라가 걸려 있어서 한때 미성의 승려가 자기 음색을 사용해서 곡절을 붙여 만다라의 그림풀이를 했다고 한다. 선남선녀들은 승려의 목소리에 귀를 기울이며 불가사의한 이야기를 즐겨 들었다. 사라가쿠(猿楽)[가마쿠라 시대에 행해진 예능으로 익살스러운 동작과 곡예를 주로 한 연극]과 교겐(狂言)[사라가쿠에서 발전한 2인 이상의 연극으로 메이지 시대 이후 '노(能)'로 통칭됨]은 본래 종교적 행사로서 마을의 수호신에게 바치는 연예였음을 감안하면 예능의 기원 또한 종교였다고 말할 수 있다(五木 2015b: 245-7).

이츠키는 이어서 "인간은 이 지상에 살아가면서 때론 어떤 경건한 기분을 느낍니다. 지상에 존재하는 생명과 여타의 것들에 대해 마음 깊이 겸허한 자세를 갖추고 그 기분을 다시금 불러들이는 것이 중요하지 않을까요?"(五木 2015b: 248)라고 쓴다. 그리고 이렇게 말한다.

그 기분을 애니미즘이라는 말로 폄훼해서 내버리지 말고 그 위에 다양한 인간의 역사, 사상, 지혜를 더해서 그 기분을 애니미즘으로 세련되게 만든다면 그 또한 나름대로 훌륭한 것이겠지요(五木 2015b: 248).

"지상에 존재하는 생명이나 여타의 것들"에 대해 겸허한 자세를 갖추는 것, 그때의 기분을 애니미즘이라고 칭하고, 애니미즘을 폄훼해서 내버릴 것이 아니라 애니미즘에 기반한 인간의 사고와 행동을 소중히 여기며 풍부하게 만들어가자고 그는 제언한다.
중요한 것은 이츠키가 현시점에서 인간의 이러한 노력을 평가하는 것에 그치지 말고 다시 한번 애니미즘을 기억해내어 애니미즘 그 자체로 돌아가자고 호소한다는 점이다.

그러나 예전에 인간의 힘도 인간의 지혜도 미치지 않는 곳이 있음을 느끼며, 또 그것을 두려워하고 그 앞에서 머뭇거렸던 그러한 기분을 기억해내는 것.
이것이야말로 21세기라는 작금의 시대, 앞으로 인류에게 주어진 거대한 테마가 아닐까 합니다(五木 2015b: 248).

인간의 힘과 지혜가 미치지 않는 곳을 느끼고, 언어와 지식을 넘어서 만물을 있게 한 작용에 몸과 마음을 맡기고 타력에 열린 기분을 기억해내는 것이 금세기의 중요한 주제일 것이라고 이츠키는 말한다. 이처럼 모든 사물과 주변 환경 속에서 일상의 경험을 조직하는 것, 바로 이것이 애니미즘이다.

우리가 애니미즘을 머지않아 다루게 될 미래 인류의 중요한 주제로서 제기하는 지금, 아이누족의 이야기와 유카기르족의 민족지는 특별한 선례일 것이다.

5장
애니미즘 원론—'상의성'과 정념의 철학

1. 시작도 끝도 없는 세계

사람들은 보통 애니미즘을 원초적 신앙이라고 한다. 인류 최초의 신앙 형태, 그리고 그로부터 한참 후 고도로 발전한 불교의 근저에 짙게 배어 있는 종교적 체험의 양상, 이런 것들이 애니미즘이라고 한다면 반드시 틀린 말은 아니다. 그러나 애니미즘에서 '시초'와 '영속성'만을 찾고자 하는 것은 애니미즘의 극히 일부만을 논하는 것이다. 『리그베다』[148]에서 테트랄레마[149]가 처음으로 언급된 것은 「우주 개벽의 찬가」에서였다. 이 노래는 태초에는 있음도 없고 없음도 없으며 죽음도 없고 불사도 없다고 이

---

148 [역주] 『리그베다』는 고대 인도 아리안족의 네 가지 성전 중 하나로서 브라만교와 힌두교의 근원 성전이다. 아리안족의 사제들이 종교예식의 찬가를 기원전 1500년 경 집대성한 것으로 추정되며, 구전으로 전수되어 오다가 9~10세기에 문자로 기록되었다.
149 [역주] 테트랄레마(tetralemma)는 '제4렘마'라고도 하며 대립하는 네 개의 항 간 부정의 논리를 뜻한다. 이에 관한 구체적인 설명은 이 책 3장 5절을 참조할 수 있다.

야기한다. 세상의 '시초'를 묻는 가운데 있음과 없음, 삶과 죽음에 대한 사구분별(四句分別)이 이미 의식된 것이다. 이것은 [세계에 대한] 근원적인 질문인 이항대립을 별종의 이항대립으로 치환해서 사고하는 인류의 영위, 지극히 정상적인 그 양상을 여실히 보여준다.

    삼분법 논의에서 '주체/대상', '하나/여럿'과 같은 복수의 이항대립을 조합함으로써 최종적으로 찾아낸 것은 곳곳에 흩어진 중심과 주변의 끝없이 가역적인 그물망 모양의 세계, 포섭(밖)이 피포섭(안)에도 있는 확장적 단자론의 세계였다. '시작'도 '끝'도 없는 무시무종(無始無終)의 세계를 사유하기 위해서는 굳이 상황론으로서의 주객 혼효의 상태를 '주체/대상', '하나/여럿'이라는 이항대립을 통해 고찰해서 원자적 구성으로의 방향성을 부정해야만 했다. 그제야 비로소 무수한 결절점을 가진 그물망 모양의 세계가 세계관 자체로 상향하게 되고 일즉다 다즉일의 세계가 열리기 시작한다. 가장 근원적인 테트랄레마는 무시무종이고, 그 속에는 주객 혼효의 부분적 상황의 포박에서 풀려난 단적(端的)인 주체가 있으며 대상 그 자체 – 이것은 물론 자연을 말한다 – 도 있다.

    이 자연과의 만남, 번민의 속박에서 벗어난 자유로운 자기와의 조우가 애니미즘이라는 종교적 체험이 의미하는 바다. 도겐은 이러한 처지를 "나를 배열해서 진계(塵界)(전세계)로 하였다"(增谷 2004: 253)라고 표현한다. 무시무종이라는 것은 생명과 생명이 서로를 포식하고 포식당하는 세계, 달리 말해 인류와 다종다양한 비인류가 순식간에 서로의 입장을 교체한다는 의미에서 주객 혼효의 세계 – 불교적으로 이것은 윤회의 세계이기도 하다 – 속에서 그 속박으로부터의 탈출을 통해 자기와 자연을 다 함께 다시금 긍정하기 위한 요청이다. 1장에서 다룬 애니미즘의 다양한 의례와 신화적 사고가 표현하는 그 종교적 감정의 귀추도 이와 같다. 이 땅에 태어나 가지를 뻗고 땅에 낙엽을 흩뿌리고 끝내 생명을 마치는 한 그루의 나무에도 무시무종이 있다. 애니미즘이란 그 게시다. 혹은 자연에 대한, 자기 자체의 단적인 개현(開現)에 대한, 한 개체가 또한 전 세계이기도 한 것에 대한 환희에 찬 긍정이야말로 모든 종교의 종자이자 철학인 애니미즘의 실태다.

이 관점에서 보면, '주체/대상', '하나/여럿'이라는 두 종류의 이항대립이 조합된 주객 혼효의 상황은 트릴레마[150]까지밖에 실현하지 못했다. 그러나 이를 거쳐 '안/밖'(피포섭과 포섭)이라는 이항대립이 연쇄적으로 조정되면 [이항대립의] 양극의 어느 한쪽으로 일방적으로 환원되지 않는 형태로 무시무종의 테트랄레마가 명확하게 실현되고 앞선 세 종류의 이항대립 모두에 그것[무시무종의 테트랄레마]이 성립한다. 나아가 딜레마 및 트릴레마와 비교하면, 단적인 주체와 대상, 단적인 하나와 여럿(이 경우 차라리 전체)까지도 테트랄레마에 의해 명확해진다.

---

150 [역주] 트릴레마(trilemma)는 '제3렘마'라고 하며 대립하는 세 항 간 부정의 논리를 말한다. 이에 관한 구체적인 설명은 이 책의 3장 5절을 참조할 수 있다.

2. 일본의 포스트모던

이항대립들 사이의 이러한 조합 조작에 신중해야 하는 이유는 20세기 후반 인류학계와 철학계를 휩쓴 포스트모던 논의가 어떠했는지를 상기해보면 역으로 한층 더 명확해질 것이다. 서양적 주체와 그 문명, 그와 대비된 외부적 타자라는 이원론적 가치관을 상대화하는 것이 포스트모던 시대에 다양한 형태로 주창되었는데, 이것은 이미 복수의 이항대립 – '주체/대상', '안/밖'(피포섭과 포섭) – 이 무분별하게 결부되는 양상을 보였다. 주객 이원론의 외부, 퀑탱 메이야수의 표현으로는 "주객의 상관성(correlation)의 외부로"와 같은 논점이 저 논의에서 빈번히 강조되었다. 예를 들어 서양 문화의 관점에서 타문화는 외부의 대상이었고, 서양 문화 안에 있으면서 그 내부에서 외부의 시야를 가진 자가 다양한 문화를 상대적으로 파악할 수 있다고 보았다.[151] 그리하여 "한 문화 안에 있으면서 그 외부에도 있다"라고 하는 '안/밖', '주체/대상'의 트릴레마 조정이 특권적인 시야를 드러내는 방식으로 가장 중요하게 다뤄졌다.

---

151 인류학에서 포스트모던은 비서양을 식민지배한 서양인의 관점에서 비서양을 민족지적으로 기술해왔다는 반성에서 시작되었으며, 이러한 포스트모던의 문화상대주의에 입각한 성찰 인류학은 한때 인류학에서 주요한 흐름 중 하나였다. 그 흐름 속에서 여러 문화를 상대화하는 것은 '여행자'로서의 현지 조사였다. 그러나 최근에는 상대화의 매체를 사물과 도구 등에서 가져오거나 인간과 자연의 관계 자체의 차이를 고찰하는 등의 다양한 입장이 등장하고 있다(에두아르두 비베이루스 지 카스트루, 필립 데스콜라, 브뤼노 라투르 등).

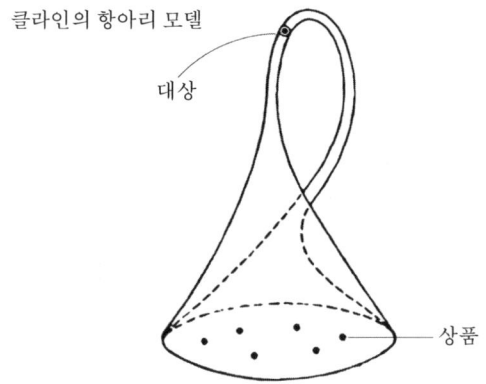

최근 일본의 사상계 저널리즘에서 "안에 있으면서 밖에도 있는" 구조를 설명하기 위해 자주 사용되는 것이 '클라인의 항아리'라는 모델이다(浅田 1983: 236). 예를 들어 상품과 화폐의 관계처럼 다양한 상품과 그 교환관계의 시스템은 전체적으로 일정한 가치형태를 띠는데, 그 속에서 화폐는 교환되는 것으로서 그러한 가치형태의 '안'(대상 수준)에 있다. 그러나 그와 동시에 교환시스템으로서의 가치형태가 개개 상품의 값어치 변화에 따라 변동한다 해도 – 상대화된다 해도 –, 화폐 자체는 일관되게 그러한 가치형태를 조감하는 위치, 즉 '밖'(추상 수준)에도 있다. 이처럼 내부와 외부가 연속적으로 이어지는 이중 구조의 형상을 가시화하는 모델로서 '클라인의 항아리'가 인용되어 왔다.

그런데 '안/밖'의 점진적인 상대화에 관한 논의는 '클라인의 항아리'가 외부적인 것을 그와 동일한 내부로 회수할 뿐인 모델이라는 의구심을 품게 한다. 포스트 구조주의 시대에 종종 강조된 것은 이 '클라인의 항아리'에서 '밖'(추상 수준)은 이미 그와 동일한 '안'(대상 수준)으로 되돌아오지 않는다는 것이다. 포스트구조주의에서 '클라인의 항아리'는 동일 구조로 회수되지 않는 분산과 차이화의 모델이며 이 차이화로 인해 그야말로 상대화가 끝없이 전개된다고 논해왔다.[152]

포스트모던의 문화상대주의와 차이화라는 주제가 일찍이 비평이론 등에서 주요하게 다뤄져온 배경에는 사실상 이러한 '안/밖', '주체/대상'의 이항대립이 먼저 결부되고 나면 그 다음에 차이화와 다원화라는 '여럿'의 문제가 끝없이 — 미완인 채로 — 추구돼야 하는 숙제로 남는다는 사실이 있다. 포스트모던이 인류학에 유입되면서 등장한 성찰 인류학(Reflexive Anthropology)에 대해 메릴린 스트래선이 논한 바와 같이, 결과적으로 이러한 부류의 문화 상대론은 다뤄진 문화대상을 잘게 분화하여 단절시키고(스트래선 2019: 98-103), 정치 사상적으로는 모종의 태도 유보와 기회주의 이상의 것을 남길 수 없었다.

삼분법의 관점에서 보면 실제로 이미 여기에는 세 종류의 기본적인 이항대립이 모습을 드러낸다. 즉, '하나/여럿'이라는 이항대립에 앞서 '안/밖'이 '주체/대상'에 쉽게 결부되기 때문에, '하나/여럿'의 관계가 수습되지 않고 "하나는 또한 이미 여럿이

---

152 아사다 아키라(浅田彰)는 『構造と力[구조와 힘]』(勁草書房, 1983)에서 포스트모던을 '클라인 항아리' 구조로 설명하면서 "차이를 차이로서 긍정하고 향유하는" 이상적인 극한으로서 포스트모던을 확산적인 '리좀' 상태에 대응했다. 예를 들어 아즈마 히로키(東浩紀)가 이야기한 '오배송'이라는 개념 또한 '클라인 항아리'의 재귀 구조를 분산적인 차이화로서 논한 것이다.

기도 하다"라는 식으로 얼버무려져 결과적으로 '여럿'이 언제까지나 완성되지 않는 채로 남는다. 그리고 '안/밖', '주체/대상'의 이원론 또한 운동하듯이 점진적으로 같아지는 것 같으면서도 명확하게 조정되는 것 없이 끝나버린다. 이것이 포스트모던의 상대주의다. 이러한 상대주의는 결국 문화영역을 공간적으로 파편화할 뿐만 아니라 시간적으로도 분절한다. 그 결과 20세기 후반 이후를 살아가는 우리는 인류의 문화 자체를 근본부터 알 수 없게 되었다. 그리고 이것은 삼분법을 거슬러 초기 불교 이론의 배경에 있는 충동으로 역행한다. 이는 그 배경에 있는 애니미즘의 가능성으로 되돌아가려는 작금의 입장에서 보면 너무나도 명확하다. [포스트모던의 상대주의는] 복수의 이항대립 조작에 대해 아주 조금밖에 생각하지 못했기 때문에 다소 빗나간 서양 문명 비판이 행해졌고, 비서양의 문명적 뿌리를 가진 우리까지 그러한 시선에서 서양문명의 상대화를 목표로 할 수밖에 없어서 우리 스스로 문명의 독자성을 완전히 상실하고 말았다. 이 우리가 바로 최근의 일본인이다.

3. 그물망 모양을 이루는 '전체' — 만다라로서의 우주

[앞서 2장에서 논한 것과 같이] 이제 '주체/객체', '하나/여럿'에 대해서는 이미 그 양극의 단적인 출현이 삼분법의 입장에서 명확해졌다. 그렇다면 '안/밖'(피포섭과 포섭)이라는 이항대립에 대해서는 어떠한가?

이때 단적인 포섭과 피포섭을 언급하는 것만으로는 자칫 비가역적으로 일방적인 구조가 생겨버릴 수 있다. 그러므로 여기서도 '하나/여럿'이라는 이항대립과의 연결이 중요하다. 즉, 단적으로 포섭하는 것은 그저 유일한 '하나인 것'으로서 포섭하는 것이 아니라 '여럿인 것'으로서 포섭해야 하며, 단적으로 포섭되는 것 또한 그저 '여럿인 것'으로서 동질적인 것들과 함께 포섭되는 것이 아니라 단적인 '개(個)'(하나인 것)로서 다른 것으로부터의 독립성을 가지면서 포섭되어야 한다. 다시 말해 다양한 가역성을 담보하기 위해 '안/밖'(피포섭과 포섭)은 '하나/여럿'이라는 이항대립과 연결되어야 하며, 그 결과로 그물망 모양의 '전체'가 결절점의 '개(個)'를 단적으로 포섭하고 '개(個)' 또한 그 속에서 단적으로 ─ 특정한 포섭 과정의 한 단계로서가 아니라 ─ 포섭되어야 한다.

그런데 '안/밖'(피포섭과 포섭)의 이항대립이 이처럼 조정된다는 것은 타자의 문화, 곧 타문화를 어떻게 이해할지에 관한 인류학의 근본과제에도 분명 중요한 시사점을 던져준다. 연구대상인 현장을 외재적으로 바라보는 것이 아니라 내부에 들어가 참여 관찰을 한다는 것, 다시 말해 한 문화의 '결' 속에 확실히 내재하면서 나아가 그것을 넘어선 보편적인 인류문명의 '지평'을 바라본다는 것은 지금까지 이 책에서 여러 번 이름이 언급된 이와타 케이지에게도 그 출발점이 되는 중요한 문제의식이었다.

본래 지리학 연구자였던 이와타는 19세기의 위대한 박물학자이자 지리학자이며 모험가인 훔볼트[153]의『코스모스』(1845년)에 크게 감명을 받았다고 한다. 이 책은 훔볼트가 말년에 기후, 현무암의 성인(成因), 식물의 수직 분포 등등 지구상의 모든 현상을 종합하여 그 속에서 '미적 통일성'을 찾아내려 한 필생의 대작이었다. 그러나 훔볼트는 최종적으로 이 책에 스스로 만족하지 못했던 것 같다. 그 이유는 우선 책 속에 상세하게 묘사된 것들이 세계의 전체상을 보여준다 해도 결국 대상화에 불과하고, 그 속에 훔볼트 자신이 없다면 마찬가지로 그 속에서 생활하는 사람들도 없을 것이며 사람들이 있어야 비로소 생기는 세상살이의 의미 그리고 사물 및 자연과 주체들 사이의 농후한 작용에서 만들어지는 문화의 약동 자체가 없을 것이기 때문이다. 요컨대, 주객 이원론적으로 [주체가] 바라보는 대상, 곧 자연에 대해 '대상'을 단지 '여럿'으로 보는 것만으로는 대상인 자연을 파악할 수 없었다. 전체로서의 세계, 미적 통일체로서의 세계인 '코스모스'는 그 의미에서 여전히 전형적인 근대의 구성, 즉〈'주체/대상'/'하나/여럿'〉이라는 조합에 머물러 있다.

이러한 문제의식에서 이와타는 인간이라는 요소를 내부에

---

153 [역주] 알렉산더 폰 훔볼트(Friedrich Wilhelm Heinrich Alexander Freiherr von Humboldt, 1769~1859)는 독일의 박물학자이자 탐험가다. 베를린의 프로이센 귀족 가문에서 태어나 괴팅겐대학을 졸업한 후 프로이센 정부의 광산관리국 관료로서 중부유럽의 여러 광산 지역을 탐방한다. 1796년 모친의 사후 막대한 유산을 물려받으면서 관료를 그만두고 남아메리카 대륙과 중앙아시아를 본격적으로 탐험한다. 여러 지역에 관한 자연지리와 생태 등에 관한 관찰자료를 토대로 근대 지리학의 보고라고 평가받는『코스모스』를 집필했다.

편성하는 지역 연구로서의 문화인류학으로 방향 전환을 감행한다. 대상을 외재적으로 바라보는 학문, 라투르의 관점에서 보면 근대 과학 그 자체인 박물학과 지리학으로부터 주객의 상호작용을 포괄하고 나아가 그것을 조감하는 시야의 학문으로서의 인류학으로 이행한 것이다. 라투르와 이와타 각각의 진전에 근거해서 반대로 말하자면, 행위자-연결망 이론(Actor-Network Theory)에서 이야기하는 대상 세계로의 접근법은 본래 인류학이 행해왔던 참여 관찰 속에 잠재적으로 포함돼 있었다. 그리고 그것은 관찰되는 사람들의 대상이나 자연과의 관계양상에도 이미 포함돼 있었다. 라투르는 이 접근법을 간과하지 않았고, 과학이 자기만의 방법으로 대상을 파악하고 있다고 주장하는 모든 영역마저 관찰 대상으로 삼았다. 사실 과학이라는 학문은 한정된 자기 영역을 그저 이해하는 데에 그치지 않고 세계 전체로 넓히려는 야망이 있다. 그리고 이 야망이 애니미즘 자체와 공통하는 것이라면, 그것[과학이라는 학문]은 정말로 삼분법의 이론으로 접근해서 철학적으로 고찰할 수 있다.

그런데 이와타가 세계의 전체상으로서 훔볼트가 그린 '코스모스'와 대치된 전체 개념으로서 '만다라'를 종종 이야기한 것은—물론 어디까지나 그 이미지이긴 하지만—매우 흥미롭다. 근대적인 주객 이원론〈'주체/대상'/'하나/여럿'〉의 양상과는 다른 전체 개념인 '만다라'는 이와타에 의하면 자그맣고 보잘것없는 정원처럼 지극히 작은 풍경 속에 스스로 계시한다.

초록빛 의자에 앉아 정원을 바라본다. 그러면 그 속에서 코스모스가 보인다. 하나의 정원 우주가 탄생하는 것이다.

이번에는 의자에서 일어나 정원의 한가운데를 걷는다. 백목련인지 태산목인지 나무 옆에 나란히 선다. 그러면 바로 그곳이 정원 만다라가 된다.

코스모스는 내게 보여서 내가 감상하는 미의 우주다. 반면 만다라는 관찰자가 행위자로서 그 속에 걸어 들어갔을 때 성립하는 움직임의 우주다. 그 빛이 다소 부족하다 해도 그 속에 들어가는 우리 한 사람 한 사람이 대일여래[154]의 분신이다. 이때 자신과 나무, 자신과 돌, 자신과 고양이의 경계가 사라진다. 그 빛의 앎이 만다라를 휘감는다(岩田 2005: 78-9).

"내게 보여서 내가 감상하는 미의 우주"인 '코스모스'에 비해 '만다라'는 관찰자가 정원 한가운데로 "행위자로서 걸어 들어갔을 때 성립하는 움직임의 우주"라고 이와타는 말한다. 관찰자가 내재하는 일상에서 그 정원의 태산목 옆에 "나란히 선" 때에, 가령 도겐이 신심의정[155]의 존재 양상으로 묘사한 주객 혼효의 세계가 현성(現成)한다. 물론 인류학에서 참여 관찰은 수많은 사람의 작용이 매체로서의 사물을 둘러싸고 펼쳐지는 현장을

---

154 [역주] 대일여래(大日如来)는 진언종의 본존을 가리킨다. 우주를 비추는 태양으로서 만물의 자모(慈母)라고 일컬어진다.
155 [역주] 신심의정(身心依正)에서 의정은 의보(依報)와 정보(正報)를 가리킨다. 의보(依報)란 부처나 중생의 몸이 의지하고 있는 국토와 의식주 등을 말하고, 정보(正報)란 과거에 지은 행위의 과보로 받은 부처나 중생의 몸을 말한다. 즉, 몸과 마음이 생활하는 데 의지하는 땅과 의식주를 뜻한다.

주시한다. 〈'주체/대상'/'여럿/하나'〉의 세계는 '정원 만다라'와 같이 작고 국소적인 세계를 채색하는 '결'인데, 그 속에서 무시무종이라는 테트랄레마의 세계가 계시될 때 그것이 그대로 세계 전체로서 '만다라'라는 '지평'으로 이어진다는 것이다.

그렇지만 성급히 결론 지어서는 안 된다. 모든 것이 그저 현전하고 서로 부축해서 상호 생성하며 확장해가는 것만이 이 세계의 존재 양상이 아니기 때문이다. 테트랄레마적인 세계 전체와 '정원 만다라'적인 일상생활의 장 사이에는 엄청난 격차와 비약이 있다는 것 또한 분명하다. 인간과 비인간 사이에 먹고 먹히고 죽이고 죽임당하는 옴짝달싹 못 하는 관계가 생기는 것도 예삿일이다. 그러한 상호부정과 비현전(非現前)은 애니미즘 사고에 어떻게 비칠까? 또 그 속에서 작용하는 정념이란 대체 어떤 것일까?

4. 시신비유 통자하래

『정법안장』의 「일과명주(一顆明珠)」에서 도겐은 종일대사(宗一大師)로 후에 알려진 현사사비(玄沙師備)의 젊은 시절의 유명한 일화를 소개한다. 한때 낚시꾼이었던 사비는 당대의 함통[156] 초년(860년경)에 불도의 뜻을 품었다. 그는 배를 버리고 산에 들어

---

156 [역주] 함통(咸通)은 당나라 의종의 연호를 말하며, 860년에서 874년까지 14년 동안 사용했다.

가 설봉산(雪峯山)에 올라 진각대사(眞覺大師)를 스승으로 모시고 밤낮을 수행에 전념했다.

어느 날 사비는 두루두루 여러 방면의 선지식(善知識)을 찾아 나서기로 하고 두타대(頭陀袋)[157]를 메고 하산한다. 산에서 내려오다 발가락이 돌에 걸려 피 흘리며 극심한 통증을 느낀다. 그런데 그는 홀연히 깊이 반성하며 '시신비유 통자하래(是身非有痛自何來)'(이 몸은 있음이 아닐진대 그렇다면 이 아픔은 어디에서 오는 것인가?)라고 자문한다. 그리고 산으로 되돌아간다.

『경덕전등록(景德傳燈錄)』[158]에도 등장하는 이 장면은 언뜻 보면 우연한 계기로 선(禪)의 본질에 관한 중요한 단서를 포착한 자의 흔한 이야기 같다. 그러나 여기서 경험된 것은 예사롭지 않다. 돌아온 사비를 보고 스승인 설봉은 놀라서 이렇게 말한다.

설봉: 두타대 따위를 챙겨서 어쩌자는 거였냐?
사비: 여태까지 사람을 홀리지 않았습죠.
설봉은 이 말이 유독 마음에 들어 다시 질문을 던졌다.
설봉: 두타대를 챙겨서 왜 편력의 여행을 하지 않은 거냐?
사비: 달마는 동쪽으로 오지 않았습죠. 혜가(慧可)는 인도로

---

157 [역주] 두타대는 수행하는 승려가 삼의 같은 옷가지 등을 넣어 몸에 걸고 다니는 자루를 말한다.
158 [역주] 『경덕전등록』은 남송의 진종 황제가 승려 도겐(道源)에게 부탁하여 저술한 것으로 불교가 중국에 전래한 이래 중국 고승들의 전기를 수집해서 진종의 두 번째 연호인 경덕(景德) 원년인 1004년에 편찬한 불교 서적이다.

가지 않았습죠. (增谷 2004: 62-63)[159]

이 문답은 무엇을 의미하는 것일까? 여기서는 '오는 것도 없고 가는 것도 없다'라고 하는, 『중론』에서 나가르주나가 예시한 팔불(八不) 속에 '불래불거(不來不去)'의 문제와 결부된 무언가가 있다. 다만 '오는 것도 없고 가는 것도 없다'가 고대 그리스 엘레아 학파의 운동부정과 헷갈리기 쉬우므로 여기서는 그것을 무시무종의 뜻으로 해석하기로 한다. 그렇다면 사비는 발가락이 돌에 부딪혀 피 흘리는 극심한 통증이 "어디에서 오는 것인가?"라고 자문했을 때 아마도 이 무시무종이라는 것에 관한 근원적인 체험을 한 것 같다.

보통 발가락이 부딪히는 아픔은 '돌'에서 오는 것이며 '이 몸'에도 존재한다고 생각한다. 그런데 사비가 이처럼 자문한 배경에는 그 아픔에 얽힌 근소한 시차가 있다. 그는 이미 '돌'에서 발을 빼냈다. 원인일 수밖에 없는 '돌'과 사비라는 주체와의 관계는 이미 끝났다. 그런데 피는 계속 흐르고 이 욱신거리는 고통

---

159 [역주] 『역주 정법안장 강의 제1권』 「일과명주」(194-5쪽)에서 풀이한 설봉과 현사(사비)의 대화는 다음과 같다.
설봉이 물었다. "어떤 것이 비두타(備頭陀)인가?"
현사가 답했다. "여태까지 사람을 속인 일은 없습니다."
이 말을 듣고 설봉은 기뻐하면서 말했다.
"누구나 이 말을 할 수는 있지만, 누구도 이 말을 체득하긴 어렵다."
다시 설봉이 물었다. "두타대 어찌하여 제방의 선지식은 찾지 않느냐?"
현사가 답하기를, "달마대사는 동토(東土)로 오지 않았으며, 이조 혜가대사는 서천(西天)으로 가지 않았습니다"라고 하니 설봉이 칭찬했다.

사비에 의한 문답을 그린 것으로 여겨지는 《현사접물이생도(玄沙接物利生圖)》. 교토 국립박물관 소장.

은 분명히 있다. 칼에 베여도 마찬가지일 것이다.

  사비가 여기서 만난 것은, 고통이 지나가면 좋으련만 반복적으로 다시 엄습해오는, 누구나 경험하는 사태다. 고통이 다시 엄습해올 때 이미 고통의 원인은 현전하지 않는다. 괴로움의 기연(機緣)[160]이라는 관점에서 열두 가지 연기(緣起)의 순관(順觀)[161]에서 말하는 "A가 있으므로 B가 있다"라는 흐름은 이 속에서 성립하지 않는다. 그런데도 무언가의 존재론적 위상에서 이

---

160 [역주] 기연(機緣)은 부처의 가르침을 받을 만한 인연을 뜻한다. 여기서 기(機)는 중생의 근기(根機)를 말하고, 연(緣)은 스승을 만나고 불교에 귀의하게 될 연줄을 말한다.
161 [역주] 순관(順觀)은 나가르주나가 십이지연기(十二支緣起)에서 논한 것으로 중생이 집착과 괴로움에 얽매이는 과정을 무명(無明)에서부터 그 인과관계를 밝히는 것이다.

아픔은 '있다'. 그 존재 방식이 무엇인가가 여기서 사비의 사고에 스친 수수께끼다.

환경과 자기의 혼효, 라투르가 논한 주체와 대상 간 상호생성의 상황에 대해서 우리는 그것을 앞서 2장에서 검토했다. 그리고 그러한 상황론에서 이미 원자론적 구성의 방향성이 붕괴한다면, 중심적인 매체로서의 대상과 그것을 둘러싼 복수의 주체적 접근에 의한 순환적인 상호생성을 넘어서서, 그러한 중심을 복수의 결절점으로 하여 다양한 가역적인 작용의 집합으로 존재하는 여러 과학의 그물망 모양의 전체와 같은 것을 사고해야 할 것이다. 그렇지만 이러한 사이언스의 그물망 모양의 총체, 그 총체에서 상호생성과 확장의 국면만이 세계의 전체는 아니다. 세계는 거의 대부분 사비가 느낀 발가락의 극심한 통증처럼 비현전하면서 반복적으로 엄습해오는 어떤 정념이나 온갖 일과성의 사건으로 점철되지 않는가?

손이나 발이 절단된 사람이 절단당한 아픔을 기억하는 환상통이라는 현상이 있다. 사비는 분명 발가락에 부딪힌 '돌'이 없는데도 엄습해오는 이 아픔을 환상통과 같은 기묘한 것으로 생각했다. '시신비유 통자하래'(이 몸은 있음이 아닐진대 그렇다면 이 아픔은 어디에서 오는 것인가?)라는 독백이 이때 입 밖으로 툭 튀어나왔다. 이미 현전하지 않는 '이 몸'에 유래한 아픔이란 도대체 무엇일까?

앞서 살펴봤듯이 세계의 전체구조로서 무시무종을 말할 수 있다면 그것은 'A가 아니고 또한 非A도 아니다'라는 테트랄레마의 상태를 나타낸다. 이 명제는 '~가 이다'[또는 '~가 아니다']

라는 상태에 얽힌 영원한 진리를 형언한다. 그리고 이것이 이야기되기 위해서는 한정된 상황에서 '주체/대상', '하나/여럿', '안/밖'과 같은 이항대립이 조합될 필요가 있다.[162] 석가 불교에서도 불상부단(不常不斷)(존재는 영속하지 않으며 절멸하지도 않는다)이라는 테트랄레마를 이이변(離二邊)의[양변을 떠난] 중도라는 형태로 이미 강조해왔다.

다른 한편 원시불교에서 설파된 또 하나가 열두 가지 연기(緣起)이며, 순관(順觀)과 역관(逆觀)(환멸문(還滅門))이라 불리는 것이다. 이것은 'A가 있으므로 B가 있다'(순관), 'A가 없다면 B가 없다'(역관)의 관계를 순차적으로 밟아가는 것이며, 번뇌가 어떤 기제에 의해 증대해서 인간이 그 고통의 세계를 살아가게 되는지에 관한 불교에서의 정념의 심리학이다. 무명(無明)으로부터 노사(老死)에 이르기까지 열두 가지 연기의 순관에서 이야기되는 것은 그 자체로 미망(迷妄)의 전개를 비유한 것에 불과하다. 애당초 생로병사 또한 무명과 이어지는 무한의 순환이 그 속에 상정되어 있다. 환멸문은 그것을 역전하는 것이다. 그리고 이것들은 또한 '~가 있다', '~가 없다'라는 일과성의 사건에 관해 이야기하는 것이기도 하다. 이 세상의 대부분 현상은 이러한 사건과 정념의 세계에서 생겨난다 해도 과언이 아니다.

---

162 테트랄레마는 어떤 것에 관해서도 이야기할 수 있을뿐더러 소수의 근원적인 이항대립과 그 복합에 대해 성립한다. 『중론』에서 나가르주나가 들고 있는 것은 팔불(八不)이라고 불리는 것이다(2장 각주 61 참조). 삼분법에서는 이 '근원적인 이항대립'을 '주체/대상', '하나/여럿', '안/밖'의 세 종류로 선별해서 새로운 팔불(八不)에 해당하는 것으로 다루기로 한다.

앞서 말한 세 가지 근원적인 이항대립 '주체/대상', '하나/여럿', '안/밖'과 그것들의 조합은 이러한 사건의 차원에서도 여전히 성립한다. 가령 '대상/주체', '하나/여럿'이라는 방식의 조합이 순환적 및 확장적으로 '대상이 있어서 주체가 있다', '하나가 있어서 여럿이 있다'라는 상호생성을 만들어내는 상황이 라투르가 행위자-연결망 이론에서 다룬 사이언스라는 국면이다. 그리고 이 관점을 더 밀고 나가면, 과학은 여기에 '안/밖'(피포섭과 포섭)이라는 이항을 조합한 그물망 모양의 전체로서 성립한다고 말할 수 있다.[163]

'~가 있다'라는 순관의 국면은 열두 가지 연기에서는 번뇌와 정념의 증대만을 초래하지만, 실제로 사이언스는 이 형태 속에서 전개하며 확장해간다. 그런데 문제는 'A가 없다면 B가 없다'라는 역관(환멸문)[164]을 사고한다는 것이 도대체 무슨 의미인가 하는 것이다. 원시불교의 사고에서 환멸문은 번뇌를 적멸(寂滅)하는 과정이며, [불자의] 계율과 수행 또한 이 관점에서 이뤄진다. 그러나 '~가 없다'의 연쇄는 그렇게 되기까지 인위적인 노력

---

163 라이프니츠 학문 연구와 20세기 엔치클로페디의 전체론적 상황 통찰에 기초해서 여러 학문의 총체를 이러한 그물망 모양의 상호-번역의 체계로 맨 처음 그려낸 것은 미셸 세르의 『간섭(Hermès II, l'interférence)』이다. 라투르, 세르, 그리고 라이프니츠의 사상과 그 관계에 대해서는 필자의 논문(「世界の《ざわめき》に耳を傾ける[세계의 '웅성거림'에 귀 기울이다]」, 『たぐい[부류]』 Vol 3, 93-106, 2021.02.)을 참조할 수 있다.

164 이후 본문에서는 열두 가지 연기의 요소들을 역으로 검토하기 위한 것이 아니라 더욱 보편적인 대상에 대해 '~가 없다면 ~가 없다'의 논리를 전개하는 것으로서 역관보다 차라리 환멸문이라는 용어를 적극적으로 사용하고자 한다.

에 의해서만 성립할 수 있는 것일까? 오히려 대개의 사건은 노력 여하에 상관없이 그럭저럭 지나가지 않는가? 그런데 그렇게 지나간 것이 무시무종의 구조로 회수된다면 어떨까?

사비가 느낀 발가락의 '아픔'에 관한 존재적 위상과 그 실재성 또한 바로 여기에 있다. 그 아픔은 무시무종의 세계에서 온다. 그리고 그 외 모든 괴로움, 정념, 이뤄질 수 없는 상념 또한 오히려 'A가 없다면 B가 없다'라는 환멸문의 세계를 우리 앞에 열어놓지 않는가?

대승불교 발생의 근원에는 연기(緣起)라는 관념에 대한 매우 발본적인 재해석이 있다. '무명(無明)이 있다면 행(行)이 있고, 행(行)이 있다면 식(識)이 있고, 식(識)이 있다면 명색(名色)이 있다…'와 같은 식으로 열두 가지 요소가 열거된다. 이러한 개개의 요소를 중시하게 되면, 그로부터 아비달마 불교[165] 등의 초기 불교가 탐구한 정념의 심리학, 정념의 확장 국면의 분석, 그 정교하고 치밀한 체계화가 만들어진다. 그런데 놀랍게도 『중론』에서 나가르주나는 팔불(八不)을 논한 서두의 귀경서(歸敬序) 다음으로 1장에서 연기에 대한 사구분별(四句分別)을 다루고 그것을 모조리 부정해버린다. "갖가지 사물은 ①자(自)를 원인으로 일어나는 것도 아니고, ②타(他)를 원인으로 일어나는 것도 아

---

165 [역주] 아비달마 불교(阿毘達磨佛敎)는 불교의 한 분파로서 부파불교(部派佛敎)라고도 하며, 붓다의 가르침과 계율을 정리하고 주해한 문헌을 뜻하는 논장(論藏)이 등장한 인도 아소카왕 시기의 불교를 말한다. 아비달마는 부파불교의 대표적인 교학을 뜻하는데, 붓다의 가르침에 기반한 철학적 주제를 다루는 논부(論部)를 구성한다.

니고, ③자(自)와 타(他)의 둘 다에 의해 일어나는 것도 아니고, ④무인(無因)에 의해 일어나는 것도 아니다"라고 느닷없이 선언한다. 그리고 이어서 초기 불교가 연기에 대해 고찰한 다양한 관계를 모두 희론(戲論)[마음속에 실재하지 않는 형상을 지어내는 허망한 말]으로 치부하며 귀류법적으로 물리친다.

나가르주나에게 열두 가지 연기에서 중요한 것은 그 속에서 말하는 열두 가지 요소가 아니다. 'A가 있기에 B가 있다'라는 바로 그 관계다. 그리고 이 경우에 B는 ①자(自)(B)를 원인으로 일어나는 것도 아니고, ②타(他)(A)를 원인으로 일어나는 것도 아니고, ③자(自)와 타(他)의 둘(A와 B)에 의해 일어나는 것도 아니고, ④A에 의해 일어나지 않는 것도 또 B에 의해 일어나지 않는 것도 아니다. 그렇다면 대체 뭐란 말인가?

파르티아[166] 출신 승려로 당대에 활약한 가상대사(嘉祥大師) 길장(吉藏)은 『삼론현의(三論玄義)』라는 책에서 『대지도론(大智度論)』 32권의 나가르주나 논의를 인용하면서[167] 이 사구분별이

---

166 [역주] 파르티아는 기원전 247년부터 기원후 226년까지 서아시아 일대를 지배한 왕조 국가다. 서방과 동아시아 간의 중계무역으로 번영을 누리기 시작해 2세기에는 로마제국과 대립할 정도로 강성했으나 로마와의 전쟁에서 연거푸 패배한 끝에 이란 지역의 사산 왕조에 의해 멸망했다.
167 『대지도론(大智度論)』은 『대품반야경(大品般若經)』의 주석서이며 나가르주나가 저술한 것으로 알려져 있는데, 『중론』의 저자인 그 나가르주나가 맞는지는 의견이 분분하다. 그러나 그 나가르주나가 맞든 아니든 사구분별이 모두 퇴치되어야 하는 이유에 관한 저 책의 해설은 분명 훌륭하다. 위 내용에서 길장(吉藏)이 『대지도론(大智度論)』의 32권을 전거로 삼은 것에 대해서는 하나조노대학(花園大学)의 교수이자 불교학자인 모로 시게키(師茂樹) 씨를 통해 알았다.

어떻게 모두 불가(不可)가 되는지를 실로 명확하게 설명한다. 그에 따르면, 우선 연기가 ②타(他)를 원인으로 생겨난다고 하면 그 타(他)에서 더더욱 원인을 찾게 되고 무궁무진, 곧 무한소행(無限遡行)하게 된다. 그래서 ①타(他)에 따르지 않고 (스스로) 생겨나게 한다면 연기 그 자체가 필요 없어진다. 이에 따라 이것은 결국 무인론인 ④가 되며, 사구분별 모두 불가하다는 것이다.[168]

그렇다면 자와 타의 둘(A와 B)에 의해 일어난다(③)고 하면 왜 안 되는 것일까? 문제는 A 그리고 B와 같은 각각의 요소에 원인을 돌려보내는 것 자체가 불가하다는 것이다. 물론 A가 아니고 또한 B가 아니라는 식의 무인(無因)도 맞지 않는다. 중요한 것은 그것들의 요소(혹은 항)가 아니라 그것들의 관계여야 한다. 나아가 그것이 무궁무진(무한소행)하지 않기 위해서는 그 관계가 한 방향의 과정이 아니라 회귀하는 형태가 되어야 한다. 달리 말하면, 가역적으로 무시무종의 테트랄레마적인 구조를 연기 자체가 가져야 한다.

요컨대 팔불(八不)과 같은 근원적인 이항대립과 그것을 통해 떠오르는 무시무종의 세계야말로 참이라고 한다면, 그것을 원점으로 되돌리는 사구분별은 성립하지 않는다. 그 원칙을 나가르주나는 우선 열두 가지 연기에 적용해서 연기 사상은 본래 그 속에서 말하는 유한의 요소(항)와 그것들의 복합, 혹은 상호작용에 원인을 돌리거나 돌리지 않는 것이 아니라고 확신할 수

---

168 [역주] 길장, 『삼론현의』, 박상수 옮김, 소명출판, 2009, 69쪽.

『삼론현의』에서 『중론』의 해석

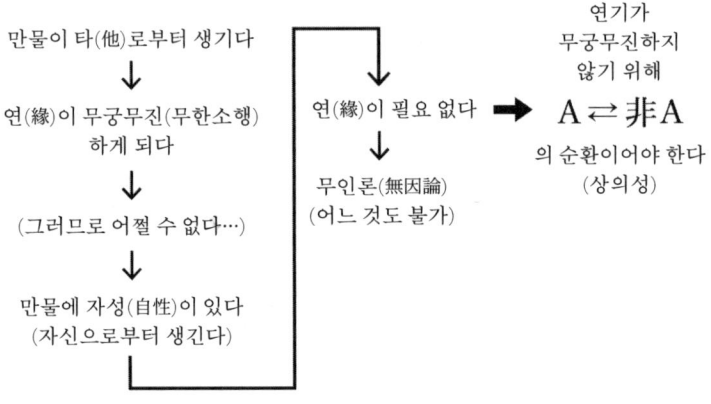

있었다. 오히려 그것들의 요소(항)는 연기 사상을 남기기 위해서는 괄호에 넣어져야 한다. 그것들의 요소(항)에 의해 증폭되는 것이 정념이라면, 그 확장 국면을 선명하게 뒤집어볼 수 있는 별도의 관계가 여기서 통찰되어야 한다. 그리고 환멸문의 사유야말로 그것들의 요소(항)를 정말로 지워가는 그 자체이며, 열두 가지 연기는 바로 환멸문의 전개를 위해 생각해낸 것이라는 것을 그는 분명 직관했다.

 이 관점에서 보면 'A가 없다면 B가 없다'라는 추론은 A로부터 B로의 순서가 아니다. 이것들은 직접 이어지는 것이 아니라 복수의 항을 거쳐 몇 가지 단계를 밟아가거나 상호 회귀하는 가역적 관계를 이룬다. 요소(항)를 괄호에 넣는다면 이것은 '~가 없다면 ~가 없다'와 같은 형태로 표기하는 것도 가능할 것이고,

오히려 'A가 없다면 非A[169]가 없다' 그리고 '非A가 없다면 A가 없다'와 같은 표기가 더 적절할 것이다. 나가르주나는 연기에 앞서 팔불(八不)이라는 근원적인 테트랄레마를 이야기했고, 그래서 그다음으로 논한 연기는 이렇게밖에 성립할 수 없었다.

'A가 없다면 非A가 없다'와 '非A가 없다면 A가 없다'의 구조는 연기에 얽힌 '상의성(相依性)'이라는 존재 방식으로서 대승불교에 등장한 것인데, 그 후의 불교사상 발전에 심대한 역할을 했다는 것은 근대 불교학자도 이미 인정하는 바다.[170] 그러나 이이변의 중도와 열두 가지 연기와 같은 논의로부터 어떤 이론적 필연성을 가지고 연기를 상의성이라는 관계에서 본다는 것인지, 그러한 사고가 의심할 여지 없는 확신과 함께 어떻게 생겨났는지, 그 철학의 근본 뜻을 해명해서 언어화하는 데까지는 아직 이르지 못했다.

그렇다면 이처럼 연기가 상의성에 기반해서 이해될 때 과연

---

169 이때 非A는 복수의 단계를 밟아가는데, 어느 쪽이든 그것들을 일괄해서 A가 아니므로 非A라고 기술이 가능할 것이다.
170 이 상의성을 불교사상의 근간에 있는 것으로 중시하며 열두 가지 연기 속에 그 맹아를 인정한 고명한 불교 윤리학자로서 우이 하쿠주(宇井伯寿)를 들 수 있다. 나가르주나는 자기를 원인으로 가지지 않는 '무자성(無自性)'인 것을 '공(空)'의 정의로 삼았는데, 이로부터 우이가 상의성이라는 존재 방식을 열두 가지 연기 속에서 이미 읽어내고 중관파(中觀派) 이후의 대승불교사상의 원형을 그 속에서 간취한 것은 대단한 식견이었음을 말해야 한다. 이 관점에 서면 그후 화엄불교에서 개물(個物)끼리의 상호작용적 관계를 둘러싼 사상의 단서 또한 원시불교 속에서 찾아진다. 한편 이러한 열두 가지 연기는 시간적인 생성 관계가 아니라 그것들이 동시에 함께 생성하는 관계였다고 우이는 해석한다. 다만 이론적 전개가 단순해 깊은 인상을 남기지는 않는다.

열두 가지 연기와 테트랄레마의 구조

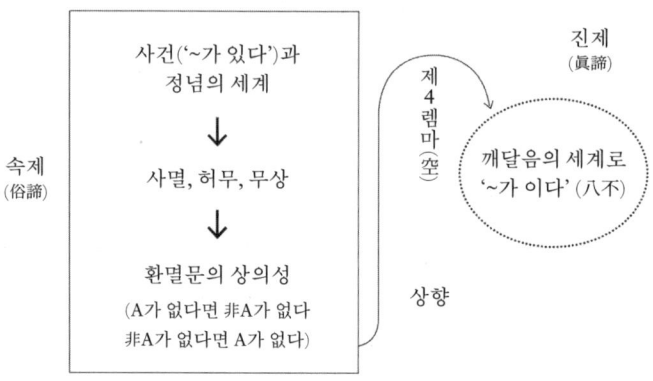

무슨 일이 일어날까?

 'A가 없다면 非A가 없다'와 '非A가 없다면 A가 없다'의 구조에 기반해서 연기를 이해한다는 것은 이제 열두 가지 연기에서 이야기되는 각각의 요소(항)를 괄호에 넣는 가운데 그 구조 자체가 모든 사상(事象)에서 찾아진다는 것을 의미한다. 그리고 'A가 없다면 非A가 없다'와 '非A가 없다면 A가 없다'는 원인을 일방적으로 A나 非A에 돌리지 않는다는 의미에서 그야말로 제4렘마적이다. 즉, 원인이 A이기도 하고 非A이기도 하다면, 가령 그것들의 상호생성적 순환이라면 어떤 제3렘마겠지만, 저 구조는 A와 非A의 쌍방에 원인을 환원하지 않음으로써 정확히 그 부정적인 반전이 가능하다. 열두 가지 연기의 순관으로부터 역관(환멸문)으로의 이행을 바로 그러한 구조적 반전으로서 전망한 이가 나가르주나였다. 게다가 『중론』은 '집합체(蘊)[171] 및 그 구성요소'와 '다양한 연(緣) 및 그 결과'에 관해 각각의 양자가 '상의성'에 있다는 것을 매우 집요하고 정성스럽게 고찰한다.

테트랄레마가 성립할 수 있은 조건은 '~가 이다'라는 진리의 위상에서 보면 극히 소수의 근원적인 이항대립에 좁혀 있다. 그리고 '~가 있다'라는 사건의 위상에서도 그 순관으로 풀어낸 초기 불교가 발전시킨 논의 일체를 나가르주나는 희론으로 일축하며[172] '상의성'이라는 구조에서만 성립할 수 있는 것으로 그 존재방식을 좁혔다. 그러나 환멸문의 '상의성'에 존재하는 것은 오히려 이 세상의 모든 사상(事象)이며 그 속의 사건, 그 속의 정념 － 혹은 사비를 엄습한 극심한 통증과 같은 것 －, 그 속의 번뇌다. 그리고 그것들 일체는 놀랍게도 그대로 제4렘마의 세계로 상향하는 통로를 열어놓는다. 바로 이것이 대승불교, 석가 이래 불교 자체, 구제 사상의 근원적인 핵심이다.[173]

---

171 [역주] 온(蘊)은 산스크리트어 skandha의 한자어 표기로 종류별로 모인 집합을 뜻한다.
172 이렇듯 동양의 예지(叡智)는 '~가 있다'의 상호생성의 위상을 이론적으로 너무나 일찍 기각해버렸고, 그래서 서양에서처럼 사이언스의 발전 방향을 중시하지 않았다. 이것은 유감스러운 일이다. 그러나 이제는 사이언스와 비근대(non-modern) 각각의 문명이 총합하는 것이 양자 모두에게 희망적인 것이 되었다.
173 이 구조를 정리하면 다음과 같다. 승의[불교의 궁극적인 이치](진제)에 있어서 'A도 非A도 아닌' 제4렘마의 '어느 쪽도 아닌' 존재 방식의 사이('中')에 놓여 있는 바로 그것이 한정적인 속제에 있어서 제3렘마이며, 그것은 또한 단적인 제1, 제2렘마다. 예를 들어 두 종류의 이항대립의 연결 방식이 바뀐다는 것은 한 이항대립의 한 극에 또 다른 이항대립이 제3렘마적으로 공존한다는 것이다('대상은 하나이고 또한 여럿이다'). 이때 그 한 극은 배중율로 보자면 '중(中)'이고,

이러한 '상의성'에서 한 상태, 그 가역적이고 보편적인 존재 방식에 있는 것을 불교에서는 '공(空)'이라고 한다. '시신비유 통자하래'(이 몸은 있음이 아닐진대 그렇다면 이 아픔은 어디에서 오는 것인가?)라고 사비가 자문했을 때 이 있음이 아닌 '이 몸'이 바로 '공(空)'에서의 '이 몸'일 것이다. 그렇다면 '아픔'은 어디에서 오는 것일까? 테트랄레마의 무시무종의 세계에서일 수밖에 없다. 사비는 이렇게 말한 것이다. 달마는 일부러 동쪽으로 오지 않았다고. 혜자도 일부러 인도까지 가지 않았다고. 서쪽에서 동쪽으로 간 것도 아니며, 동쪽에서 서쪽으로 간 것도 아니다. 그는 두타대를 등에 멘 채 설봉(雪峰)으로 되돌아가서 다시 스승을 찾아뵐 것이다.

5. 진십방세계 시일과명주

이 사건의 세계, 정념과 번뇌의 세계, 혹은 산하 자체(속제)가 그

> 나아가 맨 처음 이항대립의 한 극으로만 보자면 제1렘마거나 제2렘마다.
> 이러한 '中'은 이때 네 종류로 생각되며 서로 '~에 있어서'라는 포섭 관계를 교체하는데, 이러한 상호 운동 속에서 포섭(밖), 피포섭(안)의 이항대립이 그 '中'에서는 제4렘마적으로 있음을 나타낸다. 또 이항대립끼리의 특정한 결합과 그 결과는 이 상호 회전운동 속에서는 확장되는 것이 아니라 한정적인 것으로서 전환되며 부정되는데, 환멸문에서 그것은 '~에 있어서'라는 조건의 상의성(相依性的) 부정으로 이해되며, 나아가 그것에 의해 무제약적인 진제(眞諦)의 세계가 개시된다.

대로 영원한 깨달음의 세계(진제)[174], 곧 테트랄레마의 세계로 이어지는 통로가 된다는 것. 그뿐만 아니라 근원적인 이항대립을 넘어서서 사건으로서 약동 그 자체에 그것 그대로 진리의 세계를 만들어낸다는 것. 사비도, 또 그것을 받아들인 도겐도 하나의 경험, 하나의 사건으로부터 전 세계, 시방세계 전부가 그러한 진리의 세계라는 것임을 선보이고자 한다. 경험이, 정념이, 그리고 전 세계가 진리의 세계로서 나타나는 것, 여기까지 보편화됐을 때 불교는 그것이 발생한 역사상의 시작마저 넘어서서 애니미즘 그 자체로 도를 열었다. 그곳에서 일어난 '사건', 그곳에서 최종적으로 긍정되는 모든 것의 별칭이 '애니미즘적인 것'이다.

'진십방세계 시일과명주(盡十方世界 是一顆明珠)'[전 세계는 밝고 빛나는 하나의 구슬]. 이것은 사비의 말이다. 이 '일과명주(一顆明珠)'[밝고 빛나는 하나의 구슬]를 어떤 각도에서도 이야기할 수 있어야 한다. 도겐은 바로 그것을 실천으로 보여준다.[175]

지금 말하는 '전 세계는 밝고 빛나는 하나의 구슬(盡十方世界 是一顆明珠)'이라고 한 사람은 현사(玄沙)가 처음이다. 그 본뜻은 '진십방세계(盡十方世界)'란 광대한 것도 미세한 것도 아

---

174 [역주] 속제(俗諦)와 진제(眞諦)는 중국의 불교학파인 삼론종(三論宗)에서 주요하게 다룬 교리로서 두 가지 진리를 말한다. 속제는 중생들의 세속적 진리로서 분별과 차이의 인식 작용으로 알게 된 진리를 말하며, 진제는 진정한 절대 진리로서 모든 현상의 본성을 '공(空)'에 두는 진리를 말한다.
175 [역주] 이 인용 부분은 『역주 정법안장 강의』 「일과명주」(199-200쪽)에서 가져오되 본 글의 필자인 시미즈의 현대일본어 번역을 참조했다.

니며, 사각도 원도 아니고 어느 쪽으로도 편중되지 않으며, 생기에 넘치는 것도 아니고 명명백백이랄 것이 없다. 더욱이 생사(生死)도 아니고 가거나 오거나 하는 것이 없어서 오히려 생사거래(生死去來)라는 것이다. 이러한 까닭에 어제는 이로부터 사라졌으며 오늘은 이로부터 왔다. 누가 진십방세계의 하나하나를 철저히 보며, 누가 진십방세계의 우뚝한 모습을 얻겠는가.

'진십방(盡十方)'이라고 하는 것은 만물을 좇아 자기를 이루고 자기를 좇아 만물을 이루는 그 끝없는 작용에 관한 것이다. 정념이 생기면 앎과는 격절(隔絶)하지만, 그 격절이야말로 모조리 이야기하는 것이다. 이것이 머리를 돌려 얼굴을 바꾸는 일대전기(一大轉機)이며, 이것이 만사를 펼쳐 기(機)에 던지는 것이며, 이것이야말로 자기를 좇아 사물이 되는 까닭에 궁극 없는 진십방인 것이다. 이것은 아직 기를 발하기 이전의 도리이므로 기의 핵심을 아무리 눌러도 지나치지 않다.[176]

"만물을 좇아 자기를 이루고 자기를 좇아 만물을 이루는(逐

---

176 이 표현은 『무문관(無門關)』의 "언(言)은 만사에 펼쳐지지 않으며 어(語)는 기(機)에 던지지 않고, 말을 받는 자는 잃으며 구절에 정체된 자는 헤맨다"는 것에 유래한다. 사건은 세계의 자기표현이며 그것과 동시적으로 일치해서 자신도 표현을 발할 수 있어야만 하며 그것이 도득(道得)이다. 『무문관(無門關)』의 표현은 그것이 아직 완성되지 않았거나 시의적절하지 않은 상태를 말한 것이다.

物爲己, 逐己爲物)" 그 끝없는 작용, 그것이 진십방이라고 도겐은 말한다. 주체와 대상이 순환적으로 상호전환하는 세계, 그리고 '~가 이다'라고 하는 어떤 정의로든, 그에 포섭된 데 머물지 않는 세계, 생사(生死)와 거래(去來)라는 이항대립을 넘어서는 테트랄레마이기 때문에 단적으로 생사도 있고 거래도 있는 것, 이러한 것이 "밝고 빛나는 하나의 구슬"로서의 '진십방계(盡十方界)'다.

그리고 그러한 까닭에 과거는 한때 여기를 지나갔지만 지금 여기로부터 온다. 무시무종이기에 불래불출(不來不出)이다. 게다가 또한 "정념이 생기면 앎과는 격절(隔絶)하지만, 그 격절이야말로 모조리 이야기하는" 것이므로, 바로 정념에 대해 영원한 진리의 세계에서 떨어져 나간 것을 환멸문에서 모조리 이야기한다고 표현하는 것이다. 이 표현은 세계 자체가 환멸문에서의 정념으로서 자기를 표현하는 것이기도 하다. 또 그것은 속제에서 진제로 상향한다는, 문자 그대로 일대전기(一大轉機)이므로, 그러한 표현으로서 사건을 전개하고 기(機)[석가의 가르침에 접하여 발동되는 수행자의 능력이나 마음의 움직임]와 정확히 일치할 때 바로 그것이 대상에게서 주체를 만들고 주체에게서 대상을 만드는 작용이 쉴새 없이 이뤄져 만들어낸 전 세계 그 자체라는 것이다.

도겐은 사비의 '아픔'의 경험, 그 정념이 분명 지나갔는데도 지금 여기에 도래한다는 것, 그리고 그것이 그 자체로 환멸문에서 표현될 때 진제(眞諦)의 세계를 어디까지나 보편적으로 확장한다는 것, 그리고 또 반대로 전 세계가 그러한 것임을 이야기하는 데 그것만으로 충분하다는 것을 사비가 이해했음을 여기서 분명히 밝히고자 한다. 이것은 사건에 앞서서 기(機)가 발현하기 이전의 도리이므로 "기(機)의 핵심을 아무리 눌러도 지나치지 않다"라고 말한 것이다.[177]

여기서 이미 온갖 것이 도득(道得)[표현]되어 있다. 그러나 세계 자체의 자기표현에 동기화되는 도득은 끝도 궁극도 없다. 애니미즘 사상이란 이 세계 자체에 대한 응답이며 부름이기도 한, 표현과 함께 경험되는 다양한 정념과 진배없다.

6. 애니미즘과 그 정념

그런데 '정념의 격절'이 이야기되기 위해서는 무엇보다도 그 정념이 어떤 것인지 - 특히 애니미즘의 사고를 채취하는 사람들이라면 - 자세히 검토할 필요가 있다. 아비달마와 설일체유부(說一切有部)[178] 등 초기불교의 여러 분파는 연기설에 기초한 정념

---

177 이것은 사이언스에서 원자적인 방향성이 성립하지 않는다는 것을 알게 되면 개개의 상황을 떠나 단자론적인 그물망 모양의 상호포섭 구조에 의해서만 여러 과학의 전체상을 사유할 수 있는 것과 동일한 기서(機序)[기제]를 한층 더 경험적이고 정념적이며 나아가 종교적인 맥락에서 이야기한 것이라고 할 수 있다.

178 [역주] 설일체유부는 소승불교의 상좌부에서 분파된 일부를 가리키며 유부(有部)로 약칭된다. 유부의 기본적 입장은 삼세실유설(三世實有說)이다. 삼라만상을 형성하기 위한 요소로서 약 70개의 법(다르마)을 상정하고, 이 법이 과거, 미래, 현재에 항상 자기 동일을 유지해서 실재하는데, 우리가 그것을 경험할 수 있는 것은 현재의 한순간에 불과하다는 것이다.

의 심리학을 치밀하게 발전시켰다. 나가르주나는 그것을 희론으로 일축했다. 그러나 '상의성'에 놓인 세계에 대한 직관은 불교만큼 논리적으로 정식화되지 않았어도 다양한 사람들 사이에서 시도되어온 것 같다. 앞서 살펴봤듯이, 대승불교에서는 'A가 없다면 非A가 없다'와 '非A가 없다면 A가 없다'라는 공성(空性)에서의 '상의성'이 매우 중요했는데, 'A가 있으므로 非A가 있다'와 '非A가 있으므로 A가 있다'라는 정념의 확장 국면, 즉 속제(俗諦)에서의 세계를 또한 – 최종적으로 환멸문으로 부정되며 정화되는 것이기는 하지만 – 전제로 삼아야 했다. 인간과 비인간, 주체와 대상 세계가 바로 '상의성'으로 맞대어져 거울처럼 서로를 성립시킨다는 정념의 세계. 불교가 괴로움의 세계로 본 것이다. 죽음이 있다면 에로스가 있으며 위계도 있다는 이 세계에 관해 인류는 다양하게 이야기해왔고, 할 수 있는 한 온갖 술책을 구사해서 생활을 영위해왔다. 애니미즘의 사고를 담은 설화는 그것이 승화되기 이전의, 말하자면 속제(俗諦)에서의 애니미즘과 그 속에서 만들어진 정념의 심리학의 양상을 분명 말해주고 있다.

이 책에서 앞서 논한 애니미즘의 전형적인 설화를 속제(俗諦)에서의 애니미즘이라는 관점에서 고찰해보고자 한다. 필리프 데스콜라 또한 말했듯이, 예를 들어 사냥꾼과 사냥감 동물이 같은 혼을 공유하고 있다고 상정하는 것은 애니미즘을 특징짓는 사고방식의 하나다(Descola 2005).[179] 곰과 산양 등의 짐승은 모피를 두르고 인간들 앞에 나타나지만, 그들끼리 살고 있을 때

---

179 특히 6장의 「애니미즘 재고」를 참조할 수 있다.

는 인간이다. 이 불가사의한 주장이 전 세계의 다양한 지역에서 구전되는 이유는 무엇일까?

이 근원적인 질문에 맞닥뜨릴 때, 러시아 연방 사하공화국의 넬름노예(Nelemnoye)라는 마을에 거주하는 시베리아 수렵민인 유카기르족의 독특한 사고와 그들의 사냥에서 사냥감의 모방(미메시스)으로서의 애니미즘을 다룬 라네 빌레르슬레우(Willerslev 2007)의 고찰은 우리에게 많은 시사점을 던져준다. 그가 함께 생활한 유카기르족 사냥꾼들은 소비에트연방 해체 이후 수렵과 어로 생활로 되돌아간 사람들이다(Willerslev 2007: 7, 이 책 4장 3절을 참조). 그들은 예를 들어 사냥감인 엘크[180]를 사냥하기에 앞서 바냐(banya)라고 불리는 사우나에 들어가서 체취를 없애고 사냥할 때에는 엘크의 모피를 두르고 엘크를 모조리 모방한다. 이 모습을 빌레르슬레우는 다음과 같이 묘사한다.

> 스피리돈 노인이 몸을 앞뒤로 흔드는 모습을 보면서 나는 지금 내 눈앞에 있는 것이 남자인지 엘크인지 어리둥절했다. 털을 밖으로 향하게 뒤집은 엘크 가죽 외투, 유난히 돌출된 엘크의 뿔 소재의 머리 장식, 엘크가 눈 속을 걷는 소리를 흉내 내기 위해 엘크 다리의 매끈한 모피에 감싸인 스키를 착

---

180 엘크는 유라시아 대륙에 서식하는 말코손바닥사슴(moose)이며, 사슴으로서는 세계 최대의 거대한 체구를 가지고 있다. 암컷은 수컷과 마찬가지로 거대한 뿔을 가졌는데 뿔이 2미터를 넘기도 한다. 북아메리카에서는 "무스"라고 부른다.

용하고 그는 엘크처럼 걸었다. 그러나 양손에는 장전된 소총을 손에 든, 눌러쓴 모자 밑으로 인간의 눈, 코, 입이 보이는 인간 남자이기도 했다. 그러므로 스피리돈은 인간이기를 멈춘 것이 아니다. 오히려 그는 경계의 성질을 가졌다. 그는 엘크가 아니었지만, 엘크가 아닌 것도 아니었다. 그는 인간과 비인간의 정체성 사이의 낯선 곳을 차지하고 있었던 것이다 (Willerslev 2007: 1).[181]

암컷 엘크 한 마리와 그 새끼는 이 모방적 연행을 알아챘다. 처음에 암컷 엘크는 당혹한 모습으로 멈춰 섰지만, 사냥꾼을 향해 걸어온다. 스피리돈은 총을 들어 이 두 마리를 총으로 쏴 죽였다. 노인은 후에 이 사건을 이렇게 설명한다. "나는 두 사람이 춤을 추며 내 쪽으로 다가오는 것을 보았다. 어미는 아름다운 젊은 여자였는데, 이렇게 노래를 부르며 말했다. '자랑스러

---

[181] 사냥감이 내는 소리를 모방하고 사냥감과 비슷한 형상을 하고서 사냥감을 유혹하는 행위는 수렵과 어로 현장에서 흔히 접할 수 있지만, 여기서 유카기르족과 같이 사냥꾼이 '사냥감을 모방하는' 행위가 모든 애니미즘적 사냥꾼에 공통하지 않는 것은 물론이다. 그렇지만 사냥꾼은 사냥감을 통한 생태권(生態圈)의 독특한 인지와 이해, 또 그 행동을 조직한 후에만 사냥을 할 수 있으며, 사냥감의 회피행동이나 역습 또한 그럴 수밖에 없는 상황에서 밀고 당기는 것이 수렵일반의 조건임은 틀림없다. 이 경우 인간이든 비인간이든 서로의 퍼스펙티브를 포섭한 후에야 행동에 돌입할 수 있다. 이때 처음부터 사냥감이 대상으로서 다만 외재적으로 존재한다고 상정하는 것은 라투르가 근대 과학이 그 대상을 외재하는 것으로 소박하게 전제한다고 비판한 것과 마찬가지로 오히려 성립하지 않는다. 이때 우리에게 흥미로운 것은 그 속에서 종을 초월해서 작동하는 다양한 정념이며 그 귀추다.

운 친구여! 어서 오세요. 내가 당신 손을 잡고 우리 사는 곳으로 안내할게요.' 그때 나는 둘을 모두 죽였다. 만일 내가 그녀를 따라갔더라면 죽은 것은 나였을 것이다. 그녀가 나를 죽였을 테니까"(Willerslev 2007: 1).

유카기르족 사냥꾼은 모방적 연행을 통한 사냥감 엘크의 유인을 일종의 성적 유혹으로 파악한다. 이 유혹은 쌍방향적인 것으로 엘크 또한 사냥꾼을 유혹한다. 사냥꾼이 그 유혹에 넘어가면, 사냥꾼 자신이 죽게 된다. 여기서 사냥꾼이 사냥을 애니미즘으로 해석하는 데에서 독특하고 기묘한 이야기가 발견된다. 사냥꾼이 사냥감에게 거울 속에 비친 존재로 보이는 것을 성적 유혹으로 해석하는 이 의미를 빌레르슬레우는 다양한 각도에서 고찰한다. 그는 약간의 유보를 덧붙이면서 정신분석학자 자크 라캉의 거울단계론을 가져와 사냥꾼이 사냥감에게 '이마고(imago)'[182]로 나타나는 것일 수 있음을 지적한다(Willerslev 2007: 66-8).

라캉에 따르면, 막 태어난 아기는 아직 총합의 전체라기보다 맹목적이고 파편적인 욕동(欲動)의 오합지졸에 불과하다. 이 아기는 거울에 비친 자신의 모습에서 처음으로 전체적으로 통일된 신체의 모습을 본다. 이 모습은 통일적이고 이상화된 자기 이미지(이마고)이며, 아기는 그것에 애착을 기억하고 그것을 자기로 받아들임으로써 자신을 주체화하고자 한다. 그러나 이 모

---

182 [역주] 이마고는 원상(原象)을 뜻하는 라틴어로 정신분석학에서는 타인을 지각하고 관계를 맺게 하는 인간 보편의 정신적 원형을 가리킨다.

습 자체는 결국 자신과 다른 거울상으로서의 타자이며 오히려 이 타자 없이는 주체로서의 자기가 있을 수 없다는 태도가 깔려 있다. 이때 자기의 주체는 거울상 측으로부터 소외돼버리고, 이 갈등으로 인해 거울상은 애정의 대상이면서도 증오의 대상이 된다.

　이러한 거울단계론 자체는 본래 생물이 자신과 같은 종을 지각함으로써 종으로서의 성숙에 이른다는 동물생태학이나 생물학 연구에 기반한다는 점을 간과해서는 안 된다(Lacan 1966: 95).[183] 인간뿐만 아니라 비인간까지도 주체로서 성립하기 위해서는 거울에 비친 모습으로서 타자의 존재를 필요로 한다. 게다가 종을 넘어선 '이마고'와 같은 것이 성립할 수 있으며 이것이 반드시 부자연스러운 것은 아니다. 또 그 속에서 에로스적인 애착이 생겨나거나 주체성을 빼앗기는 공포를 느끼거나 그로부터 도망가려는 감정이 생겨나는 것 등은 거울단계론을 잘 모르는 사냥꾼일지라도 경험적이고 웅변적으로 말해줄 수 있다. 그렇다면, 그 가운데 그들의 믿음과 그 애니미즘적 해석을 서양의 근대적인 가치관으로 판단해서 괴이하다고 의심하는 것은 오히려 안일한 처사라고 할 수 있다.

183　라캉은 인간의 심적 인과성의 문제를 증명하기에는 이질적인 분야의 사례라는 것을 감안하면서도, 거울 단계에서 타자라는 존재가 필요하게 된 것을 설명하기 위해 동물생태학의 여러 사례를 들고 있다. 암컷 비둘기가 생식선이 발달하려면 성별에 관계없이 동종의 개체를 반드시 봐야 하는 사례 그리고 사막 메뚜기가 단독 생활에서 군집 생활로 이행하는 과정에서 자신과 가장 비슷한 이미지의 시각적 움직임에 드러나는 단계를 거쳐야 하는 사례를 들고 있다.

주체성을 뺏으려는 거울상=타자를 부정해야 하는 이 옴짝달싹 못 하는 감정은 상대를 죽임(사냥함)으로써 끝이 난다. 사냥꾼과 사냥감은 서로를 유혹하지만, 어느 쪽이든 유혹당한다는 것은 죽음을 의미한다. ("내가 죽었을 것이다.") 앞서 살펴봤듯이, 인간과 비인간, 주체와 대상은 서로가 존재하기 위해 타자를 필요로 하고 그 속에서 자극되는 것은 에로스적인 정념이다. 여기에 바로 'A가 있다면 非A가 있다'와 '非A가 있다면 A가 있다'라는 '상의성' 가운데 정념의 확장이 있다. 사이언스의 대상이 아닌 경험과 정념의 세계는 바로 그와 같은 것으로서 존재하며 환상 속에서 느껴진다. 그러나 이 '주체/대상'의 양자 관계에 온전히 잠기면, 즉 거울의 타자성이 완전히 성취되면, 그것은 결과적으로 죽음을 초래한다. 사냥꾼은 그래서 속임수를 꾸며대야 한다.

유카기르족은 사냥에서 실제로 무엇을 하고 있는가? 아마도 그들은 거울 관계에서 통상적으로 일어나는 심리와는 반대로 오히려 통합체로서의 자기를 적극적으로 포기한다(Willerslev 2007: 94-7). 유카기르족 사냥꾼은 자신의 혼(아이비)이 동시에 복수로 존재한다는 것, 그래서 파편적인 욕동으로서 존재한다는 것을 있는 그대로 인정한다.[184] 그리고 이 때문에 그들은 사냥

---

184 고대 일본인의 신앙에서도 시대에 따라 그 해석이 다양하지만, 이를테면 "쿠시미타마(奇魂)", "사키미타마(幸魂)"와 같이 성질이 다른 혼이 복수로 존재한다는 것, 또 혼의 일부가 떨어져 나오거나 외부에서 들어올 수 있다고 일관되게 믿어왔다는 것은 잘 알려져 있다. 하나의 육신에 하나의 혼이 항상 붙어 있는 것도 아니고 그 관계가 생각보다 불안정하며 이 때문에 혼을 다룰 때 매우 신중

《면교(眠交)》, 그림 오코지마 마키.

감과의 거울 관계를 어떤 의미에서 배신할 수 있고 엘크를 사냥할(죽일) 수 있다. 사냥꾼과 사냥감의 관계는 외적인 양자 관계이며 이 속에서 서로에게 비치는 모습은 통일체로 보이지만, 사냥꾼의 신체는 통합되지 않는 무수한 혼과 내적인 관계에 있다. 사냥꾼은 그 어느 쪽의 관계에도 일방적으로 환원되지 않기 때문에 그의 속임수는 성공적이다. 그레이엄 하먼이 말한 객체처럼 외적 관계로도 내적 관계로도 환원되지 않는 존재로서의 사냥꾼, 말하자면 중간 경계에 있는 존재로서의 그는 본질적으로 그가 두른 '모피'의 존재다. 그리고 실제로 그는 모든 생물이 속을 뒤집으면 다른 생물에 대해 '모피'의 존재일 것으로 생각한다. 경험적 세계와 그 와중에 증폭하는 정념의 세계 그리고 그 속에서 태어나는 온갖 생물들의 다양함을 애니미즘의 존재론은 이처럼 이해한다.

 이 중간적이고 잠정적인 통일, 곧 '모피'로서의 신체에 복수의 혼을 공존시킴으로써 그들이 은밀히 도입하는 것은 삼분법에서 중시한 〈'주체/대상'/'여럿/하나'〉라는 복수의 이항대립의 조합이다. 통일된 주체를 획득하기 위해 '주체/대상'의 이원론에서 끝까지 대상을 부정하려는 것 혹은 '이마고'의 매혹에 끝없이 유인되는 것은 애니미즘의 세계관으로 보면 속임수에 속아서 포획되는 사냥감의 심성이다. 즉, 근대인이라는 의미에서 주체적이고자 하는 것은 유카기르족에서는 오히려 동물인 것, 포획물인 것, 그저 고기인 것이다.

 한 대처가 필요하다고 생각해왔다.

인간과 비인간 사이에서 정념이 서로에게 증폭되는 국면은 그러나 최종의 존재 방식은 아니다. 사냥하고 사냥당하는 세계, 먹고 먹히는 세계는 최종적으로 그러한 정념 자체를 적멸시킬 것이다. 그 속에는 일방적으로 먹는 것도 먹히는 것도 없다. 피포섭(안)과 포섭(밖)이라는 최후의 이항대립은 급기야는 앞선 두 종류의 이항대립을 모조리 삼키고 스스로 조정된다. 궁극 없이 유전하는 삶의 윤회 그 격류에서 사람들은 그로부터 한층 더 거대한 우주를 몽상할 것이다.

혹은 저 짐승들도 그저 속임수에 당한 것만은 아니지 않을까? 그들의 마음속에는 함정에 유혹되는 것 이외에 다수의 혼과 영이 있을 것이며, 사냥감이 된 것 자체가 실은 이해 가능한 증여였을 수 있다. 무엇을 위해서? 이 무시무종의 세계를 은밀히 준비한 것이 아니었을까? 인간과 비인간 사이, 개별의 것과 전체의 것, 먹는 것과 먹히는 것, 이것들은 서로에게 위치를 바꿔가며 멸망하면서도 멸망하는 일 없는 영원한 증여와 은총의 세계를 형성하고 있다. 그리고 자신들 또한 이 [무시무종의] 세계에서 태어나 그곳으로 돌아가고 그곳에 바쳐지는, 말하자면 공물(供物)이다.

애니미즘의 대지에서 모든 것은 이미 예감되어 있다. 이런 마당에 무슨 말을 덧붙일까? 시작도 끝도 없는 세계를 말하는 이 사색은 문자 그대로 다함이 없다. 우리는 여기서 간신히 그 윤곽과 놀랄 만한 사유의 궤적을 겨우 엿볼 뿐이다. 이렇게 말할 수 있다. 우리도 두타대를 짊어지고 나 자신의 설봉(雪峰)으로 되돌아가야 한다고.

6장
대담 II

인류학에서 불교로 / 철학에서 불교로

▶▶ 앞선 대담과 마찬가지로 우선은 각각 두 번째 논문(4장, 5장)에 대한 서로의 감상부터 시작해보겠습니다.

시미즈 불교와 애니미즘을 교차시키는 접근법에서 말하자면 내 논문(5장)은 선불교에 비중을 둔 반면 오쿠노 씨의 논고(4장)는 '타력(他力)'에 초점을 맞추고 있습니다. 오쿠노 씨의 논고를 읽고 요시모토 다카아키의 신란론(親鸞論)을 다시 찾아보았습니다. 나는 화엄과 선(禪) 사상을 유럽의 단자론과 라투르 등을 의식하면서 사이언스나 기술의 존재 방식까지 포함한 세계 인식의 문제로서 다루고 싶었습니다. 그곳에 현재성이 있다고 생각해서입니다. 그리고 우리의 논의를 애니미즘까지 연결해서 선 굵게 나아가면, 신란과 타력의 사상에서 "신앙한다는 것이란 무엇인가?"라는 질문에까지 파고듭니다. 신앙의 내부에 있는 사람과 신앙을 회의한다고 할까요? 거기까지 미치지 못하는 자신이 있어서, 그 안과 밖의 양쪽에 걸치는 이중성이 저 사상에서 문제시되고 있습니다. 이 이중성의 문제를 오쿠노 씨의 논문에서도 강하게 느꼈습니다.

요시모토 다카아키의 불교와 신란에 관한 이야기는 '전향(轉向)'이라는 그 자신의 경험과 결부해서 생각하지 않을 수 없습니다. 그다지 큰 변화가 없었던 30년간의 '헤이세이(平成)'[1989~2019에 해당하는 일왕의 연호] 시대에서는 이해하기 어려울 수 있습니다. 요시모토는 스무 살 무렵 전쟁을 겪었고 전쟁을 전후로 이데올로기의 급격한 변화를 경험합니다. 지식인의 전향, 즉 믿음의 상실이 무엇인지를 통감한 것이지요. 그가 믿은 것은 전쟁의 와중에 무력한 군국소년으로서 죽음을 강요당한 것입니다. 불교에서 독실한 신앙인이라는 것도 왕생이란 결국에 죽는 것임을 받아들인 자를 말하는 것이고요. 요시모토는 죽지 못해 살아간 전후(戰後)의 자신에 신란을 겹쳐놓습니다. 어떤 의미에서는 신앙의 내용 자체를 괄호에 넣고 그 구조 속에서 '신앙한다는 것이란 무엇인가?'라는 더욱 보편적인 질문을 던지는 것이 타력불교의 사상이지 않은가 다시금 생각했습니다.

오쿠노 씨가 쓴 4장에서는 예를 들어 투문치족과 아이누족의 관계를 자력과 타력의 문제로 엮어서 이야기합니다. 그래서 매우 흥미로웠는데요, 타력의 사상에는 왕복 순환이나 안과 밖과 같은 이중성이 본래 있습니다. 오쿠노 씨도 최근에는 만화를 그리고 본인을 캐릭터화해서 그 만화에 등장시킵니다. 루비콘강을 건넜다는 인상을 받았습니다(웃음). 나는 최근 학문 자체에도 이러한 것이 필요하다고 생각합니다. 예컨대 이와타 케이지가 이따금 이야기했듯이 자기 자신이 그 안에 있지 않은 학문

《신란성인상》, 견본착색, 13~14세기, 나라국립박물관 소장.

은 진실로 바람직하지 않으며, 이와타 본인 또한 지리학에서 인류학으로 옮겨갔지요. 야나기타 구니오의 민속학이 대단한 것도 유년기 이래 자신의 이야기를 담아냈기 때문이라고 사람들은 말합니다. 오쿠노 씨도 자신이 속한 세계에 관해 이야기하는 사람이 되었습니다. 객관적인 인류학이라기보다는 문학적인 측면이 강합니다. 안에 들어가 있으면서 밖에서도 보고 있다. 그 속의 세계에는 또한 다양한 사람이 있으므로 마치 타력의 형식으로 불교를 이중으로 보듯이 그것을 통틀어 조감하는 것이지요. 이번 논고의 접근법이 그러하다고 생각했습니다.

　이와타 케이지는 이러한 학문의 구조 속에서 비로소 자신의 목소리를 낸 것이지요. 그렇다면 '나무가 이야기하고 숲이 이야기하는 것'을 애니미즘이라고 하는데, 애당초 나무와 숲이 이야기하기 전에 인간은 이야기하지 않았다는 생각이 듭니다. 이와타의 연구작업을 보면 매우 감수성이 풍부하고 문학적입니다. 그가 그 속에서 이야기할 수 있다는 것은 이미 개구리가 노래하고 나무가 노래하며 이야기하고 있다는 것이지요. 오쿠노 씨도 그러한 세계에 발을 들여놓았다는 것이 저의 전체적인 감상입니다.

오쿠노　감사합니다. '인류학의 루비콘강'을 건너버렸다는 점과도 엮어서(웃음), 안과 밖이라는 관점에서 논한 매우 훌륭한 비평이었습니다.

　시미즈 씨가 졸고에 대한 감상을 이야기해주었으므로 나도 시미즈 씨의 글을 비평해보겠습니다. 인류학은 다른 누군가(타자)의 애니미즘을 외부의 관점에서 다루는 것을 출발점으로 합니다. 즉, '그들'의 애니미즘을 어떻게 하면 이해할 수 있는지를 고민해왔습니다. 그런데 최근 팀 잉골드와 라네 빌레르슬레우와 같은 인류학자의 경우, 그들의 글을 읽고 번역해보면 현지인들의 생각을 헤아리며 '그들'의 애니미즘을 '진지하게 받아들이고' 그 속에 들어가려는 태도를 보입니다. 이와 더불어 요시모토가 신란의 환상론(還相論) 등에서 강조하는 예토(穢土)[이승]와 정토(淨土)[저승]의 '왕복 순환'이라는 루프 구조를 언급한 것이 지난 대담까지의 대략적 흐름이었습니다. 애니미즘은 수렵 활동과 같은 사람들의 실천에서 잘 나타나는데, 요즘 나는 그것을 '움직이는 애니미즘'이라고 부릅니다. 애니미즘을 움직임 속에서 이해할 필요가 있다는 것이지요. 그렇게 해서 이 책의 두 번째 논문(4장)에서 정토사상에 주로 근거한 타력론(他力論)을 다루었습니다.

이 행보와는 대조적으로 시미즈 씨의 논고(5장)는 매우 직접적으로 사상(事象) 혹은 '물(物)' 자체에 도전합니다. ÉKRITS 의 《More Than Human》 시리즈에 영어와 일본어로 게재된 시미즈 씨의 인터뷰 「불교 철학의 진원(眞源)을 재구축하다: 나가르주나와 도겐이 본 것」[185]과 병행해서 읽으면 그 점을 확실히 알 수 있습니다.

이와타 케이지는 이를테면 훔볼트가 『코스모스』에서 그랬던 것처럼 세계를 바깥쪽에서 접근하는 '단일 세계'의 관점에서 출발했으나 동남아시아 각지의 현지 조사에서 돌연 내부로 뛰어들어 애니미즘을 들추어내었습니다. 이것은 시미즈 씨의 논고에서도 언급된 바입니다. 즉, 처음에 주어진 안쪽 세계와 바깥쪽 세계에서 인류학자는 어떻게든 안에 들어가 그 속에서 서구

---

[185] https://ekrits.jp/2020/08/3782/(최종 확인일: 2021년 9월 17일). 이 대담은 또한 2021년 9월 간행된 『More Than Human 다종인류학과 환경 인문학』(以文社) 제9장에 재수록되었다.

와는 별개의 비서구 사회의 현상을 우선 포착한 다음에 그 현상에서 애니미즘을 찾아내고자 했습니다. 이와타는 인류학자로서 『정법안장』을 손에 들고 도겐의 세계를 따라 들어가 처음부터 애니미즘에 관한 것들을 깊이 이해하려 했습니다. 3장 대담 I 에서 시미즈 씨가 지적했듯이 이와타는 불교를 가슴 깊이 끌어안았기 때문에, 예를 들어 현지 조사에서 탈곡의 소리를 매개로 인간과 "이나가미(稲神)"[곡물의 여신]가 서로 연결되는 양상을 포착할 수 있었습니다. 이것은 스트래선이나 라투르보다 한발 앞선 발견이지요. 이와 마찬가지로 철학적인 사색에 기초해서 불교사상을 더한층 탐색의 길로 밀어붙이는 시미즈 씨의 시도는 곧바로 사상(事象) 자체에 발을 들여놓는다는 박진감을 선사합니다. 특히 시미즈 씨의 논고에 나오는 『정법안장』의 '일과명주'에 관한 이야기는 흥미로울뿐더러 적절합니다.

시미즈 감사합니다.

오쿠노 시미즈 씨의 논고인 5장의 전반부에는 「불교 철학의 진원을 재구축하다」에서 논한 내용이 나오고 그다음으로 『정법안장』이 등장합니다. 그로부터 정념의 문제를 가지고 애니미즘으로 걸어 들어갑니다. 일과명주의 세계에서 서서히 정념의 세계를 향해 인간의 세계로 내려온다는 것이지요. 빌레르슬레우의 유카기르족에 관한 민족지는 시미즈 씨와 내가 함께 언급한 애니미즘의 한 사례입니다.

　빌레르슬레우는 인간과 자연이라는 이항대립을 상정할 수

밖에 없는 상황에서 잉골드의 현상학적인 표현으로는 '거주의 퍼스펙티브(dwelling perspective)'를 염두에 두고 인류학자로서 그 현장에 거주하면서 보이게 되는 세계를 부각하고자 합니다. 유카기르의 사냥꾼은 상상력을 발휘해서 동물의 영역에 들어가기 위해 '모방적 공감'을 드러내며 동물이 되고, 또 인간으로 되돌아온 순간에 동물을 쏴 죽입니다. 이것을 '거주의 퍼스펙티브'로 이해하지 않으면, 외부자의 시선에서 다만 '사람들은 동물에 혼이 있다는 애니미즘을 믿는다'라는 소박하기만 한 기술에 머물 것입니다.

시미즈 씨는 5장에서 진십방세계에서 일과명주의 화제를 가져와서 뒤통수치듯 애니미즘의 본질을 도려낼 때까지 파고듭니다. ÉKRITS의 인터뷰에서는 나가르주나의 『중론』을 논하는 대목에서 언어 이전이나 논리 이전의 이야기라고 정리해버린 문제를 세밀하게 철학적으로 검토합니다. 이렇듯 부정의 논리로 살펴봐야 끝까지 파고들 수 있다고 말이지요. 그리고 중관파(中觀派) 논리의 탐구를 거쳐 인간과 자연에 그것을 옮겨놓은 것이 도겐의 세계라고 합니다. 대승불교의 오랜 역사와 가마쿠라(鎌倉) 불교에서 결정화된 『정법안장』에 발을 내디디면서 애니미즘에 바싹 따라붙습니다.

시미즈 『정법안장』에서 일과명주 이야기를 논한 부분은 불교 자체를 흔히 생각하듯 초월적 논리로 정리해버리는 것이 아니라 완전히 논리적으로 재파악하려는 시도이자 돌파구라고 생각합니다. 서양에서는 기독교를 평생에 걸쳐 회의하고 그 끝에 마침내 기독교로 되돌아가는 사상가와 작가 등이 셀 수 없을 정도로 많습니다. 반면 불교에서는 신앙 자체에 대한 회의라는 의미에서 신란과 같은 사람이 있긴 하지만, 불교의 세계 인식 자체를 집요하게 음미하면서 그와 동시에 긍정한 사람은 별로 없습니다. 예외라면 니시다 기타로 정도랄까요? 나는 그러한 것을 해보고 싶었습니다. 그리고 삼분법과 불교의 세계관은 공명하고 있으며, 우리가 발 딛고 있는 현실의 삶에서 그것을 다루는 데에 정념과 애니미즘의 문제는 매우 중요합니다. 'A도 아니고 非A도 아니다'라는 테트랄레마의 논리가 '~가 있다'라는 사건의 차원에서 현실에 성립할 수 있다는 것은 현실이 소멸해가는 세계이기 때문입니다. 변해가는 세계와 그 정념 속에서 테트랄레마와 상의성 모두 성립하지 않을 수 없습니다. 초기 불교에서 대승불교, 상의성, 화엄의 일즉다 다즉일 사상이 보여주는 논리적 필연성을 철학적으로 논증하는 것이 내가 여기서 시도한 것입니다. 그리고 그로부터 어떤 방식으로 세계관이 확장되는지를 살펴보면, 사이언스 등의 엄밀한 논리를 통해 사유되는 확장 단자론 이론, 참된 진리의 존재 방식을 이야기하는 언어의 논리만으로는 다 말할 수 없습니다. 그리하여 정념의 차원이 문제시됩니다. 그것이 사실은 불교의 논리 이전에 차라리 일본적인 무상관(無常觀)이나 '모노노아와레[만물의 서글픈 정취]'의 미학 등과 상통합니다. 어쩌면 우리는 그것을 죽 느껴왔을지도 모릅니다. 그래서 오쿠노 씨가 장자 등 중국의 사상에서 영감을 받고 있는데, 나는 오히려 그 너머 인도의 논리와 일본적인 정념, 그리고 애니미즘의 정념을 어떻게든 연결하려고 단번에 뛰어든 감이 있습니다.

오쿠노 그렇군요. 도겐이나 중국사상으로부터 그 근원에 있는 대승불교의 가장 투철한 논리로 거슬러 간다는 것이군요. 흥미진진하며 또 호응하게 됩니다. 그래도 뭐라 해도 그중에서 『정법안장』의 '일과명주'가 일품이었습니다.

시미즈 내가 글을 쓰면서도 그 부분이 흥미로웠습니다. 거기서 애니미즘의 이야기로 넘어가면서 조금은 잘라 말한 듯했고 그래서 어떻게 마무리할지를 모르겠는 불가사의한 느낌이 있었습니다. 『정법안장』도 제 나름대로 현대어 번역을 해보았습니다. 『정법안장』에는 "사물을 좇아 자기를 이루고 자기를 좇아 사물을 이룬다"라는 무한 루프의 구조를 말하는 부분이 있습니다. 그 양쪽을 아울러 쐐기를 박고 싶은 감각으로 쓰인 것이 아닐까요?

'진십방세계 시일과명주'

오쿠노 시미즈 씨의 논고에서 나오는 현사사비(玄沙師備)는 자신의 부친을 불의의 사고로 죽음에 몰아넣고 출가한 사람입니다. 설봉산을 하산하고 여행을 떠나고자 했지만, 돌부리에 발가락이 부딪혀 피를 흘리며 "이 몸은 있음이 아닐진대 그렇다면 이 아픔은 어디에서 오는 것인가?"라고 투덜대며 산으로 되돌아갑니다. 그리고 스승인 진각대사(眞覺大師) 설봉으로부터 어쩌자는 것이냐라는 질문을 받고 "여태까지 감히 사람을 홀리지 않았습죠"라고 답합니다. 이것은 스스로 속지 않게 되었다는 의미입니다. 설봉은 그렇게 답한 사비를 칭찬합니다. 설봉이 왜 여행을 떠나지 않았는지를 물었더니 "달마는 동쪽으로 오지 않았습죠. 혜가(慧可)는 인도로 가지 않았습죠"라고 답합니다. 떠남도 돌아옴도 없다는 것이지요. 이것을 듣고 설봉은 한 번 더 칭찬합니다.

여행에는 보통 목적지가 있습니다. 여기서 출발해서 저기에 도착합니다. 그러나 사비는 그런 식으로 여행할 수 없음을 말한 것이라고 나는 해석했습니다. 즉, 가고자 생각하고 간다고 해서 반드시 가게 되는 것이 아님을 말하는 것이지요. 세상일은 딱 잘라 인과율로 파악할 수 없다는 것입니다. 그 앞 에피소드에서 이야기하는 것은 고통의 지속의 문제인데, 지금 겪는 어떤 고통의 원인은 이미 없어졌기에 고통만이 있다. 그것 또한 인과율로 파악할 수 없다. 설봉과 사비의 대화는 그것을 표현하고 있다고 우선 이해할 수 있겠지요?

시미즈 그렇습니다. 보통은 원인이 있으므로 결과가 있다고 생각합니다. 돌에 발을 부딪쳤기 때문에 아프다고 생각할 수 있지만, 이미 사비의 경험에서 고통이란 환각지(幻覺指)의 아픔에 가깝습니다. 이에 대해서도 과학적으로 다양하게 이야기되지만, 차라리 과거의 경험이 우리의 정념 속에서 번뇌가 되어 남는다고 할 때의 진짜 같은 그 현실감이 그렇지 않을까요? 그에 대한 자각이 사비 속에 있지 않았나 합니다. 그것들은 모두 지나갔다. 원인과 결과 모두 이미 사라지고 없다. 그러나 바로 그곳에 테트랄레마적인 리얼리티가 있습니다. 이러한 것을 말하고 싶지 않았을까요?

그래서 사비는 불래불거(不來不去)를 또한 깊이 느꼈다고 생각합니다. 사비는 편력의 여행을 떠나고자 또 다른 스승을 찾아 출발하려 했지만, 이미 그럴 필요를 느끼지 않게 되어 돌아왔습니다. 그러므로 "홀리지 않았다"에 담긴 뜻이 무엇인지는 일괄적으로 말하기 어렵습니다. 누군가에게 그런 말을 할 필요조차 없어진 것이니까요. 자신이 누구를 속인다거나 누군가가 자기를 속이는 상황에서 성립하는 이야기가 아니라는 뜻이겠지요.

오쿠노 "여태까지 감히 사람을 홀리지 않았습죠"의 주어가 자기도 아니고 누군가도 아닙니다. 즉, 자신이 여태 속았음을 깨달았다는 뜻은 반드시 아니라는 것이죠.

시미즈 그렇습니다. 스승을 찾으려 여행을 떠나고자 했지만, 그 자체의 필요성을 잃었다는 뜻이지요.

오쿠노 그렇군요. 철두철미한 인과율을 벗어버려야 한다는 뜻이군요.

시미즈 한문은 뜻을 요리조리 생각하게 하고 한문의 표현은 이래저래 읽을 수 있는 데가 있어서, 스즈키 다이세츠(鈴木大拙)도 어디선가 선적(禪籍)에서 한 문장을 인용해서 이 한문은 여덟 가지로 읽을 수 있다고 했습니다.

네팔 카트만두의 시장 거리. 촬영 오쿠노 카츠미(2013년).

오쿠노 시미즈 씨는 다루지 않지만, 도겐의 『정법안장』 제1권에서 다음과 같은 이야기가 전개됩니다. "온 세계는 이 한 개의 밝은 구슬이다(盡十方世界 是一顆明珠)"가 사비의 말버릇이었다고 합니다. 그의 제자 중 한 승려가 "화상(和尙)은 온 세계가 한 개의 밝은 구슬이라고 가르쳤습니다. 우리는 그것을 어떻게 터득하여야 합니까?"라고 사비에게 묻습니다. 그랬더니 사비는 "온 세계는 이 한 개의 밝은 구슬이다. 그것을 이해해서 어쩌자는 것이냐?"라고 응합니다. 즉, 사비가 제자에게 그것을 이해해서 어떻게 할 것이냐고 되물었다는 것이 첫날의 이야기입니다.

다음날 이번에는 사비가 그 제자 승려에게 묻습니다. "온 세계는 이 한 개의 밝은 구슬이다. 너는 이것을 어떻게 이해하느냐?"라고. 제자 승려는 "온 세계는 이 한 개의 밝은 구슬입니다. 그것을 어떻게 이해해야 합니까?"라고 스승인 사비의 말을 앵무새처럼 그대로 따라 했습니다. 그것을 듣고 사비는 "알았다. 너는 엉뚱한 길로 빠져나가는 길을 알고 있다"라고 말했다고 합니다. 도겐은 그렇게 썼습니다.

이것은 시미즈 씨가 서술하는 안과 밖의 이야기와 상통합니다. 즉, 외부의 시선에서 '단일 세계'로 이해하는 문제가 아니라 이해하는 것 자체가 문제라고요. 처음에 "어떻게 이해하면 될까요?"라고 제자가 사비에게 물었을 때, 사비는 "이해해서 어쩌자는 것인가?"라고 역으로 되묻습니다. 다음 날 제자는 어제와 똑같은 질문을 받았을 때 똑같이 되묻습니다. 이때 제자는 알았을 것입니다. 한 개의 밝은 구슬을 어떻게 이해할지를 묻는 것은 그 질문의 바깥에 있다는 것을. 질문의 바깥에서 질문을 파악한 것입니다. 그 외부의 시선에서 그것을 이해하려는 것은 어떻게 이해한다 해도 무방하지 않은가. 그것을 뒤집어서 역으로 사비가 제자에게 물었을 때 바깥에서 이해하는 것은 이해하는 것이 아님을 제자는 알게 됩니다.

시미즈 그렇네요. 여전히 바깥에 있음을 회득(會得)[터득]한 것인데요, 둘째 날 제자가 스승에게 스승과 한 것과 똑같은 질문을 할 때는 안과 밖이 바뀌어 있습니다. 서로의 역할을 연기하면서 총체로서 선(禪)과 다자연(多自然)을 이야기한 것이지요(웃음). 이 부분은 나도 여러 가지로 생각했는데요, 중국의 선문답이 이러한 극적인 연출을 하는 것에 반해 도겐은 한 개인으로서 비교적 완결해서 안과 밖을 동시에 보여준다는 느낌이 있습니다. 이것은 일본적인 미의식이며, 코보리 엔슈(小堀遠州)[1579~1647, 다인(茶人)이자 조원가(造園家)]의 꽃꽂이 그릇이 대나무 바깥쪽과 안쪽을 동시에 쫙 보여주는 것과도 상통합니다. 이 문답인데요, 제자 승려는 "학인여하회득(學人如何會得)(학인은 어떻게 터득하면 좋을까요?)"라고 처음에 묻습니다만, 그다음에 그가 스승을 향해 '말했다'는 것이 중요하다고 생각합니다.

도겐은 이 주고받음을 받아들이고 그에 연이어 "이 일과명주는 아직 이름 없는 표현[道得]이니"라는 의미심장한 말을 남깁니다. '회득(會得)'에 대치하는 것은 단지 불가지(不可知)가 아니라 '도득(道得)'이라고 생각한 것이지요. '이름'이라는 것은 지식의 대상이지만, 스승과 똑같은 것을 말하고 대답하면서 일과명주를 말하며 표현하는 것은 일과명주를 만들며 체현하는 것이지요. 즉, 안에도 있고 밖에도 있다는 것입니다. 그렇게 '자기 이야기'가 됩니다.

오쿠노 그렇군요. 단지 안에 들어갔다는 것이 아니라 밖에 있으면서 안으로 들어가고, 안에도 밖에도 있다는 것이군요. "온 세계는 이 한 개의 밝은 구슬이다"의 이야기는 정념을 단서로 구체적인 삶의 경험에서 애니미즘을 집어내고 찾아내려는 시미즈 씨 애니미즘론의 토대군요. "애니미즘 사상이란 이 세계 자체에 대한 응답이며 부름이기도 한, 표현과 함께 경험되는 다양한 정념과 진배없다"라고 시미즈 씨는 쓰고 있습니다. 밀어붙이는 힘이 대단합니다.

'인간 부흥=르네상스'와 애니미즘

시미즈 감사합니다. 오쿠노 씨의 논고에서 자연에 관한 이야기가 나오지요. 매우 재밌게 읽었습니다. 어의적으로 '저절로 그러하다'라는 것이 자연입니다. 이에 관한 이야기는 첫 번째 대담에서도 나눴지요. 예를 들어 자연은 영어로 nature인데, 불어또한 나튀르(nature)로 같습니다. 이것은 태어난다를 뜻하는 불어 네트르(naître)와 관계가 깊습니다. 라틴어에서도 나투라(natura)에 저절로 태어난다는 의미가 있는데요, 그 번역어로 보통 '자연'이라는 말을 쓰는 것 같습니다. 예를 들어 기독교에서 말하는 아멘(amen, 그럴지어다, 영어와 불어로는 각각 Let it be, Ainsi soit-il)도 그러한데, 저절로 그러하다는 자연법이(自然法爾)와 거의 같은 것을 말합니다. 세계의 보편종교가 마지막에 이야기하는 것도 그와 같은 것입니다. 또 이 논고에서는 이츠키 히로유키가 말한 무사시(武蔵)와 "이치조지 사가리마츠(一乗寺下がり松)"의 이야기를 다룹니다. 이 또한 매우 재밌는 이야기입니다. 선불교에 기대는 것 자체가 타력이라는 것이죠. '자기 이야기'라는 점에서 잠깐 언급하면 교토의 이치조지 사가리마츠에 얽힌 나 자신의 이야기가 있습니다. 첫 책인 미셸 세르론을 낸 출판사가 교토의 이치조지 사가리마츠에 있었거든요. 그 근처 논밭이 있었고 거기서 출판사 사장과 약속을 잡았습니다. 그때 딱 비가 내려서 그가 우산을 쓰고 기다리고 있었어요. 지금 그분은 돌아가셨지만, 그때만 해도 건강했어요. 나중에 돌이켜보니 '여기가 미야모토 무사시가 요시오카 가문과 결투한 곳이지'라고 생각했더랬지요.

오쿠노 이치조지 사가리마츠의 추억이군요(웃음). 확실히 선불교에 기대지 않고 자력으로 결투에 나선다는 결의 자체가 타력을 암시하는 장면입니다. 이츠키는 소설가이기에 매우 평이하게 썼습니다. 신란에 대해서도 썼어요.

시미즈 네. 전기적인 소설을 썼어요.

오쿠노 왕복 순환이라고 하는데요, 요시모토의 표현으로는 '환상론(還相論)'입니다. 이츠키는 그것을 다양하게 풀어서 우리가 알기 쉽게 전해줍니다. 이츠키는 수필의 대가이기도 합니다.

시미즈 국민적인 작가이며 오랫동안 불교에 심취한 분이라서 더욱 중요합니다. 한편으로 르네상스에 관해서 이야기합니다. 이츠키는 르네상스에 대해서는 부정적인 듯한데, 나는 르네상스가 중요하다고 생각합니다. 역시 학문이 자기를 말하지 않으면 결국 고유명의 학문이 되지 않습니다. 예를 들어 니시다 기타로의 전기(傳記)는 거의 모두가 알고 있을 겁니다. 어쩌면 전기 외에는 모를 수도 있습니다. 만약 내가 미셸 세르를 소개하고자 한다면 그의 사상에 관한 책에서 한 장 분량을 전기에 할당합니다. 그렇게 하지 않으면 일반 독자에게는 무엇도 남지 않습니다. 학문에서 위업을 이룬 사람이라고 해도, 그에 보답하듯 그 사람의 전기를 누군가가 알아서 조사해서 철학자로든 인류학자로든 그의 모습을 일반 국민 전원에게 알려주리라는 보장은 없습니다. 루소든 데카르트든 혹은 우메하라 다케시든 그가 어떤 사람이었는지 모두가 알고 있다는 것은 당사자가 자신에 대해 썼기 때문입니다. 매우 훌륭한 일입니다. 고대의 바울과 아우구스티누스 같은 이들은 그 사람됨이 신도들에게 알려져 있긴 하지만, 중세까지는 아리스토텔레스마저도 대문자의 '철학' 외에는 아무것도 아니었습니다. 독배를 든 소크라테스처럼 인간으로서의 철학자의 모습은 후에 재발견된 것입니다. 중세에는 십자가의 그리스도가 눈을 부릅뜨고 굽어보는 승리자의 이미지였지만, 그 후 상처 입은 피에타상처럼 대지에 피를 흘리는 이미지로 바뀝니다. 이렇게 인간 그리스도가 됩니다. 그것을 발견하듯 철학자도 발견해간 것이며 그 시작이 르네상스였습니다.

이 작업은 매우 중요합니다. 가령 오모리 쇼조(大森莊蔵) [1921~1997, 일본의 철학자]와 같은 독창적인 철학자도 자서전을 한 권 썼더라면, 그에 대한 후세의 인상이 크게 바뀌었을 겁니다. 학문적으로 후대 사람이 선인의 업적을 뛰어넘고자 한다면, 같은 분야에 고유명을 남겨야 하며 그것은 꽤 힘든 일입니다. 이름을 남기는 것은 학문에서 본질적입니다. 학문에서 자기 이야기를 하는 대상이 있다는 것 그리고 그 속에서 다양한 사람들과 동시적인 만남이 있다는 것. 그러한 공간의 존재는 '개구리가 노래하고 나무가 노래하는' 것과 같은 공간을 포함해서 매우 중요합니다. 어떤 의미에서 애니미즘과 르네상스적인 휴머니즘은 그렇게 상반되지 않습니다.

오쿠노 그렇군요. 르네상스, 곧 인간 부흥은 인간 자체의 업적 혹은 인간 자체가 무엇을 했는지를 존중한다는 것이지요?

시미즈 그렇기도 하고요, 제삼자가 중요시하는 것 이외에 철학자가 자신을 철학적으로 웅변하는 것은 르네상스 이후의 일이었습니다. 인문학자이자 철학자라고 자신을 말하는 사람이 나옵니다. 몽테뉴처럼 자신만을 말하는 사람도 있습니다. 그러므로 거꾸로 말하면 라투르가 지적하듯이 '객관적 학문의 대상이란 본래 인간의 작용 외부에 있다'라고 말할 뿐인 과학관은 없습니다. 다만 라투르의 글에 그 자신이 얼마나 나오는지를 살펴보면, 미셸 세르만큼은 나오지 않습니다. 그런 의미에서 나는 세르를 좋아하고, 그것 또한 안과 밖의 구조이지요. 안과 밖 너머의 구조에서 말하는 인간이 나오기 시작한 것이 르네상스 이후의 특색이라고 봅니다.

오쿠노   그것이 애니미즘에서도….

시미즈   네. 르네상스의 이야기가 너무 커질 수 있지만, 휴머니즘이지요. 인문학입니다. 인문학과 애니미즘은 그렇게 모순되지 않습니다.

오쿠노   이야기 나온 김에 조금 더하자면, 우메하라 다케시, 요시모토 다카아키, 나카자와 신이치의 공저 『日本人は思想したか[일본인은 사상을 했는가]』[186]의 대담에서 나온 것인데, 우메하라 다케시가 그리스를 여행하면서 놀란 것 중의 하나는 숲이 없고 바다는 물고기를 잡는 곳이 아닌 항해를 위한 곳이었다는 것입니다.

시미즈   현대에도 여전히 그렇다고요?

오쿠노   그렇습니다. 우메하라가 방문한 때는 1990년대 초입니다. 고대 그리스의 자연파괴는 엄청났습니다. 지금도 산에 나무가 없고 바다에 석회분의 흙이 흐르기 때문에 물고기가 없습니

---

186   吉本隆明・中沢新一・梅原猛, 『日本人は思想したか』, 新潮文庫, 1998, 95-6쪽.

다. 트로이 전쟁에서 배를 만들기 위해 숲을 마구잡이로 파괴했다는 전설이 전해지고 있고요, 화분 분석을 통해 그것이 증명되었다고 합니다. 이오니아 지방에서도 자연이 파괴되었습니다. 우메하라는 이오니아의 자연철학은 이오니아의 자연파괴에 대한 경고였다고 쓰고 있습니다.

이츠키 이야기로 다시 돌아가면, 그리스 시대의 인간에 의한 자연파괴 후 자연파괴가 지구 규모로 나아가기 시작한 것이 르네상스라고 할 수 있을 겁니다. 기독교의 힘이 절대적이었던 중세 유럽에서 기독교의 권위 앞에 벌레나 다름없던 인간이 르네상스 시기가 되면 본래는 훌륭한 존재라는 인식으로 바뀝니다. 인간은 힘이 있다고 믿으며 그 후 과학과 기술을 발달시키고 20세기에는 달에까지 갑니다. 다른 한편 알아서 잘 살아가고 있는 지구를 철저하게 파괴합니다. 이츠키가 르네상스 이후에 관해 말한 것은 이것입니다. 르네상스 이후 500년간 인간은 '자력'으로 무슨 일이든 해냈습니다. 이 생각은 이츠키의 그 유명한 '타력'론과 연결됩니다.

고대 그리스의 자연파괴에 대해 데이비드 에이브럼(David Abram)은 저서 『The Spell of the Sensuous[감응의 주문]』(1997)에서 재밌는 이야기를 합니다. 소크라테스는 '나무는 아무것도 가르쳐주지 않는다'라고 말했답니다. 자연은 무엇도 가르쳐주지 않는다는 것을 말하기 시작한 것이 소크라테스 시대였다는 겁니다. 그 이전 고대 헤브라이에서는 바람과 숨과 호흡이 '아니마(anima)', 곧 혼이었습니다. 자연은 사람을 인도해주는 존귀하고 신성한 존재였습니다. 그에 따라 헤브라이인은 숨인 모음을

고대 이오니아의 아폴론 신전. 촬영 로버트 하딩(Robert Harding).

두려워한 나머지 자음만으로 알파벳 문자를 만들었습니다. 그 후 고대 그리스 시대에 이르러 알파벳 자음에 모음이 덧붙여졌습니다. 에이브럼은 바람=모음=자연의 신성성이 그리스 이후에 점차 후퇴했다고 말합니다. 매우 독특한 애니미즘론입니다. 애니미즘의 관점에서 에이브럼의 애니미즘론에 이츠키의 직관을 이어붙여서 요약하면, 휴머니즘에서 인간이 자신의 힘을 과신하게 만드는 방향으로 밀고 나감으로써 애니미즘이 한 계단 밀려났다고 말할 수 있습니다.

이항대립에 또 다른 이항대립을 더하다

시미즈 결국 나 자신이 삼분법으로 사고하게 된 것은 인류가 정말로 보편적으로 사고해온 문제의 가장 근저에 있는 것은 세계의 다양성이라고 생각하기 때문입니다. 한 지역에는 한정된 하나의 생활방식이 있고, 잠시 잠깐이라도 그것과 모순되지 않는 형태로 풍부한 다양성이 있다는 것. 이것이 인류에게 가장 큰 기쁨이라고 생각합니다. 그것이 애니미즘의 근저에 있는 사고방식이 아닐까요? 소크라테스 이전의 철학자들을 보아도 파르메니데스는 하나를 중시했으며 헤라클레이토스는 무한의 변전(變轉)을 중시했습니다. 나는 하나(一)와 여럿(多)이라고 표현했지만, 그것은 보편과 개별일 수 있습니다. 고대 그리스 철학자로 말하자면, 플라톤은 이데아, 곧 보편의 방향으로 향하고 아리스토텔레스는 개별의 방향으로 향했습니다. 하나와 여럿의 이자

(二者) 관계를 생각했을 때 환원적인 해석도 있습니다. 다양한 것을 통일해가고자 하는 포섭의 사고입니다. 여럿이 하나로 포섭되는 것은 알겠으나 무엇이 여럿이며 무엇이 하나인지를 구체적으로 생각할 필요가 있습니다. 그래서 아리스토텔레스는 형상과 질료라는 별종의 이항대립을 하나와 여럿에 연결함으로써 고대철학의 기틀을 다졌습니다. 형상인(形相因)과 질료인(質料因) 이외에 그가 네 원인으로 든 목적인(目的因)과 작용인(作用因)도 하나인 것에서 다양한 것이 전개한다거나 복수의 것이 조합되어 하나의 것이 만들어진다거나 하는 것처럼 모두 하나와 여럿의 이항대립과 연결되어 있습니다.

근대에 들어서면 작용인이나 기계론, 즉 사물의 조립방식을 중시하는 세계관이 대두하면서 유물론(materialism)의 맥락에서 하나와 여럿의 문제까지 흡수해버립니다. 그렇지만 근대에 이르러 이처럼 유물론 자체가 우세한 세계관이 되었을 때 그쪽으로 모든 문제가 일방적으로 환원되어버리면 자유나 정신이 없어지는 문제가 부상합니다. 인간의 정신사에서 보면 그래서 주체와 대상이라는 이원론을 의도적으로 강하게 밀어붙인 것이지요. 주체와 대상에 관해 말하자면, 정신은 자신이라는 주체를 인식대상으로 할 수 있기에 [대상이자 주체인 정신의] 그 이중성을 독일관념론은 여러 형태로 사고했습니다. 이중성이라고 해도 주체는 대상을 점차 포함할 수 있으므로 대상으로부터 빠져나옵니다. 그로부터 정신의 자유를 담보하고자 한 것입니다.

근본적인 문제는 하나와 여럿입니다. 이 문제는 동양과 서양 모두의 문제이지만, 그것을 해결하기 위해 각기 다른 이원론을 밀어붙입니다. 그 이원론이 해결되는 별도의 이원론을 주축으로 해서, 거기에 하나와 여럿의 문제를 더한 것입니다. 주체와 대상의 이원론도 그 일례인데요, 이때 주체, 곧 정신은 통일하는 작용이라든지 상상력(Einbildungskraft)과 같이 하나로 만드는 작용이 있습니다. '상상력이란 하나로 만드는 작용이다'라는 정의는 훌륭하지만, 그것은 임시방편의 사고방식이 되고 맙니다. 요컨대 주체와 대상의 이중성에서 그것들은 별개가 아니라 하나라는 해결을 노렸던 것이지요. 이러한 이항대립을 '하나'로 해결하려 했지만, 하나가 여럿이기도 하다는 관계는 뒷전이 되고 '여럿'의 과제만 남게 되었습니다. 이항대립이 지양되는 과정에서 '여럿'은 도달 목표로서 영원히 닿지 않는 무언가가 되고 맙니다. 간결하게 정리하면, 이것이 바로 근대의 문제입니다. 최종적으로 이 문제는 근대 비평이나 포스트모던에서도 전혀 해결할 수 없었습니다. 하나에 여럿을 환원하는 방식으로 '하나는 여럿이다'라고 하거나 '여럿'과 '차이'를 노력 목표로서 계속 남겨두어야 했습니다.

이 문제를 어떻게 해야 할지를 생각하면 최초의 근본적인 이원론, 즉 하나와 여럿의 이항대립으로 돌아가는 것입니다. 돌아가서 그것을 해결하기 위해 어느 한쪽으로 환원하는 것이 아니라 양극이 양극을 서로 포섭하는 모델을 생각해야 합니다. 다만 물론 하나와 여럿을 추상적으로 사고해서는 안 됩니다. 또 다른 이원론(이것은 형상과 질료라도, 주체와 대상이라도, 의외의 무엇이라도 좋습니다)이나 이항대립을 가지고 와서, 그것과 '하나/여럿'을 조합시킵니다. 예를 들어 주체와 대상이라는 이원론에 대해 하나와 여럿을 가지고 와서 그것을 역으로 또 교체합니다. 역으로 교체한 형태 중 하나가 행위자-연결망 이론입니다. 그렇다면 상호포섭이라 말할 수 있는 시점에서 안과 밖의 문제도 동시에 해결됩니다. 이때 세 종류의 이항대립이 동시에 해소됩니다. 그것이 삼분법입니다. 단자론에 그 맹아가 있으며 라투르에 그 맹아가 있습니다. 이것들을 더욱 밀어붙여 간단명료한 구조를 추출해서 비로소 정말로 다양성의 문제를 생각할 수 있습니다. 자연의 문제도 이렇게 생각할 수 있습니다. 주체와 대상, 하나와 여럿의 문제는 근대 모델에서는 이중성으로밖에 생각할 수 없었습니다. 프랑스 현대철학자 퀭탱 메이야수는 그것을 주체와 대상의 '상관주의'라고 부르며 비판했지만, 삼분법에서 세 종류의 이항대립은 '보로메오 고리(borromean ring)'와 같이 조합되고 각각의 이항대립이 비환원적으로 해소됨으로써 '이원론을 양극의 이중성으로 푸는' 도식에서 빠져나오게 됩니다. 그러자 역으로 그것들 각각의 극은 비로소 단적인 것이 되고, 대상 세계와 자연은 참된 대상 세계가 됩니다. 거기서 용감하게 도약하는 정신도 있을 것입니다. 일즉다(一卽多)이면서도 하나(一)는 하나(一)가 되고 여럿(多)은 여럿(多)이 됩니다.

    요컨대, 지금 서술한 것이 매우 추상적인 도식 같지만, 실은 이것은 애니미즘이나 불교에서 사고해온 것입니다. 이 책의 논문을 쓰고 오쿠노 씨와 공통의 문제를 고민하면서 내가 씨름한 것이 바로 이것입니다. 그래서 근대적인 주체와 대상 가운데 대상 세계로 보이는 자연을 토대로 삼고 그것을 개량하거나 자기비판하는 방식으로 자연에 가닿고자 하지 않았습니다. 다른 방식을 모색해가면 정말로 비근대 사람들이 생각해온 것으로 다시 돌아가게 됩니다. 일본의 미학을 앞서 서술한 것도 그러한 입장에서입니다. 나는 오쿠노 씨와 같은 인류학자가 아닙니다. 푸난에 가서 현지 조사를 하지 않았기에 모르는 것이 많습니다. 그래서 그러한 요소를 다양하게 흡수하면서 나 자신의 가설을 발전해가려는 것이 이번 작업에서 나의 목표였습니다.

오쿠노 '보로메오 고리'처럼 세 종류의 이항대립을 조합하는 삼분법이 시미즈 씨의 애니미즘론의 핵심 과제군요. 그것은 루프 구조여서 인과가 아닌 부정의 논법으로 행하지 않으면 도달할 수 없다는 것이 5장에 잘 언급되어 있습니다.

시미즈 네, 그렇습니다. 라투르가 '비환원'이라고 표현하듯이, 대립 항의 어느 쪽으로도 환원하지 않는 구조를 만들어서 그것을 사고하려면 재편성이나 상호포섭이 필요하게 됩니다. 세 가지 구조가 '보로메오 고리'처럼 서로 얽히는 그 가장 단순한 형태를 우선 만들려고 한 것입니다. 그 속에 다양한 이항성이든 뭐든 흘러 넣으면 여러 문제가 조정되고 사고할 수 있습니다. 그런데 세 종류의 구조가 서로 얽힌 것을 생각해야 할 때 근대인은 그것들을 파편화해서 생각해버립니다.

조르주 뒤메질[187]이라고, 미셸 세르에게도 막대한 영향을 끼

---

187 [역주] 조르주 뒤메질(Georges Dumézil, 1898~1986)은 프랑스의 비교신화학자이자 언어학자다. 특히 인도유럽어족의 여러 민족의 고대 및 중세의 문학, 신

쳤고 내게도 중요한 인물인 그는 인도유럽어족의 신화에는 법과 질서를 관장하는 성스러운 것으로서 제1 기능과 전쟁과 폭력을 관장하는 제2 기능과 부와 풍요, 또 경제를 관장하는 제3 기능이 있다고 지적합니다. 예를 들어 로마의 경우 주피터, 마르스, 퀴리누스 신들이 각각의 기능을 대표하는데, 이는 인도유럽어족의 옛 사회 구조를 반영합니다. 또 인도의 경우 신화 속 신들에 세 가지 기능이 있는데, 카스트 자체가 이 구조를 이루고 있습니다. 그러나 뒤메질의 고찰에서 정말로 중요한 것은 성스러운 것으로서의 제1 기능과 폭력의 제2 기능이 사실상 깊이 연결되어 있으며 이러한 세 기능은 같은 것의 다른 양상을 나타낸다는 것을 암시한다는 점입니다. 실제로 예를 들어 전쟁은 법과 질서가 없으면 성립하지 않으며, 경제적 경쟁이 전쟁의 변형된 형태이기도 합니다. 폭력과 강제의 요소가 없다면 질서는 유지될 수 없으며, 앞선 대담에서 이야기했듯이 폭력의 희생물인 속죄양(scapegoat)이 나중에 성스럽게 여겨질 수도 있습니다. 현대사회에서도 이러한 조건은 변하지 않는데, 근대 이후의 서양 문명은 이것들을 모두 파편적으로 사고합니다.

금융파생상품(derivative)과 신용경제에 관해 인류학적으로 고찰한 아파두라이의 『불확실성의 인류학』[188]이라는 책을 재밌게 읽었는데요, 수행을 통해 사실을 만드는 '이것을 사실로 합시

화, 의례 등을 대상으로 비교신화학의 구조적 체계화를 행했으며 레비스트로스의 구조주의에 큰 영향을 주었다.

188 [역주] Arjun Appadurai, *Banking on Words: The Failure of Language in the Age of Derivative Finance.* The University of Chicago Press, 2016.

다'의 과제를 인간은 집단에서 실현할 수 있도록 협조적으로 행동한다고 합니다. 그렇게 수행을 통해 사실이 되는 사회 구조가 널려 있다고 이 책은 말합니다. 수행하면서 '기원에서부터 여하간 그렇게 주어져서 그렇게 되었다'고 역행적으로 사후에 덧붙여지는 구조가 있다는 겁니다. 아파두라이는 인도 태생의 학자여서인지, 그러한 구조를 면밀하게 분석하는 것이 인도인답다는 생각을 했습니다. 인도의 신화도 대개 그러한 식이지요. 이 인연에서 이 결과가 나온다는 것을 실현할 수 있도록 모든 등장인물이 움직이고 그 운명에 거스르지 않는 것이 인도의 신화와 서사시입니다. 세 가지 기능은 모두 본래 수행을 통해 사실이 되는 사회 구조 속에서 역행적으로 기원을 말함으로써 만들어져 온 것입니다.

요컨대, 폭력과 종교적인 것, 경제적인 것을 인도에서는 카스트를 통해 분리해서 고정적으로 사고합니다. 다른 한편에서 유럽인은 그러한 것들을 개념적으로 나누고서 파편적으로 생각합니다. 예를 들어 경제에서는 등가교환을 수행을 통해 실현하게 하는 것이 이상적인데요, 그러한 교환을 성립시키는 매개가 본래부터 있었다고 간주합니다. 일반적 등가물로서의 화폐가 바로 그것입니다.

폭력과 질서의 이야기로 말하자면, 사회계약이 있고 그 기원에 '만인이 만인의 적'인 극단적인 폭력적 상황이 있었기에 인간 집단이 전멸하지 않도록 권리(자연권)를 위탁받은 자가 있다는 신화를 만들어냅니다. 또 하나는 일신교입니다. 우상숭배도 아니고 인간이 만들지도 않은 초월적인 신은 단 하나라는 규칙 아래에서 사회를 만들고자 합니다. 이 사회들을 옆으로 줄지어서 파편화한 것이 서양 사회고요. 인도는 그것을 수직으로 나눕니다. 양쪽 다 경직적이라고 말할 수 있습니다. 결국은 각각 별도로 단일한 기원을 실현하는 것은 일신교의 숨겨진 신이라 해도, 비우상적인 신이라 해도, '리바이어던'의 최대 폭력이라 해도, 혹은 화폐라 해도, 그러한 것이 만들어지면 오히려 흐름이 고정되고 움직임이 없어집니다. 등가교환을 통해 부가 서로에게 건네지지만 격차도 생긴다, 폭력 또한 질서의 형태를 띠면서 절대로 사라지지 않는다, 근대 서양인[의 일신교]이 우상숭배가 아니라고 칭하는 것은 기만이며, 그렇게 주장하면 할수록 주객의 상호작용이 뒤섞인 혼종적인 것을 더욱 만들게 된다는 점을 라투르는 집요하게 비판합니다. 근대 사회의 근본적인 문제는 어떤 것도 그런 식으로 이항적이며 기원에 상정되는 것과 반대되는 결과를 불가역적으로 증대시킨다는 것입니다. 이는 오늘날 누가 보더라도 명확합니다. 사실은 세 종류의 이항구조를 어느 하나 돌출하지 않는 형태로 서로 엮어서 사고해야 하는 문제를 파편화해버렸기에 더욱 까다로운 문제가 생긴 것이 아닌가 생각합니다. 가라타니 고진(柄谷行人)은 『세계사의 구조』(조영일 옮김, 도서출판b, 2012)라는 책에서 교환 양식론을 전개하고 있지요. A 호수성(互酬性)의 사회, B 약탈과 재분배를 행하는 (힘을 행사하는) '국가', C 상품교환이 행해지는 '시장경제'의 세 교환양식이 역사적으로 있고, 그것들과는 다른 제4의 교환양식으로 이행해야 한다고 말합니다. 그는 사분면(four-quadrant)으로 분할합니다. 하지만 그것을 파편화하는 것이 아니라 삼분법과 같은 세 종류가 얽힌 구조체 속에서, 별개로 사고하면 각각이 이원론적으로 되어버리는 문제를 하나하나 다시 생각하는 것이 중요하지 않을까요? 여기에 근대를 넘어서는 것의 근원적인 의미가 있습니다. 그렇게 해서 인류의 다양한 신화적 사고에서부터 사회의 성립까지 재고할 수 있습니다.

오쿠노 그렇군요. 스즈키 다이세츠는 divide and integration, 즉 분석하고 그 후에 그것을 조립해서 하나의 것으로 통합하는 실행 방식을 '서양적인 관점'이라고 말합니다. 그러한 형태의 서양 인식론과 실천이 한계에 다다랐고 거기서 동양사상이 끌려 나옵니다. 20세기의 양자역학 등도 그러하죠. 보어는 『역경(易經)』에 경도되었으며, 베르너 하이젠베르크는 베다 철학으로 향했으며, 데이비드 봄은 현대 인도의 성인인 크리슈나무르티(Jiddu Krishnamurti)[1895~1986, 철학과 영적인 주제를 다룬 인도의 작가이자 연설가]와 대화했습니다. 정말로 이론과 개념으로는 제대로 설명할 수 없는 부분이 있습니다. 그래서 동양 사상을 만납니다.

대립하는 이자(二者)를 변별하지 않고 방치하는 '양행(兩行)'은 중국 사상에서 형성되었다고 합니다. 그것은 유교와의 대비를 통해 도교에서 나타난 사고입니다. 유교가 있기 때문에야말로 도교적인 것이 있으며, 도교적인 것이 있기 때문에야말로 인도에서 가지고 들여온 불교가 중국에 뿌리내린 것이라고 볼 수 있습니다. 일본에서도 이 노장사상의 양행이 곳곳에서 발견됩니다. 겐유소큐는 태평양 전쟁 중 미국인이 일본을 연구한 책인

루스 베네딕트의 『국화와 칼』에서 양행이 다뤄지고 있다고 말합니다. 책 제목에서부터, 가꾸기 어려운 '국화'를 돌보고 사랑하면서 사람을 베는 '칼'을 지니는 무사를 존경하는, 이해하기 어려운 일본인이라는 의미를 내포하고 있습니다. 베네딕트는 "일본인은 싸움을 좋아하는 동시에 점잖은 (…) 충실하며 불충실하고, 용감함과 동시에 겁많은 (…)"이라며 일본인을 지조 없고 모순적인 모습으로 묘사합니다. 앵글로 색슨족 나라 사람들의 시선에서는 모순으로 보이는 것입니다. 그런데 일본에서는 그러한 이항이 모순 없이 동거하기도 합니다.

예를 들어 "두 마리 토끼를 잡으려다 한 마리도 못 잡는다"라고도 하고 '일거양득'이라고도 합니다. 이것들은 완전히 반대를 말합니다. 전자는 둘을 잡으려다 양쪽 다 놓친다는 뜻이며, 후자는 하나를 겨냥하면 둘을 얻을 수 있다는 뜻입니다. 그러나 둘 다 사회에 유통되고 있습니다. '쇠뿔도 단김에 빼라'와 '급할수록 돌아가라' 또한 마찬가지입니다. 바로 하면 잘 된다는 것과 서두르는 일일수록 우회하라는 것은 실은 완전히 반대됩니다. 이것들은 모순적인 것이 아니라 병존하는 존재 방식인 겁니다. 겐유는 이것들은 실행 후에 이른바 사후적으로 그 결심을 이해하기 위해 고안해낸 말은 아니라고 고찰합니다. 쇠뿔도 단김에 빼라고 말해서 해봤더니 잘 됐다, 바로 하지 않아서 좋았다, 급할수록 돌아가라고 하지 않는가. 이러한 이항적인 방식, 즉 두 가지를 병렬하는 실행 방식을 일본인은 가지고 있습니다.

불교에서 중도가 그러합니다. 유교에는 '중용(中庸)'이 있습니다. 중용은 '이도 저도 아니다'의 의미지만, 중도는 그렇지 않습니다. 전체를 비예(睥睨)하면서[흘겨 보면서] 핵심을 찾는 것이지요. '들어맞는다'라고 하지요. '중(中)'이란 '들어맞는다'이기 때문에 전체를 끝까지 가려서 균형을 맞춘다는 것과 연결됩니다. 무엇도 아니라는 '단견(斷見)'과 무언가 계속 있다는 '상견(常見)'. 부단불상(不斷不常)이 중도의 목표입니다.

시미즈 불교에서는 '이이변의 중도'라고도 말하는데요, '단견'과 '상견'(5장 4절 참조) 그 어느 쪽의 극에도 가지 않으며 또 그러한 비환원을 다양한 이항대립에 대해, 그것들 전체를 바라보면서 다극적으로 이야기하는 것이 중요하겠지요. 불교가 중국에 들어올 때 천태(天台)[중국 수나라 때, 저장성(浙江省) 톈타이산(天台山)에서 지의(智顗)가 세운 대승불교의 한 파]의 공(空), 가(假), 중(中)[189]의 논리가 성립합니다. 이 '중(中)'에서 '공(空)'의 사상으로 중국적인 것이 섞이게 된 것이지요. 'A도 아니고 非A도 아니다'라는 테트랄레마에는 그 '어느 쪽도 아닌' 사이가 있는데요, 그 사이, 즉 '중'에 바로 'A이며 非A다'라는 속제의 트릴레마가 놓이며 그렇게 역대응하는 중층적 구조가 성립합니다. 앞선 '양행'의 사례에서 두 마리 토끼 이야기와 급할수록 돌아가라는 것도 그러하지만, 한문은 짧은 문장이라도 그 안에 반드시

---

189 [역주] 모든 현상은 불변하는 실체가 없으므로 空, 또 서로 의존하여 일어나는 일시적인 현상으로 假, 그리고 이 둘의 어느 한쪽에도 치우치지 않은 中이며, 이 세 가지가 막힘 없이 어울린 원만한 모습이 삼제 원융이다. 즉, 모든 현상이 막힘 없이 서로 받아들이면서 역동적으로 흘러가는 우주를 한마음으로 동시에 체득하려는 것이 천태(天台)다.

대구가 있으며 역설이 있습니다. 『논어』도 그러합니다. 짧은 문장 속에 역설이 있어서 뒤집어봤자, 또 반대의 뒤집힌 역설을 무조작으로 나열해봤자 아무렇지 않습니다. 그 부분이 재밌습니다. 중국의 독특한 발상으로 몇몇 그러한 것들을 이어붙여도 한문이 될 수 있으며 선문답도 가능합니다. 앞서 서술한 이항대립을 뒤집어서 서로 붙인다는 것과 발상이 비슷할지도 모릅니다. 다만 논증을 미리 조립해두어야 할 판에 기지(機智)와 역설에 호소해서 그때마다 다양성을 내오는 부분도 있습니다. 그렇지만 한문의 명수들이 어떻게든 읽히는 한문을 잘 써서 역설을 만들어냅니다. 어떻게 보면, 사활을 걸고 그 숨은 뜻을 간파하고자 합니다. 상당히 어려운 만큼 흥미로운 작업이라고 생각합니다.

오쿠노 이항은 반드시 대립하지 않고 병렬한다는, 이항 자체를 분리하지 않고 대치하기보다 그대로 놓아둔다 해도 모순이 없다는 것이지요. 그것이 사고와 실천의 수준에 침투하는 상황을, 서양 철학의 전통 속에서 검토해온 이원론 사고를 둘러싼 여러 사색에 기반하면서, 그것을 어떻게 추출해서 사고해갈 것인가가 시미즈 씨의 문제의식이군요. 삼항 혹은 삼분법으로 사고한다는 것은 이른바 서양적인 것에서 동양적인 것으로 이행하며 그것들이 부착된 중도적인 실천 방식에서 그것들을 찾아가는 것이 아니라, 세 종류의 이항조합이라는 틀을 설정해서 질문을 끝까지 파고드는 방책을 찾아내는 것이군요. 이것은 조금 전 이야기한 근대가 안고 있는 정치, 경제 혹은 글로벌라이제이션 등 인류의 문제를 더 넓게 보기 위한 단서가 된다는 것이고요. 맞나요?

시미즈　그렇습니다. 포스트모던조차 근대비판, 서구비판을 하지만, 내 논의는 성격상 주체와 대상의 이원성 및 이중성과 유사한 이항대립의 경계를 모호하게 만드는 논리입니다. 이것은 피히테, 헤겔, 독일 낭만파가 말한 것과 크게 다르지 않습니다. 이항대립을 정말로 조정하고자 한다면 그러한 논의를 조립하고 개량해서 하나와 여럿의 문제를 최초 단계로 가지고 들어와야 한다고 말합니다. 그러나 그러한 시도 자체로 끝나고 말았습니다. 서양의 타자성과 그 다양성이 배제된다는 서양인의 자기비판은 주체와 대상의 이중성, 상관성을 그대로 두고 그 외 여럿이 있는 구조인 채로 그것을 비판하므로 근본적으로 해결할 수 없다는 것입니다. 하나와 여럿의 문제는 그것이 본래 최초의 이항대립이므로 그에 준거해서, 구체적으로 하기 위해서는 주체와 대상도 좋고, 별도의 이항대립을 들여와 연결 짓고 그 연결 짓는 방식을 바꿔서 해결해야 합니다. 그렇게 상호 포섭구조가 되고 안과 밖 또한 자동으로 조정됩니다. 그것이 세 종류의 이항대립, 삼항이 된다는 것이 나의 생각입니다. 누구도 그러한 사고에 이르지 못했습니다. 『존재와 사건』(조형준 옮김, 새물결, 2013)에서 알랭 바디우(Alain Badiou)가 여럿의 문제를 다양하게 논하지만, '구조주의적인 하나의 외부에 있는 여럿을 해방한다'라는 식으로 최후의 과제로 남겨진 하나와 여럿의 이원론적 구조를 그대로 놔둔 채 사고하므로 조정할 수 없는 겁니다. 수학의 집합론이나 서양 형이상학의 굳건한 토대 위에서 아무리 부정하려 해도 밑바닥에 있는 뿌리를 건들지 않으면 풀리지 않습니다.

근대의 문제와 신형 코로나바이러스, 그리고 '오늘날의 애니미즘'으로

▸▸ 서양 근대의 문제를 생각하는 가운데 그것에 대한 비판과 그것을 넘어서는 것으로서 애니미즘과 불교가 재평가되고 있습니다. 그 속에서 왕복 순환론, 타력, 삼분법, 테트랄레마적인 것 등등이 나옵니다. 그것들을 총칭해서 '오늘날의 애니미즘'이라고 부를 수 있는데요, 여기서 원점으로 되돌아가는 질문을 던져봅니다. 다시금 근대(모던)의 문제성이란 대체 무엇인가? 어떻습니까?

오쿠노 애니미즘이라는 주제와 관련해서 근대를 어떻게 파악할 것인가라는 큰 질문이네요. 인류학에는 기본적으로 100년 훨씬 이전부터 근대의 한가운데에서 그 바깥으로 나가 현지조사를 해온 역사가 있습니다. 그러한 역사 속에서 근대와는 다른 전근대(premodern)로부터 근대를 조명한다는 정신을 깊이 간직해온 이들이 인류학자들입니다. 그러나 놀라울 정도로 인류학 자체가 근대로 회수되고 있음을 발견하게 됩니다. 그것이 이른바 포스트모던(인류학)입니다. 학문으로서 인류학은 포스트모던 시대에 철저히 짓밟혔습니다. 포스트모던은 20세기의 마지막 20여 년을 풍미했는데, 이 시기에는 이른바 글로벌라이제이션이 급속하게 확산합니다. 그리고 지금 우리는 그 후의 21세기 최초의 사반세기를 살아가고 있습니다. 근대 바깥의 전근대에서서 근대를 바라보았던 인류학은 포스트모던 시대에 이르러 근대를 교묘하게 되짚어보며 사색한 매우 독특한 것들이 슬슬

나오고 있습니다. 단지 민족지적 자료를 모으기 위해 현지에 가는 약아빠진 전략을 표방하기 때문에 사람들과 더불어 인간의 삶을 배운다는 인류학의 본질이 보이지 않는 것이라고 말한 팀 잉골드, 인간은 실수를 저지르지만 그 실수는 존재하는 다른 가능성을 탐지하는 기회가 될 수 있다는 긍정적인 인류학을 제창한 아난드 판디안(Anand Pandian) 등이 있습니다. 이것이 인류학의 모던 및 포스트모던과 그 후의 한 흐름입니다.

이제 애니미즘을 다루는 의미와 함께 근대의 문제성이란 무엇인가라는 앞서 던져진 큰 질문에 인류학이 답변하기 위해서는 코앞에 닥친 신형코로나 감염증 유행의 문제를 다뤄보는 것이 하나의 실천 방식으로 제기됩니다. 정확히 2020년부터 우리에게 일어나고 있는 꺼림칙한 코로나의 영향뿐만 아니라 그것의 철학적 혹은 인류학적인 의미를 되새겨봄으로써 근대 이후의 우리 시대를 가늠해볼 수 있습니다. 가령 신형 코로나바이러스 감염증의 문제를 나 자신은 다종인류학의 관점에서 바라보고 있습니다. 고대 그리스부터 르네상스를 거쳐 근대에까지 그 극점에 달한, 인간의 자연에 대한 조치와 태도가 21세기에 이르러 '인류세'라는 개념 속에 표명되고 있습니다. 인류세의 문제, 곧 인간만이 지구상에 존재하는 것처럼 행동해온 인간의 단독성 및 단일성의 문제를 재검토하고자 한다면, 인간은 인간 이외의 다종다양한 존재와 서로 연결되어 세계를 만들어왔다는 복수성에 눈을 돌리는 것이 하나의 자연스러운 형세입니다. 이처럼 다종으로 관점을 이동하면서도 인류학이 중시해온 민족지라는 강점을 되살리는 것이 최근 10년 사이에 구축된 '다종인류학'

이라는 연구 장르입니다. 다종인류학의 관점에서 인간과 인간 이외의 존재가 서로 얽혀서 생존과 번영의 길을 어떻게 탐색해 왔는지의 역사를 살펴보면, 언제부터인가 인간이 거들먹거리며 젠체하는 모습이 나타납니다.

 인간에 의한 인간의 부당한 지배뿐만 아니라 지구 만물에 대해 인간이 지배를 확립한다는 점에서 식민주의는 가장 두드러집니다. 그것은 20세기 후반 지구상에 폭발적으로 인간 활동이 증대하는 '대가속(Great Acceleration)'과 연결되어 있습니다. 이 의미에서 식민주의 이후에 일어난 지구환경의 엄청난 개조의 영향은 심대합니다. 배를 만들기 위해, 집과 거대건축물을 짓기 위해 숲의 나무들이 벌채되고, 단지 인간의 오락을 위해 숲이 골프장으로 바뀌고, 사람들이 사는 택지개발을 위해 숲이 여기저기 파괴되었습니다. 삼림 벌채에 내포된 식민주의적인 글로벌라이제이션에 경제적인 이익이 발생하는 것인데요, 한편으로 이익을 만들어내는 경제시스템에 뛰어들어 자연생태환경을 개발하고 파괴해온 측면도 있습니다. 인간은 거대한 힘을 가진 단일 종으로서 뭐든지 할 수 있다는 자력의 자신감에 차서 지구를 내 것인 양 행동해왔습니다. 인간은 특권을 부여받은 유일한 종이고 자연이란 인간 외부의 대상이자 객체라 여기면서, 자연의 복수성이 무엇인지도 그런 것이 있는지도 거들떠보지 않았습니다.

 프랑스 인류학자 프레데릭 켁이 말한 것처럼, 중세 유럽에서 박쥐는 악령으로 여겨졌습니다. 그후 박쥐는 삼림 개발에서 서식지를 잃고 도시부로 나왔고, 이 일로 인해 박쥐는 인간과 가까운 인간의 이웃이 되었습니다. 대체로 19세기 후반에서 20세기에 걸친 일입니다. 박쥐는 이제 악령이 아니게 됩니다. 박쥐가 겉으로는 인간과 가까워진 것 같지만, 여기에는 역설이 있습니다. 박쥐는 최근 알려진 바대로 바이러스 보유자입니다. 바이러스 보유자와 인간이 가까워지면서 그 바이러스가 인간에게 전염된 것입니다. 이처럼 그 이전에는 접촉할 일 없었던 동물이 인간과 접촉할 기회가 늘어난 결과 에볼라출혈열, 조류인플루엔자, 사스, 메르스 등 인수공통 감염병의 유행이 최근 반세기 동안 급격하게 증가했습니다. 신형코로나 감염증도 포함해서 20세기 후반 이후 빈발하는 신흥 감염증, 이른바 신형바이러스는 지구 곳곳에 진출해서 자연을 개조해온 인류의 삶에 파국의 방아쇠를 당기고 있습니다. 인간은 못할 일이 없다는 자부심에 가득 차서 안 가는 데 없이 지구 곳곳의 자연을 개척해서 인간의 주거지로 바꾸고 인간의 욕망에 충실해서 자연을 수단화해온 결과 자연의 '대갚음'으로서 신종 감염증의 유행이 초래되었다고 볼 수 있습니다. 이러한 상황 속, 우왕좌왕하는 근대의 말로가 우리 현대의 지구인이지 않을까요?

앞으로 신형 코로나바이러스 백신이 나와서 점차 해결된다 해도 아마도 또 다른 인수공통 감염증이 생기겠지요. 그때도 우리는 갈팡질팡할 겁니다. 과학기술의 발달과 그 성찰에 앞서 제멋대로 행동해온 인류가 맞닥뜨린 바이러스 감염증의 세계적 대유행이라는 인류세 시대의 재난을 생각할 때에 과연 우리에게 무엇이 필요한지를 곰곰이 따져보면 오늘날의 애니미즘의 중요성을 알게 되겠지요.

애니미즘이란 무엇인가? 시미즈 씨와 함께 이 책을 쓰고 대담을 나누면서 느끼는 것은 서양의 이성이나 과학지(科學知)로는 파악할 수 없는 어떤 것입니다. 그것은 지금부터 150여 년 전 에드워드 타일러가 명명했을 때부터 그러했습니다. 시미즈 씨의 논고 곳곳에서 강조되고 있는데요, 애니미즘은 대승불교, 『정법안장』, 선불교 사상 등에 의거함으로써 마침내 조망할 수 있는 '사상'이며 '실천'입니다. 나도 『사물도 돌도 죽은 자도 살아있는 세계의 사람들에게 인류학자가 배운 것』[190]에서 썼지만, '지상에서 인간만이 유일한 주인이 아니라는 사상'이 애니미즘의 가장 기본적인 정의라고 생각합니다.

그 점에서 주목되는 것은 인간에게 동물의 존재입니다. 소설가 가와카미 히로미(川上弘美)의 작품 중 『뱀을 밟다』(서은혜 옮김, 청어람미디어, 2003)라는 아쿠타가와 문학상 수상 소설이 있습니다. 여기서 사람이 뱀이 되고, 뱀이 사람이 됩니다. 경계가 사라진 상황에서 사람이 루프 형상으로 뱀과 사람 사이를 왕복 순환하는 이야기입니다. 즉, 어느 쪽도 어느 쪽이 아니고, 또 어느 쪽이든 있을 수 있으며, 그렇게 서로에게 녹아든다는 이야기가 펼쳐집니다. 또 미야자와 겐지의 「나메토코산의 곰」이 있지요. 이 소설은 본서 1장과 3장 대담 I에서 이미 언급했으므로 간략하게 말하면 곰 부모 자식이 이야기하는 것을 포수 고주로가 뒤에 숨어서 엿듣는 장면이 있습니다. 곰을 쏴 죽이려면 곰의

---

[190] 奥野克巳, 『モノも石も死者も生きている世界の民から人類学者が教わったこと』, 亜紀書房, 2020.

말을 알아들어야 합니다. 나메토코산에는 포수가 곰을 죽여야 생계를 이어갈 수 있다는 엄중한 측면도 있지만, 다른 한편으로 사람과 곰은 매우 가깝게 지냅니다. 그것이 가능한 숲속에서의 이종 간 경험이 있습니다. 인간과 동물이 가깝다는 뜻은 지금까지 떨어져 지내다가 예를 들어 박쥐가 살 곳을 빼앗겨 인간이 사는 장소에 나타나서 바이러스를 일으킨다는 따위가 아니라, 동물담(動物譚)이나 시미즈 씨의 용어로 말하면 정념의 세계, 자연 속에서 정념이 구축되는 세계에 인간이 순순히 들어갈 만큼의 거리감이 있다는 것입니다. 소설이나 동화에 나오는 인간과 동물 사이의 거리감을 둘러싼 감성을 계속 배양하는 것이 학문의 수준에서보다 일상의 수준에서 더욱 중요하지 않을까요? 1장에서도 서술했지만, 그것이 곧 애니미즘의 현재적 의의라고 생각합니다.

시미즈 결국 근대도 다양한 이원성을 넘어서고자 했습니다. 완벽한 유물론이라는 결정론에 대해 자유와 정신을 어떻게 유지할 것인가의 문제는 인도 관념론에서도 생각했지만, 그 속에서 나타나는 주객의 이원성이라는 문제가 엉거주춤하게 뒤섞이는 형태, 상관적인 형태로밖에 조정되지 않은 것이 근대의 문제라고 생각합니다. 따라서 나는 그것을 삼분법과 같은 다른 형태로 사고하고 싶었고, 선불교도 그러하다고 봤습니다. 그리고 정신이나 주체와 대상 세계가 상관주의적인 존재 방식에서 벗어날 때 도리어 단적인 자연이 나타납니다. 선(禪)에 다다른 애니미즘이 느끼는 자연이 그러합니다. 애니미즘의 자연을 느끼는 구조가 선에 있기 때문이지요.

　예를 들어 이와타 케이지는 그렇게 느껴지는 것을 만다라의 구조라고 했으며, 그 구조는 훔볼트의 코스모스처럼 자신이 안에 없는 단자연(單自然)의 것이 아니라 자신도 안에 있는 것이라고 이야기합니다. 그런데 훔볼트와 더불어 이와타 케이지가 중요하게 언급하는 학자가 지리학자인 카를 리터(Karl Ritter)[1779~1859, 19세기 독일의 지리학자, 훔볼트와 더불어 근대 지리학의 창시자]입니다. 나는 리터가 이와타에게 어떤 영향을 주었는지가 줄곧 수수께끼였습니다. 리터는 관상학(Physionomies)을 논합니다. 손바닥에서 수상(手相)을 보듯이 토지를 읽어갑니다. 이 산과 이 계곡은 사람들이 이러저러한 것을 이웃에게서 가지고 들여와 왕래하면 이런 식으로 발전해갈 수 있다는 식으로, 말하자면 환시를 하는 것입니다. 며칠 전 이와타 케이지의 『나무가 사람이 되며, 사람이 나무가 된다』[191]라는 책을 다시 읽었는데요, 이 책 서두에서 일화를 하나 소개합니다. 이와타가 해 뜰 무렵 교토의 자택 근처를 산책할 때에 버스가 한 대도 서지 않는 버스 정류장과 마주칩니다. 이른 아침에는 버스가 이 정류장에 정차하지 않는 것이지요. 어느 노부부 관광객이 이를 기이하게 여기고 "이 정류장은 뭔가요? 어떤 장소인가요?"라고 그에게 물어왔다는 것입니다. 때가 되면 소위 행위자가 그 공간 속에 들어오고, 그렇게 행위자가 차례차례 나타나서 장소가 생기는 것이지요. "사물이 꽉 들어찬 장소(dingliche

---

191　岩田慶治, 『木が人になり、人が木になる―アニミズムと今日』, 人文書館, 2005.

erfüllende Erodoberfläche)"(카를 리터)가 된다고요. 이 삽화를 읽고 알았습니다. '사물이 꽉 들어찬 장소'로서 만다라적 세계는 환시인 것이다. 거기에 다양한 행위자가 들어와서 살아가는 장소를 그려내야 한다. 자신이 그 속에 들어간다는 것 또한 하나의 사고방식인데요, 그 텅 빈 곳에 자신과 관련된 자연을 담을 수 있고, 또 그것을 안에서도 밖에서도 느낄 수 있는 그러한 의미에서 환시는 중요합니다. 그것이 이미 사라진 것이라도, 아직 도래하지 않은 것이라도 좋습니다. 이와타 만년의 수필 등에서도 훨씬 이전의 일상생활이나 현지에서 만난 단편적 경험을 마치 꽃을 피우듯이 각색하고 그것들을 선명하게 되살려냅니다. 그렇게 한 공간을 살리고 혹은 살아간 것으로서의 공간을 느끼는 감성이 바로 애니미즘이 아닐까 합니다. 여기에 애니미즘의 근본이 있으며, 인간이 살아온 정념의 세계, 인간이 죽음과 더불어 하나의 삶에 의미를 부여한다는 것 자체도 애니미즘과 깊이 연관되어 있습니다.

그 가운데 애니미즘적 환시라고 할까요? 삶의 공간 속에서 살고 죽는 사람들의 지혜를 우리는 배워야 합니다. 그들과 그들이 관여한 만물과 자연을 내부에 품은 공간을 어떻게 느낄 것인가? 이것이 중요합니다. 근대가 근대 사회 속에서 극복하고자 했으나 극복할 수 없었던 것도 여기에 있을 겁니다. 자유도 있을 것이며, 주체도 있을 것이며, 세계도 다양하게 있을 겁니다. 그것을 느낄 수 있는 것이 애니미즘이 아닐까요? 앞선 대담에서 애니미즘 개념이 만들어진 후 오히려 애니미즘 연구자가 나오지 않는다고 했지요. 이와타 케이지는 예외적이라고 오쿠노 씨는 말했지만, 가령 이와타가 현지 조사에서 발견한 것을 다른 인류학자가 보았다 해도 지나쳤을 수 있다는 생각이 듭니다. 이와타는 일본의 보통 풍경, 아침의 버스정류장 이야기 속에서도 암시적으로 애니미즘을 말할 수 있잖습니까? '환상(還相)'은 혼 속의 풍경으로 되돌아오는 것이기도 합니다. 따라서 애니미즘은 환시의 감수성과 함께하며, 그에 따라 그것은 인간에게도 본질적인 것으로서 미래를 보는 것이라고 나는 생각합니다.

'있다'와 '없다'/이시(異時)와 동시(同時)/참여의 원리

▸▸ 시미즈 씨는 5장의 주 172에서 "이렇듯 동양의 예지(叡智)는 '~가 있다'의 상호생성의 위상을 이론적으로 너무나 일찍 기각해버렸고, 그래서 서양에서처럼 사이언스의 발전 방향을 중시하지 않았다. 이것은 유감스러운 일이다. 그러나 이제는 사이언스와 비근대(non-modern) 각각의 문명이 총합하는 것이 실제로 모두에게 희망적일 것이다"라고 말합니다. 서양에서 사이언스는 긍정적인 존재론입니다. 그리고 지금의 이야기에서 애니미즘의 환시란 보통은 거기에 없다고 생각되는 것을 보는 것입니다. 혹은 부정형의 존재론의 논리를 시미즈 씨는 5장에서 이야기합니다. 서양의 '있다'와 동양의 '없다'. 이 차이는 대체 어떻게 생기는 것일까요? 서양의 '있다'를 기점으로 사이언스까지 관통하는 존재론에는 예를 들어 서양 특유의 기독교적인 존재론과 같은 것이 깊게 연관되어 있다고 말할 수 있을까요?

시미즈 주 172에서 언급한 것은 무엇보다 동양에서 서양 근대와 같은 사이언스가 발전하지 않은 것에 대한 유감을 표명한 것입니다. 동양 문명은 훌륭하며, 나가르주나는 1200년에 한 번 나오는 천재입니다. 그렇지만 사이언스나 기술이 행하는 것도 들여와야 한다고 생각합니다. 미나가타 쿠마구스의 주장까지는 아닐지라도 동양의 장점과 서양의 장점을 가져와서 만다라와 같은 네트워크 구조를 사고해야 한다고 생각합니다. 서양의 과학 자체가 증거를 축적하고 분할한 것을 더해 통합하는 것이 아님을 끈질기게 검증한 학자가 현대의 브뤼노 라투르입니다. 그러나 근대주의의 통념에서 어떻게든 사이언스를 발전시킴에 따라, 이미 사라진 것이나 아직 도래하지 않는 것의 '없는' 것과 '있는' 것을 이원론적으로 나누지 않는 세계관과 그 예지를 잃어버려서 여러 일그러짐이 분출해왔습니다.

덧붙여서 앞서 오쿠노 씨가 언급한 divide and integration에 관해 말하자면, 분할한 것을 통합하면 전체가 된다는 것은 틀렸다고 말한 이가 라이프니츠입니다. 대담 I에서도 조금 다뤘지만, 이것은 라이프니츠가 '연속체 합성의 미궁'이라는 주제로 계속 생각한 것입니다. 예를 들어 어떤 것을 2분의 1로 한다면, 그 나눈 것을 또 2분의 1로 하는 조작은 무한할 수 있습니다. 그렇다면 무한소를 더해서 한 전체가 될 수 있지 않냐고 반문한다면, 제논의 역설에 저촉하므로 그것은 불가능합니다. 그러므로 오히려 전체로서의 한 물질로부터 시작해야 한다는 것이 라이프니츠의 사고방식이며('푸셰(Joseph Fouché)의 이의비고(異義備考)'), 라이프니츠는 수학에서 유한 속에 있는 무한의 조작을 다

롭니다. 이처럼 서양의 철저한 사이언스 법칙에서도 유한과 무한은 반드시 이항 대립적으로 사고할 수 없으며, 서양은 '있다'이고 동양은 '없다'라는 식으로 나눌 수도 없습니다. 다른 한편에서 라이프니츠는 '자유의 미궁'을 말합니다. 결정론적 유물론이 아닌 세계를 어떻게 사고할 것인가? '연속체 합성의 미궁'과 '자유의 미궁'은 둘 다 라이프니츠를 괴롭혔다고 하지만, '연속체 합성의 미궁'은 라이프니츠가 이미 풀었습니다. 그러나 '자유의 미궁'은 제대로 풀지 못했습니다. 현자(賢者)는 항상 최선을 선택한다는 예스러운 논증만으로는 그다지 설득력이 없었기 때문입니다. 확장적 단자론을 고찰하는 가운데 자유의 문제 또한 서양 근대의 사고방식 이외에 다양하게 깊이 생각해봐야 합니다.

기독교를 이야기하면, 일신교는 인간이 만들지 않은 '신'이 외재적으로 있다는 것이기에 서양 근대 사이언스의 전제와 궤를 같이합니다. 즉, 구조가 같다는 것이죠. 하여간 그 신은 자기에게 던져진 질문을 완전히 부정하는 것이 아니라 자기가 만든 세계 속으로 들어가지만, 역시 자신을 초월한 존재입니다. '내재(안)와 초월(밖)'을 함께 뛰어넘는 것입니다. 자력과 타력의 이야기도 결국은 그러한 것 아닐까요? 내재와 초월을 정말로 초월한다. 이것을 이항대립으로 하지 않는 것이 중요합니다. 사이언스나 기술에서도 본질은 점점 그와 같아지고, 신앙의 세계에서도 마찬가지입니다. 결국에 내가 사고하는 것은 삼분법이나 연결망과 같은 세계입니다. 나는 작금의 문제가 사이언스를 끝까지 파고든다 해도 근대인이 만든 위계 구조와 결정론적 구조에서는 풀리지 않는다는 것을 알았고, 그래서 환시의 세계로 다시 돌아가 그것이 진실인지, 그것이 진정한 다양성인지를 탐구하고 있습니다. 아직 도래하지 않은 것, 벌써 사라진 것까지 포함한 세계의 존재 방식을 정념의 여러 상(相)까지 포함해서 정밀히 분석해왔다는 점에서 동양의 사유에는 배울 것이 많습니다. 거기까지 파고드는 것이 중요하다고 생각합니다.

오쿠노 그렇군요. 자력과 타력을 포함해서 이항적인 대립으로 논의를 전개하지 않는 것이 중요하군요. 서양의 '있다'에서부터 부정의 논리를 통해 역으로 생각해가는 것, 그 긴요함을 여기서 설파하고 있다면, 그렇다면 '없다'란 무엇인가? 인도의 사고방식에서 제로의 발견, 공성(空性)의 발견은 중요하지요. 예를 들어 '203'의 가운데에 제로가 있는 것은 없다는 것이 아닙니다. 제로가 있음으로써 '23'이 아니라 '203'이 됩니다. '없다'고 말하면서 '있다'는 것이지요.

보르네오 섬 푸난에서는 다섯 손가락 중 엄지(*pun*), 검지(*uju tenyek*), 중지(*uju beluak*), 새끼손가락(*ingiu*)에 이름이 있지만 약지만 고유명이 없습니다. 푸난에서 손가락 이름을 각각 물어보면 약지 이름만 나오지 않습니다. 이름이 없지만, 어떤 위화감도 없습니다. 나는 푸난 사람들과 함께 살면서 약지가 '있다'는 것에 대해 이름이 '없다'는 것이 궁금했지만, 어찌할 수가 없었습니다. 푸난 사람들 중 누구도 그에 대해 말해주지 않았습니다. 다만 푸난어로 그것을 사용할 일이 없어서 이름이 없는 것이 아닌가 그런 느낌은 받았습니다. 다른 한편 중국어에서 약지는 '무명지(無名指)'입니다. 즉, 이름 없는 손가락입니다. 처음에는 푸난과 마찬가지로 약지에 이름이 없었던 것이 아닐까요? 단어와 개념이 발달하는 단계에서 손가락 모두에 이름을 일률적으로 갖춰나가기 위해 '이름 없는 손가락'이라는 이름을 붙인 것은 아닐까요? 진실은 모릅니다.

푸난으로 다시 돌아가면, 푸난에서 약지는 물질적으로 있지만, 개념적으로 없는 것이지요. 재밌는 것은 손가락과 손이 같은 단어라는 것입니다. 손가락도 손도 '우주(uju)'라고 합니다. 손가락은 각각 '우주'라는 일반명사로 부릅니다. 복수의 '우주'가 모여서 일체화하면 손이라는 단수의 '우주'가 됩니다. 약지는 손이라는 '우주' 속에 포섭되어야 의미가 있다고 해석할 수도 있습니다. 손은 그들에게 의미가 있지만 약지만은 의미가 없습니다. '203'의 제로와 같은 것이지요. 의미가 없기에 이름을 붙이지 않는다, 필요가 없으므로 이름을 붙이지 않는다, 굉장히 깔끔하면서도 불교의 공성(空性)과 유사합니다. 제로의 개념처럼 있기는 하지만 없다, 없기도 하지만 있다는 사고에 기반하는 것으로서요.

푸난에는 이와 비슷한 그 외 사례가 있습니다. 푸난어에는 물과 강을 구별하지 않습니다. 물도 강도 '보-(be)'입니다. 강은 물이 불어나거나 말라붙기 때문에 '큰물', '작은물'이라는 강에만 사용할 수 있는 특정한 표현은 있습니다. 푸난 사람들에게 물이란 강이며 강이란 물입니다. 둘 다 같습니다. 물은 흐르거나 고이거나 마실 수 있습니다. 푸난에서 흐르는 것은 물이라고 보고 강이라는 개념으로 보지 않습니다. 이 관념이 단어에 반영된 것이라고 본다면, '있다'보다 '없다'에 그들이 느끼는 소중함을 알 수 있습니다. 하천으로 일반 개념화해서 그 길이를 비교하거나 더러워진 경우를 비교 검증하는 따위를 푸난은 절대로 하지 않습니다. 즉, '있다'에서 출발해서 분류하고 정리해나가는 것이 아닌 존재 방식을 엿볼 수 있습니다.

일반론으로는 유용성이나 실용성에서 실재가 나타난다고 할 수 있지만, 그 관측자에게 나타나는 실재성에 회수되지 않는 '이름짓기'의 문제. 그것을 도대체 어떻게 보면 좋을까요? 수렵민 푸난 특유의 이러한 언어 감각이 나는 매우 흥미롭습니다.

'있다'는 것이지만 '없다', '없다'는 것이지만 '있다'라는 점이 중요합니다. '있는' 것이 '없는' 것에 대해 어떻게 파악할 것인가가 중요하지 않을까요? 이에 대해 이래저래 생각하고 있으면, 서양의 이성으로는 정리되지 않고 파악되지 않는 곳을 불교와 인도 철학의 방면에서 풀어보려는 것이 시미즈 씨의 철학 수법이 아닐까 합니다. 에드워드 타일러가 150여 년 전 그의 마음을 사로잡은 현상에 '애니미즘'이라고 이름 붙이며 상상한 것 그리고 이와타가 『정법안장』을 들고 동남아시아를 여행하면서 그곳에서 계속 생각한 것에 무언가 큰 힌트가 있는 듯합니다.

시미즈 이름 없는 손가락처럼 아직 이름이 없어서 밋밋함 같은 것. 매우 재밌습니다. 버스정류장에 버스가 정차하지 않는다는 이야기와도 연결됩니다. 근대 언어와 비교해서 산스크리트어와 같이 격변화가 많은 옛 언어를 보면 무언가의 작용을 억지로 사후적으로 주어화하거나 그 작용의 원인으로서 주어를 내세우

보르네오 섬의 아렛트 강 혹은 아렛트의 물. 자주 범람해서 큰물이 된다. 촬영 오쿠노 카츠미.

보르네오 섬의 파난 강 혹은 파난의 물. 그물망을 던져 물고기를 낚는 푸난족. 촬영 오쿠노 카츠미.

는 구조가 쉽게 간파됩니다. 한번 그 구조가 정립되면 구조의 작용을 원인으로 규정하기 쉬워집니다. 이때 인도의 언어라면 언어적으로 '그렇게 스스로 만들었잖나'라고 느낄 것 같습니다. 지금 오쿠노 씨가 말한 푸난에서 물이 그 흐르는 작용(강)과 구별되지 않는다는 것은 심오합니다. 근대 언어에서는 그러한 작용을 주어로 확립한 후 그 주어가 상황을 통해 격변화하는 대신에 동사나 목적어에 몇몇 전치사를 붙여서 표현합니다. 그러면 '정해진 주어가 그 작용을 한다'라는 벡터가 바로 이원론적으로 고정돼 버립니다. '주어'가 '있다'는 것이 그 속에서 매우 우세해집니다. 그렇지 않은 언어의 작용을 온전하게 이어가는 사람들도 아직 많이 있습니다. 애니미즘의 사고가 그 근본에 남아 있어서, 근대 언어가 잃어버린 것을 여전히 사고하려는 기능이 언어에 남아 있는 겁니다.

오쿠노 3장 대담 I에서 시미즈 씨는 '환멸문'에 붙잡힐 때 하나의 온전한 세계가 현성(現成)한다고 이야기했습니다. 주어와 그에 대응하는 작용으로부터 문장의 구조가 정해지는데, 그 작용을 앞질러서 주어가 미리 있는 것처럼 파악된다는 것이지요. 그 문제를 생각해 볼 때 시간성 혹은 인과율의 문제가 관여하고 있는 것은 아닌가 합니다. 불교적으로 말하면 '이시(異時)'라는 문제성입니다. 그에 반해 '동시' 혹은 '공시성(共時性)'과 같이 인과율에 관여하지 않는 시간성이 있습니다. 겐유가 말하듯이, 팔리 불전경장(佛典經藏) 소부(小部) 『자설경(自說經)』의 "이것이 있으면 저것이 있고, 이것이 생기므로 저것이 생긴다"는 십이지

인연으로 말하면 '순관(順觀)'입니다. "이것이 없으면 저것이 없고, 이것이 멸하므로 저것이 멸한다"라는 십이지인연으로 말하면 '역관(逆觀)'입니다. 이 순관과 역관 양쪽의 전반부가 '동시'입니다. 즉, "이것이 있으면 저것이 있고" "이것이 없으면 저것이 없는" 것입니다. 그에 반해 후반부, 즉 "이것이 생기므로 저것이 생기며" "이것이 멸하므로 저것이 멸한다"가 '이시'입니다.

시간의 흐름에 기반해서 '이시'의 입장에서는 원인과 결과로 사물을 생각하게 됩니다. 이것은 우리가 일상적으로 보통 포착할 수 있는 것입니다. 반대로 '동시'는 소위 '동시성(synchronicity)'에 관한 것으로 어떤 연결도 없이, 이것이 있을 때 저것이 있다, 이것이 없을 때 저것이 없다는 현상에 관한 것입니다. 사상(事象)이 어떤 연결도 없이 성립하는 존재 양상이 '동시'이며 이것은 이와타의 애니미즘론에서도 몇 번 이러저러하게 언급되었습니다. 이와타는 '이시'로서의 시간성이 아니라 동시에 일어나는 기이한 것, 그렇지 않고서는 포착할 수 없는 것으로 애니미즘을 본다고 말합니다.

그것은 예를 들어 생명의 문제와도 긴밀히 연결됩니다. 귀뚜라미의 울음소리가 '다선율'이 아니라 일제히 겹쳐지는 '단선율'이 될 때가 있습니다. 반딧불이는 많이 모이면 일제히 밝아지고 그 후 일제히 어두워집니다. 이것들은 '동시'입니다. 귀뚜라미나 반딧불이가 미리 협의해서 합치는 것이 아니라 개체를 초월한 자연과 일체화하는 것입니다. 즉, 유기체는 본의 아니게 개체로서가 아닌 전체성에 자연적으로 동시 발생하는 것입니다. 전체성 속에서 생명현상이 '동시'에 일어날 수 있습니다. 인과율에서는 포착할 수 없는 무언가입니다. 시간성 속에서 파악되어 개념화되고 언어화되는 것에서 새듯이 빠져나오는 것이 '동시' 내지는 '공시성'이며, 칼 융 또한 이 현상에 주목했습니다.

시미즈 융즉(融卽)[192]이라는 문제도 바로 여기서 나옵니다. 겉으로 보기에 그것이 합리적인가 불합리적인가는 별도로 하고, 오쿠노 씨의 4장에서는 동시 발생의 문제가 줄탁동시(啐啄同時)[193]라든가, 개별의 작용과 그것을 초월한 것의 작용이라는 형상으로 통찰되고 있습니다. 동시성과 관련해 말하면, 스피리돈 노인의 이야기와 마찬가지로 타자와의 사이에서 타자를 통해 자기를 있게 하고 자기 형성한다는 정신분석학의 거울상 이론은 라캉이 말한 대로 본래 생물계의 관계를 단서로 해서 만들어졌습니다. 그래서 근대인은 거울상에서 빠져나왔는지를 묻는다면, 그렇지 않습니다. 라캉의 해석에서 거울상은 타자와의 적대적인 관계까지 포함하므로, 그것들은 거울 단계에서 제삼자적 심급인 상징계에 짓눌리게 됩니다. 이것은 사회계약론에서 서로 싸우는 사람들의 '자연권'을 제삼자에게 위탁해서 그 최고 권력

---

192 [역주] 여기서 융즉은 참여(participation), 즉 세계의 객관성과 타인의 타자성(他者性)을 의식하지 않고 현존하는 것 이상의 존재에 자기를 합체시킨 상태를 말한다. 프랑스의 사회학자 레비브륄이 미개인의 집단적 표상에 대하여 사용한 용어다.
193 [역주] 줄(啐)은 달걀이 부화하려 할 때 알 속에서 나는 소리, 탁(啄)은 어미닭이 그 소리를 듣고 바로 껍질을 쪼아 깨뜨리는 모습을 가리킨다. 수행승의 역량을 단박에 알아차리고 바로 깨달음에 이르게 하는 스승의 예리한 기질을 비유한다.

이 그들의 싸움을 억제하는 것과 동일한 구조입니다. 긴장을 가중하는 무거운 해결이지요(웃음). 자신이 타자와 마주 보는 상태는 그대로입니다. 오히려 스피리돈 노인이야말로 그러한 상태에서 교묘하게 빠져나옵니다. 내부에 복수의 주체가 존재하는 분열을 허용함으로써 거울상으로 회수되지 않는 것입니다. 저 노인의 세계는 단적으로 단일 세계에 있지 않습니다. 근대사회는 처음부터 세계가 단일하다고 이야기하지만 실제로는 '단일세계로 만들어가는' 수행을 통해 단일세계를 실현해왔습니다. 이 부분이 기이한 것이지요. 사회질서가 최고 권력 하에서 사회계약을 맺은 후 비로소 생겼으며, 거세하는 아버지와 같은 제삼자적인 심급이 있어서 적대관계를 억압해왔다는 말은 모두 역행적입니다. 요컨대, 우리의 가장 기본적인 상태는 거울상, 공시성의 세계, 융즉의 세계입니다. 오히려 그로부터 빠져나오는 것이 스피리돈 노인이나 애니미스트일 수 있습니다. 이렇게 사고하는 것이 더 진실에 가깝지 않을까요?

오쿠노 전적으로 동감합니다. 타력론으로 애니미즘을 논한 4장에서 조금 다뤘지만, 유카기르 사람들은 등의 고통이나 허리통증이 사냥의 결과를 알려준다고 말합니다. 그러한 것도 '동시'입니다.

시미즈 아랫입술이 떨리면 사냥에 성공한다는 이야기도 논고에서 언급했지만, 그로부터 빠져나올 수 없다는 것 아닐까요? 우리가 융즉률(참여의 원리)과 거울 관계, 동시성을 환상이라고

스리랑카의 담불라 석굴사원. 촬영 아베 미츠오(安部光雄).

생각한다면, 스피리돈 노인이 빠져나오듯 빠져나올 수 없습니다. 현대의 도시생활자는 대인관계에서 타자를 모방하고 거울 관계에 있듯이 서로 같은 것을 행하는 군생상(群生相)의 메뚜기처럼 행동합니다. 내 생각에 스피리돈 노인이 행한 것은 일종의 삼분법입니다. 안과 밖, (혼의) 하나와 여럿, 주체와 대상이 '보로메오의 고리'처럼 맞물린 부분에서 저 노인은 사냥합니다. 따라서 애니미즘의 몽매성(蒙昧性)으로 들릴 수 있는 융즉의 발상이 원시적이라고 말할 수 있지만, 오히려 그렇게 해야만 빠져나올 수 있다면 근대인이 더 통합적이고 정합적인 세계를 만들고자 한다는 주장이야말로 억측일 수 있습니다.

오쿠노 맞습니다. 그렇습니다.

시미즈 우상숭배, 곧 페티시즘을 벗어나기 위해서라도 페티시를 부정해서는 안 됩니다. 독단의 페티시스트에서 빠져나와 그로부터 진정한 다양성을 향해가야 합니다. 그렇지 않으면 극복할 수 없습니다. 유럽이나 근대는 대부분 그것을 단지 부정하고 추상화해버렸습니다. 이에 반해 그렇지 않은 지혜, 문명, 문화가 많습니다. 그래서 우리는 더욱 두 눈을 뜨고 있어야 합니다. 그런데도 가치 문제의 경우 애당초 '화폐에 가치가 있다'라는 추상적이고 일원화된 것에 우리는 속박되어 있습니다. 신단자론(新單子論, Neo-Monadologie)을 표방하며 타자의 욕망을 모방하는 사람들의 정념에 대해 깊이 통찰한 사회학자 가브리엘 타르드[194]는 20세기 초엽에 이미 그것을 알았습니다. 현대의 이러한 상황으로부터 해방되기 위해서는 유물론적 혁명처럼 여전히 그 토대가 근대인 채로 위를 변혁하는 것이 아니라 하나와 여럿의 문제를 뿌리 깊게 파고드는 논의를 조직해서 그로부터 여러 문화의 다양성에 시선을 열어두고 근대문명 자체를 개조할 필요가 있습니다.

'미래의 애니미즘'을 향하여

시미즈 그런데 대만의 IT에서 신형코로나 대책 등에서 대활약한 탕평(唐鳳)은 내가 일전에 번역한 피에르 레비[195]라는 프랑스 철학자의 영향을 많이 받은 것 같습니다. 제가 최근에 흥미롭게 읽은 책은 앞서도 이야기한 아파두라이의 『불확실성의 인류학』이 있고요, 또 브뤼노 라투르의 『세계들의 전쟁(War of the Worlds)』도 좋았지만, 우에노 마나부(上野学)의 『객체지향 UI 디자인』이라는 책이 있습니다. 거기서 서술한 디자인 사상이 탕평이 사회문제의 해결에 도입하려는 것과 매우 유사합니다. 탕평

---

194 [역주] 가브리엘 타르드(Jean-Gabriel de Tarde, 1843~1904)는 프랑스의 사회학자이자 범죄학자다. '심리학적 사회학'이라는 방법론을 확립했다. 『모나돌로지와 사회학』(이책, 2015), 『모방의 법칙』(문예출판사, 2012), 『사회법칙』(아카넷, 2013) 등의 저서가 있다.
195 [역주] 피에르 레비(Pierre Levy, 1956~)는 프랑스의 미디어 철학자 사회학자다.

은 프로그래머의 프로그래밍적 사고는 해결해야 할 세상만사를 다양한 스텝으로 세분화해가는 것이라고 말합니다. 그리고 그것들 각각에 대해 기존의 기구나 오픈소스의 지혜를 빌리면서 해결해가기 위해서는 그것들의 스텝을 모두에게 명료하게 가시화해 보일 필요가 있으며, 바로 그것이 프로그램이 하는 일이라고 말합니다. 그 형상이 가시화되면, 거기에 또한 피드백이 나옵니다. 다양한 사람들이 참가하는 집합제작의 세계와 같은 것이죠. 그것을 탕평은 정치에 가지고 들어옵니다. 예를 들어 플랫폼을 만들고 2개월 이내에 5,000명이 플랫폼에서 문제 제기된 것에 공감을 표시하면 정치는 그에 대처해야 하는 틀을 마련합니다. 그는 그 틀을 구상합니다. 대만에서는 그렇게 해결하는 방식이 매우 적절하게 기능했다고 합니다. 하나인 것에 많은 주체가 관여해서 순환을 만들어낸다는 이 방식은 행위자-연결망 이론의 수법과 같습니다. 이 지역에는 이러한 정치적 문제가 있고 이러한 이익집단이 있다는 식이 아니라, 가시화된 것에 다양한 사람들이 접근해서 그것이 또 대상으로 형성되고 정치로서 피드백한다는 것입니다. 피에르 레비와 브뤼노 라투르는 세르의 제자라고 부를 수 있으며, 정치에 ANT를 도입할 수 있습니다. 화폐에 의한 신용경제뿐만 아니라 블록체인 기술을 사용하는 스마트 콘트랙트랄까요? 다양한 기술을 동원해서 새로운 사회의 틀을 생각하려는 작금의 움직임 속에는 사회계약과 다수결만을 말할 뿐인 지난 시대와는 다른 것이 있습니다. 그것들을 잘 보면, 스트래선이 말하는 사물과 도구를 매개로 한 사회의 연결 방식으로 회귀해가는 부분이 있습니다. 그 속에 자연이 들어가면

좋겠지요.

오쿠노 그렇군요. 플랫폼에 다양한 행위자가 참여함으로써 자유로운 형태로 서로 연결되면서 집합 제작해간다는 것이군요. 각각이 행위자가 되어 의견이나 아이디어를 서로 나누면서 상호 제작하는 과정이 대만 정치 속에서 한발 앞서 실현되고 있다. 행위자-연결망 이론이 지금 정치 무대에서 구체적으로 움직이고 있으며 근대 너머에서 실현되고 있다. 그 말이죠?

시미즈 그렇습니다. 자연 자체가 그러한 작용과도 뒤섞인 형태로 지금 존립하고 있으며 정치적인 행정 또한 그러한 식으로 가시화해야 합니다. 『객체지향 UI 디자인』에서는 디자인이 인터페이스의 UI 디자인을 프로그램합니다. 가장 단순한 예를 들자면 라면집의 식권판매기가 있습니다. 그러한 것을 디자인할 때 자신의 작업 데스크를 우선 고려하고 그에 따라 손님을 받으면 그것을 사용하면 할수록 막다른 길에 몰립니다. 공급자가 쓰기에만 편리한 것은 진로를 막습니다. 화면을 열면 '대상 품목'이 몇 가지 선택지로 나오는데, 여기서 그 종류가 계속해서 추가되도록 디자인할 필요가 있습니다. 이것은 행위자-연결망 이론과 상통합니다. 어떤 사회를 인지하거나 그 구조를 재디자인하는 데에서 근대 모델이 아닌 것을 가시화해나간다면 근대와 다른 세계가 전개되지 않을까요? 그러니까 사이언스나 기술의 새로운 전개 방식을 도입해서 다방면으로 근대적이지 않은 존재 양상을 탐구해간다면 애니미즘이라는 세계관에 오히려 가까워지지 않을까 합니다.

오쿠노 맞습니다. 그렇습니다.

시미즈 프로그래머가 된 학생이나 연구생이 내 주위에 꽤 있습니다만, 그들에게 물으니 오픈소스를 사용하는 프로그래밍은 정말로 그렇게 집단 제작한다는군요. 브리콜라주적으로 만든다고요. 그렇게 해서 나온 것이 또 다른 것에 전용되며, 그렇게 그것은 이미 수많은 결절점의 연결망 구조가 됩니다. 앞서도 언급한《More Than Human》의 인터뷰에서 불교 이야기를 하고, 또 이번 오쿠노 씨와의 공저에서 대담을 나누고, 『たぐい[부류]』 잡지에서 라투르론도 발표했습니다. 이것들은 전부 연결되어 있습니다. 라투르나 세르의 이야기를 하면서 '이것은 화엄입니다'라고 정말로 말하고 싶었습니다. 그러나 굳이 말하지 않을 뿐입니다. 각기 다른 경로를 따라 몇 년 동안 철저하게 탐구한 결과 그 도달점은 같다고 느낍니다. 정념이나 애니미즘을 이야기한 것에서부터 다양한 학문을 전부 포섭해서 인문과학으로부터 자연과학까지 모두가 뒤섞이는 데에서 보이는 상호조응과 전용의 세계가 있다는 것이 나의 생각입니다.

오쿠노 어떤 면에서 의례에서 사용되는 가면이 시장에서 토속품으로 거래되는 것과 같은 것이죠. 그러한 연결망 속에서 상호 연결되는 것입니다.

시미즈 네, 그렇습니다. 일종의 사물을 전용하는 방법 같은 것입니다. 그것이 연결되면서 나타나는 세계의 총체에 관한 이야기와도 유사합니다. 프로그래밍의 세계는 도구의 전용이라는 의미에서 브리콜라주적이어서 집단과 그 윤리마저 만들 수 있습니다.

오쿠노 그렇습니다.

시미즈 그래서 부분적으로는 이리저리 중심적 매개물로서의 사물과 다양한 집단을 임기응변으로 잇거나 풀거나 하는 것은 단순한 글로벌리즘에 대한 유효한 저항전략이라고 할 수 있지 않을까요?

오쿠노 바로 메릴린 스트래선이네요.

시미즈 사회시스템도 경제시스템도 발본적으로 변할 필요가 있습니다. 화폐를 매개로 한 시장경제의 '윈윈'의 등가교환을 이상으로 삼아서는 점점 차이가 벌어질 뿐이며 그 혼종을 순화하려고 하면 쓸데없는 모순이 생기기 때문에, 그것을 뛰어넘기 위해서는 마르크스주의나 유물론만을 고집하지 말고 중심적 매개물을 바꿔치기하는 발상이 필요합니다. 그제야 비로소 보편적, 일반적 등가물의 망령에 짓눌리는 것에서 벗어나 플랫한 구조를 모색할 수 있고 물상화와 소외 등에서 해방될 수 있습니다. 이제 그러한 것들을 본격적으로 고민해야 하지요.

오쿠노 그렇습니다. 사회시스템과 경제시스템에서 근대를 어떻게 뛰어넘을 수 있을 것인가? 꽤 큰 이야기를 나누었습니다.

나오며

「들어가며」에서 시미즈 다카시는 우리가 함께 현대철학과 21세기 인류학을 공부하는 연구모임을 언급했다. 이 모임은 2017년에 시미즈 씨와 고우즈마 세카이(上妻世海) 씨가 지인들을 모아 만든 "Stem Metaphysics 연구회"를 말한다. 회원들은 정해진 책과 논문을 미리 읽어와 더 깊이 이해하고자 서로의 생각을 주고받으며 열띤 토론을 벌였다. 이와타 케이지, 엘리 듀링(Elie During), 라네 빌레르슬레우, 그리고 시미즈 씨의 저작 등을 함께 공부했다.

    연구회가 끝난 후에 회원들은 매번 이케부쿠로 부근에서 밤새도록 술과 함께 담소를 나눴다. 어느 때는 다음 날 점심까지 술자리가 끝나지 않은 적도 있다. 나는 늘 도중에 술자리를 떠났지만, 시미즈 씨는 언제나 맨 마지막까지 자리를 지켰다고 들었다.

    바로 얼마 전 회원 두 명과 지금은 열리지 않는 우리 연구회에 관해 이야기할 기회가 있었다. 그때 나는 두 사람 모두 시미즈 씨에 대해 나와 거의 비슷한 생각을 하고 있었다는 것을 알았다. 그것은 시미즈 씨의 언설은 앞에서 들으면 정말로 잘 이해되지만, 다른 누군가에게 그 말을 절대로 옮길 수 없다는 것이다.

시미즈 씨는 고대 그리스 이래 서양 철학자, 인도 성인, 불교의 고승들은 물론이고 비평가, 작가, 정치가, 예술가 등의 지론이나 사고방식을 찬찬히 물 흐르듯 풀어내고, 또 수수께끼 가득한 깊은 숲과 같은 풍경의 세계를 기가 막히게 펼쳐 보인다. 언제는 칠판에 도식과 그림을 그려가면서, 또 언제는 책상에 놓인 빈 페트병을 도구로 사용하면서. 우리는 그의 퍼포먼스를 넋 놓고 바라보다 세계는 분명 그럴 것이라며 고개를 끄덕인다. 참으로 기이한 것은 이 내용을 각자의 언어로 재현할 수 없다는 점이다. 우리는 시미즈 씨의 명료한 어조를 상기하면서 이 낯선 경험에 대해 종종 이야기를 나눴다.

시미즈 씨의 특출난 세계 독해는 이 책 『오늘날의 애니미즘』에 실린 두 논고에 충분히 녹아 있다. 그의 글은 애니미즘을 이해하는 가운데 '삼분법'에 이르는 지평을 가리키며 인류학의 밀림을 헤쳐가고, 이리저리 논리를 구사하며 진리에 조금씩 다가서는 인도 철학의 산하에서 탄생한 중관파 사상을 독해하고, 저 멀리 동쪽 끝 섬나라에서 그 극에 도달한 도겐의 선불교를 파고들고, 이와타의 애니미즘이 유영하는 광활한 바다를 향해 노 저어 간다. 수려하고 묵직한 그의 논리는 뭐 하나 덧붙일 것이 없다.

언젠가 이 책의 기획자이자 편집자인 오노 마코토 씨는 그의 심원한 사상에 조금 더 가닿고 싶다며 눈물을 흘린 적이 있다. 그리고 내게 중간다리가 되어달라고 부탁했다. 시미즈 씨의 사상을 쉽게 풀어서 언어와 제도가 화석화된 현대세계에 소개하는 것이 내게 주어진 임무였다. 마치 나는 시미즈 씨가 간직한 진실을 입수해서 선량한 사람들에게 알리는 샤먼을 맡은 듯했다. 돌이켜보면 두 번의 대담에서 나는 연구모임에서와 마찬가지로 시미즈 씨의 기막힌 논리에 고개를 끄덕일 뿐이었고, 부끄럽게도 주어진 내 역할을 충분히 해낸 것 같지는 않다.

이 책 제목 『오늘날의 애니미즘』은 레비스트로스의 『오늘날의 토테미즘』과 더불어 1992년에 「인류학 연보(*Annual Review of Anthropology*)」에 실린 제인 앳킨슨(Jane Monnig Atkinson)의 「오늘날의 샤머니즘(Shamanism Today)」(1992)이라는 논문을 염두에 둔 것이다. 후자의 논문은 내가 인류학자로서 나아갈 방향을 알려주는 안내서가 되어주었고, 얼마 안 있어 나는 보르네오 섬 카리스족의 샤머니즘 조사연구를 구상했다.

샤먼은 현실을 각성하고 나아가 의식을 확장해서 시간과 공간의 제약이 없으며 인과율에 구속되지 않는 눈에 보이지 않는 전체성의 영역으로 진입 가능한 전문가다. 또 이승과 저승을 자유자재로 오가며 수행한다. 나는 시미즈 씨가 가진 예지의 전모를 충분히 보았다고는 할 수 없지만, 그와의 대화를 통해 불교의 세계로 빠져들어 애니미즘을 파고드는 수행을 경험했다.

두 번의 대담은 물론이고 시미즈 씨와의 대화는 늘 유쾌했다. 이 책에는 대화의 여운이 남아 있다. 이 책을 통해 애니미즘의 현대적 의의가 독자들에게 전달되기를 간절히 희망한다.

기획에서 편집까지 오노 마코토 씨가 많이 힘써주었다. 지면을 빌려 감사의 마음을 전한다.

2021년 3월 17일
오쿠노 카츠미

역자 후기

불교학에서 동아시아 인류학의 또 하나의 길을 찾다
: 동아시아 존재론으로서 불교적 애니미즘

1. 인류세적 전환과 한국 인류학의 전망

2018년 『숲은 생각한다』가 번역 출간된 직후 경희대에서 열린 '역자와의 대화'에서 청중이 몰려 그 큰 강의실이 가득 찼던 것이 생각난다. 출간된 지 얼마 안 되었는데도 그 많은 사람이 어떻게 알고 모였는지 놀란 기억이 있다. 강의실의 열기는 뜨거웠다. 사람들은 이미 인류세적 전환을 감지했으며 그에 대응하는 사고 및 실천을 갖춰가고 있었다. 그러한 사고와 실천에 '이름'이 붙여지기 시작한 것이다.

 그로부터 6년 사이에 학계에도 많은 변화가 있었음을 느낀다. 2018년 여름 대학로의 어느 사무실에서 몇몇 사회학자들과 『숲은 생각한다』의 출간을 계기로 인류학에서의 이론적 전환에 관해 이야기를 나눈 적이 있는데, 그때 인간과 비인간의 대칭성에 대해 호의적이지 않은 태도를 보였던 그들이 지금은 앞장서서 그러한 논의를 전개한다. 물론 그전에 벌써 브뤼노 라투르의 『우리는 결코 근대인이었던 적이 없다』(한국어판 2009년)와 퀑탱 메이야수의 『유한성 이후』(한국어판 2010년)와 같은 근대

과학과 서양의 형이상학에 대한 근본적인 성찰과 전환을 예고하는 저서의 번역서들이 출간되었지만, 당시에는 그 학문적 의의가 충분히 공유된 것 같지는 않다.『우리는 결코 근대인이었던 적이 없다』의 역자인 홍철기 씨는 2018년 한국문화인류학회에서 행위자-연결망 이론을 정치철학적 맥락에서 인간과 사물의 동맹으로 소개했다. 여하간 그 후로 소위 21세기 사상의 최전선을 이끄는 주요 저작들과 그 입문해설서들이 줄지어 출간되었고, '기후위기'와 인수공통 감염병의 대유행 등과 맞물려 우리 지식 대중과 학계 또한 작금의 새로운 사상들을 학문적 전환의 주요한 흐름으로 받아들이기 시작했다. 그리고 2024년 5월 한국문화인류학회에서는 '물질적·존재론적 전환의 인류학적 기원'이라는 제목의 학술대회를 개최하고 이 주제를 본격적으로 다루었다.

하지만 그 자리에서 한국의 인류학자 중 다수는 이 주제에 관심을 가지면서도 예전에 한때 유행처럼 스치고 지나간 서구의 여느 이론과 마찬가지가 아닌가 하고 반신반의하는 모습을 보였다. 예를 들어 1980년대 서구 인류학에 흡수된 포스트모던은 한국 인류학계에서는 클리퍼드 기어츠의 해석인류학과 그 뒤를 잇는 일파로서 그보다 한참 뒤인 2000년대에 소개되었는데(그 대표 저서인 제임스 클리포드의『문화를 쓴다』가 2000년에 번역 출간되었다), 이론적 사변으로 잠시 논의되었을 뿐 말리노프스키 이래 20세기 인류학의 전통적인 방법론인 참여 관찰에 충실하며 다만 민족지(ethnography)를 중층적으로 기술하는 것으로 정리되었다. 요컨대 한국 인류학계는 포스트모던 인류학이 결과적으로 21세기 인류학에서의 존재론적 전환의 물꼬가 된 연구사적 의의를 간파하지 못하고, 그것을 잠깐의 유행으로 흘려보내며 여전히 20세기 근대학문의 프레임에 갇혀 있다.

요컨대, 포스트모던 인류학의 근본적인 성찰이란 비서구 사회를 기술하는 서구 인류학자의 작가적 권위가 '객관성'을 선취하는 근대유럽의 '지식 패권주의'와 다름없음을 자각한 것인데, 한국 인류학계는 그러한 성찰을 제대로 이해하지 못했을뿐더러 자기 현장에 반영하지 못했다. 이것은 내가 보기에 우리 학계가 자신의 식민지적 한계를 스스로 설정한 결과다. 다시 말해 20세기 인류학이 서구(제국)의 비서구(식민지)에 관한 연구를 타문화 혹은 타자 연구로 발전시켜온 것이라면, 그 사이에 은폐된 서구 패권적 관점이 드러난 것은 이미 그러한 인류학적 구도가 학문적으로 유효하지 않다는 것을 시사한다. 그렇다면 서구도 아니고 제국의 경험도 없는 한국 인류학계가 앞으로 어떤 인류학으로 나아가야 하는지를 진지하게 논의해야 하는데도 구래의 인류학적 이론과 방법론을 답습하는 데 머물고 있다. 아마도 이론과 방법론을 '수입'하는 것만으로도 교수나 연구직을 충분히 유지할 수 있기 때문일 것이다. 이것은 식민지적 학계에나 가능한 일이며, 이렇듯 한국 인류학계는 식민지적 한계에 머물러 있다.

전환의 시대에 삶의 방식이, 사회가, 세계가 변화하고 있지만, 이러한 변화에 호응해서 인류학적 이론을 독자적으로 구축해가기보다 서구 인류학이 기존에 만들어놓은 이론적 틀을 그대로 현실에 가지고 와 짜 맞추는 수준에서 벗어나지 못하는 한국의 (강단) 인류학계를 보며 나 또한 그 일원으로서 이 6년 동안 괴리감과 자괴감에 괴로웠다. 그러면서도 한 줄기 희망을 느낀 것은 그사이 메릴린 스트래선의 『부분적인 연결들』, 필리프 데스콜라의 『타자들의 생태학』, 비베이루스 지 카스트루의 『인디오의 변덕스러운 혼』(공역), 팀 잉골드의 『모든 것은 선을 만든다』(공역) 등을 번역하고 그 외 존재론적 인류학의 주요 저작들을 독해하면서 이 연구들로부터 21세기 인류학의 향방에 중요한 단서를 계속해서 제공받아왔기 때문이다.

우선 '인류학의 존재론적 전환'에서 존재론(ontology)은 서구의 인식론적(epistemological) 연구의 틀을 깨부순다는 함의가 있다. 인식론적 연구란 이러저러한 사람들의 다양한 삶을 연구하는 데에서 그 전제는 그들 모두에게 주어진 세계가 단 하나라는 것이다. 이 세계에 대한 각기 다른 인식이 있을 수 있으나 그것은 어디까지나 같은 세계에 대한 것이다. 그리고 이 인식론적 연구는 필연적으로 그 인식 가운데 올바른 것과 올바르지 않은 것, 곧 인식의 진리성의 수준을 가리게 된다. 왜냐하면, 세계가 단 하나이기 때문이다. 이때 올바른 인식은 애당초 단 하나의 세계를 상정한 서구의 인식론일 수밖에 없다. 이것은 앞서 포스트모던 인류학이 '객관성을 선취한 서구 패권주의'로서 밝혀낸 바다.

이에 반해 존재론적 연구는 세계의 복수성을 논한다. 예를 들어 비베이루스 지 카스트루는 서구의 다문화주의(multi-culturalism)가 단일한 세계라는, 말하자면 단자연주의에 기반한다고 말한다. 그리고 그는 그것을 세계에 대한 근대유럽의 형이상학적 독점이라고 비판하며 그것을 넘어서는 다자연주의(multi-naturalism)로 나아가고자 한다. 다자연주의는 지구상의 다양한 존재를 둘러싼 자연을 존재가 환경 세계와의 변증법적 관계 속에서 존재 자신의 신체적 관점을 통해 제각기 만들어가는 것으로 보고 이에 따라 자연은 복수로 존재한다고 말한다.

그래서 존재론적 연구는 서구 중심의 관점에서 연구 대상에 불과했던 비서구 사람들이 스스로 자신의 목소리를 낸다는 차원이 아니라 복수의 존재론 가운데 서구의 관점 자체를 상대화하며 그와 대칭적으로 그들 자신의 존재론을 이론화하고자 한다. 이제 인류학은 타문화연구로 가장된 '비근대인(non-modern)에 대한 중층적 기술'로 규정되지 않는다. 그리고 우리는 우리의 존재론을 인류학적으로 어떻게 탐구할 것인가라는 과제를 받아안게 된다. 내가 일본 인류학계에 관심을 두는 것도 바로 이러한 이유에서다. 일본은 비서구에서 독자적인 지식 세계가 성립된 몇 안 되는 나라 중의 하나이며 또 같은 아시아권인 우리가 사유의 독자성을 확립하는 데 참조하기 좋기 때문이다.

2. 일본 인류학의 존재론적 전환과 불교학과의 융합

이 책의 공저자인 오쿠노 카츠미는 2006년 이래 보르네오 섬의 푸난 족과 카리스 족을 현장 연구해왔으며, 현재 릿쿄대학(立教大学) 커뮤니케이션 학부 교수로 재직 중이다. 그는 또한 최신 인류학의 주요 저서들을 번역하는 한편 그 이론적 흐름을 여러 잡지와 웹진 등을 통해 소개하고 자신의 저서를 여러 권 출간하는 등 일본에서는 꽤 알려진 인류학자다. 내가 오쿠노를 알게 된 것은 앞서 언급한 것과 같이 일본 인류학계의 동향을 살펴보면서다.

알려졌다시피 일본에는 전후 민주주의 사상가인 마루야마 마사오(丸山眞男)가 구축한 '사상사(思想史)'라는 연구사적 방법론이 있다. 일본이 근대의 독자적인 지식 세계를 갖췄다면 그것은 전적으로 '사상사' 덕분일 것이라고 나는 생각한다. 일본에서 선진적인 외래 학문이 어떤 시대적 맥락 속에서 만들어져 어떤 경로로 유입되었으며 그것이 자신의 토착적인 사상과 어떻게 융합되어 자신의 학문으로 발전했는지를 추적하는 사상사적 방법론은 근대학문인 인류학에 관해서도 마찬가지로 활용되어왔다. 이 방법론은 제국의 근대학문으로서 인류학을 이식받은 식민지적 경험을 가진 우리에게 시사하는 바가 적지 않다.

나는 존재론적 인류학에 관한 연구를 충실히 해나가는 오쿠노의 학문 활동을 배우고자 했고, 2019년 여름에 그가 주최하는 공개 세미나에 참여했다. 그의 공개 세미나는 진행 방식이 참신했다. 보통 일본의 대학 내 학회나 세미나는 내부 구성원 중심으로 운영되며 대중적으로 잘 공개되지 않는다. 그런데 그의 세미나는 격월로 열릴 때마다 참여자를 공개적으로 모집하고 선착순으로 받는다. 또 세미나는 정해진 일시에 시작되지만 끝나는 시각은 정해지지 않고 끝날 때까지 '끝장토론'으로 진행한다. 방식뿐만 아니라 내용 또한 매우 인상적이어서 그 후 코로나로 인해 국경이 봉쇄되지 않았다면 나는 이 세미나에 꾸준히 참여했을지도 모른다.

그때 내가 참여한 세미나의 주제는 크게 두 가지였는데, 하나는 '다종(multi-species)'에 관한 실험적인 활동에 관한 것이었고, 또 하나는 '학지(學知)'와 일상적 앎의 경계를 넘나드는 '인문지(人文知)'에 관한 것이었다. 전자의 사례로 이야기된 것은 런던의 어느 한 벼룩시장에서 인간의 모유로 유제품을 만들어 파는 전위적 활동가들의 활동이었다. 그들은 인간이 젖소라는 다른 종의 젖을 일상적으로 먹으면서도 자신과 같은 종인 인간의 모유를 혐오스러워한다는 것을 자각하게 함으로써 인간이 이미 다종적으로 살아감과 동시에 다른 종을 수단화하며 그것의 동물권을 고려하지 않는다는 것(어른 인간이 인간 아기의 주식을 먹는 것을 꺼리면서도 송아지의 주식을 아무렇지 않게 먹는 것)을 드러내고자 했다는 것이다. 나는 이 세미나에 참여하면서 이처럼 실험적인 실천과 경계를 허무는 사고를 인류학적 지식의 영역에 포섭하고자 하는 그의 시도를 언젠가 한국에 소개해야겠다고 마음먹었다.

오쿠노가 2019년부터 편집자로 참여하며 부정기적으로 발간하는 『たぐい[부류]』라는 교양지를 살펴보고 그의 저서들을 찾아보기 시작한 것도 이때부터였다. 그리고 그 속에서 나는 시미즈 다카시라는 학자를 발견했다. '발견'이라는 표현이 과하지 않을 만큼 시미즈 다카시는 인류학의 길을 찾지 못해 헤매는 내게 갈 길을 비춰주는 듯했다. 시미즈는 불교학자이며 미셸 세르 연구자이기도 하다. 현재 도요대학(東洋大学) 종합정보학과 교수로 재직 중이다. 최근에는 대승불교의 창시자인 나가르주나

(龍樹), 일본 헤이안 시대의 승려 구카이(空海, 773~835), 가마쿠라 시대의 승려 도겐(道元, 1200~1253) 등의 불교 철학을 주로 연구하고 있다. 나는 시미즈의 논문과 책을 하나하나 찾아 읽으면서 그의 사상에 완전히 매료되었다. 미셸 세르의 연구로 시작해 브뤼노 라투르로 갔다가 다시 세르로 돌아와 라이프니츠의 단자론을 거쳐 나가르주나의 중론 사상으로 향해가는 그의 사상적 경로와 논리가 놀라웠다.

특히 내가 시미즈에 매료된 까닭은 무엇보다도 한 분야에 함몰되지 않고 여러 학문 분야를 아우르며 그물망처럼 엮어가는 그의 사상적 확장성 때문이다. 그리고 나는 여느 불교학자의 글에서는 볼 수 없는 사상적 웅장함을 그의 글에서 느끼면서, 불교 철학 그 자체만으로 과연 지금의 그의 사상이 존재했을까 하는 의문을 품었다. 시미즈는 인류학자는 아니지만, 오쿠노의 학문적 동료로서 오랫동안 오쿠노와 함께 연구회를 해오면서 인류학의 최신 이론을 섭렵한 듯하다. 그래서인지 그의 사상적 논리는 존재론적 인류학에 힘입은 바 크다고 말할 수 있으며, 인류학이 다른 학문과 만났을 때 어떤 시너지를 발휘하는지를 여실히 보여준다. 나아가 시미즈의 사상은 분명 존재론적 인류학의 문제의식을 한 단계 밀고 나갔다. 미셸 세르가 '한 연구영역은 다른 연구영역에 의해 풍요로워진다'라고 했듯이, 시미즈는 세르 연구자답게 세르의 그물망 이론을 자신의 작업 속에서 훌륭히 선보였다. 데스콜라가 근대학문의 분업화는 이제 거의 학문적 효용성이 다했다고 말한 것처럼, 시미즈의 이러한 작업은 우리 인류학자가 어떤 인류학을 할 것인지를 모색할 때에 좋은 사례가 될 것이다.

시미즈에게 불교 철학은 존재론적 위상을 갖는다. 다시 말해 그것은 서양 철학과 동등한 형이상학적 지위를 갖는다. 비베이루스 지 카스트루가 형이상학을 복수화하며 아마존의 우주론을 형이상학으로 논했듯이, 시미즈는 이 책에서 대승불교를 동아시아의 존재론이자 형이상학으로서 설명하며 그 논리를 해명해간다. 시미즈를 거쳐 비로소 불교의 바다에 무궁무진한 인류학적 자원이 있음이 드러난다.

이에 따라 특히 동아시아 인류학자에게 이 책의 의의는 크게 두 가지로 말할 수 있다. 하나는 이 책이 인류학과 불교학의 교차를 시도하며 그 속에서 새로운 인류학적 이론을 생성해냈듯이 한국학계와 지식계의 독자적인 이론 구축을 모색하는 데에서 전통적 사상과 근대학문의 교차라는 방법론적인 참조가 될 것이다. 또 하나는 일본과 마찬가지로 불교가 토착 사상으로 자리 잡은 한국에서 우리 자신의 우주론을 논할 수 있는 사상적 토대로서 불교에 접근할 수 있다. 이제 이 책의 내용을 간략하게 소개해보겠다.

3. 근대의 이원론을 넘어서는 인류세의 사유로서 불교적 애니미즘

이 책은 총 6장으로 구성되어 있다. 1장과 4장은 오쿠노 카츠미가, 2장과 5장은 시미즈 다카시가 썼으며 3장과 6장은 그 둘의 대담으로 이뤄져 있다. 그런데 이 둘의 논의가 논리적으로 이어지기보다 개별적으로 전개되므로 독자들은 앞에서부터 장의 순서대로 읽지 않아도 무방하다. 다만 1장과 4장을, 2장과 5장을 함께 읽을 것을 권하며 이때는 앞장과 뒷장을 순서대로 읽어야 내용을 더 잘 이해할 수 있다. 뒷장이 앞장의 심화이기 때문이다. 그리고 나서 대담을 읽어보면 인류학과 불교학의 교차, 토착적 종교와 근대학문의 방법론적 상호접근을 둘러싼 일본 인류학의 존재론적 지형을 파악할 수 있을 것이다.

먼저 오쿠노의 논의부터 살펴보자. 오쿠노는 홋카이도의 아이누족, 인도네시아의 푸난족, 시베리아의 유카기르족 등의 민족지적 사례를 통해 애니미즘을 논하고 있다. 여기서 애니미즘은 보이는 세계를 움직이는 보이지 않는 세계의 논리로서 전개된다. 이것은 에드워드 타일러가 『원시문화(Primitive Culture)』 (1871)를 출간한 이래 애니미즘에 대한 인류학의 통상적인 이해와 상통한다. 에드워드 타일러는 애니미즘을 인류의 원초적인 신앙 형태로 논했다. 당시 영국에는 야만, 미개, 문명의 진화 도식에 따라 사회 발전을 설명하는 사회진화론이 지배적이었으며 이에 따라 유럽 밖의 '원시사회(Primitive Society)'는 야만이나 미개 상태에 머물러 있고 종교는 문명사회에 이르러 출현하는 것이므로 '원시사회'에는 종교가 없다고 보았다. 그러나 타일러는 '영적 존재에 대한 믿음'은 종교의 시초이며 '원시사회'에도 그러한 종교는 존재한다고 말한다. 그러나 이때 '믿음'은 근대유럽의 세계인식에 다다르지 못한 '잘못된 표상'일 수 있다.

애니미즘이 근대유럽의 존재론과 대등한 별개의 존재론으로서 논의되기 시작한 것은 21세기에 이르러서다. 데스콜라는 근대유럽의 사고를 내추럴리즘으로 규정하며 아마존의 사고를 그것과 대칭적인 애니미즘으로 이론화한다. 21세기 인류학의 지평 속에서 애니미즘은 또 하나의 존재론으로 승격된다. 오쿠노의 논의 또한 이러한 맥락 속에서 애니미즘을 다루고 있다. 물론 애니미즘이라는 존재론은 내추럴리즘과 마찬가지로 각 문화권에 할당되는 분절된 세계관이 아니다. 사람들은 삶을 영위하는 가운데 생각하고 행동하고 관계하는 이러저러한 방식에서 내추럴리즘적이기도 애니미즘적이기도 한 것으로서 복수의 존재론을 갖는다고 이야기할 수 있다.

그렇다면 애니미즘이라는 존재론은 어떤 것인가? 오쿠노는 1장에서 우선 안팎의 구별 없이 연속된 면으로 이어진 뫼비우스의 띠를 걷듯이 삶과 죽음, 보이는 세계와 보이지 않는 세계를 끝없이 왕복 순환하는 것이라고 말한다. 예를 들어 아이누족의 곰 의례는 곰과 인간과 신이 '카무이'라는 혼의 각기 다른 형태들이라는 것을 보여준다. 곰은 인간 세계에 나타난 신의 모습이며 고기를 내어주고 다시 인간의 배웅을 받으며 신의 세계로 되돌아간다는 것이다. 그리고 인간이 곰을 사냥한 후 신의 세계로 돌려보내는 의례를 행하는 것은 곰(신)이 인간 세계로 다시 돌아주기를 바라는 염원을 담고 있다. 이렇듯 애니미즘의 존재론에서는 인간 세계와 신의 세계가 이어져 있다.

그런데 애니미즘의 이러한 연속성은 일본의 가장 큰 불교종단인 정토진종(淨土眞宗)에서 이야기하는 환상회향(還相廻向)과 맞닿는다. 정토진종은 이승인 예토(穢土)에서 저승인 정토(淨土)로 향해가는 것을 왕상(往相), 중생을 구제하기 위해 정토에서 예토로 돌아오는 것을 환상(還相)이라고 하는데, 오쿠노는 여기서 요시모토 다카아키의 해석을 가져와 환상이란 예토를 살아가면서 예토를 조망하는 정토의 관점을 획득하는 것으로 이해한다. 이에 따라 우리는 예토와 정토라는 두 세계의 두 관점으로 살아갈 수 있다.

나아가 애니미즘의 인류학자인 이와타 케이지는 '인과율로 결합된 표층적 현실'과 '무인과적 연결의 원리의 세계'를 구분한다. 바로 전자와 후자가 마주치는 곳에서 우리는 신을 만난다는 것이다. '무인과적 연결의 원리의 세계'에서는 둘 이상의 사건이 인과적이지 않고 동시적으로 발생한다. 예를 들어 무밭에서 무를 뽑는 것과 무가 밭에서 빠져나오는 것은 별개의 사건이며, 내가 무를 뽑아서 무가 뽑혀 나오는 것이 아니라 다만 두 사건이 동시에 일어난다고 본다. 또 기우제에서 꽹과리를 치는 것은 꽹과리를 치면 비가 내린다고 생각하기 때문이 아니다. 꽹과리를 치는 사건과 비가 내리는 사건이 동시적으로 나타난다고 보고 비가 내리는 사건과 동시적 사건인 꽹과리를 쳐서 동시성의 원리를 구현함으로써 비를 내리게 하는 것이다. 동시성은 시간적 선후 관계에 있지 않으며 시간성을 초월한다.

이처럼 우리는 전자와 후자를 동시에 살아감에 따라 인과율로 설명되지 않는 신적인 경험을 하게 된다. 이것을 오쿠노는 타력으로 논한다. 유카기르족의 사냥꾼이 신체의 징후를 통해 사냥의 성패를 가늠하듯이, 자력으로만 살아갈 수 없는 세계의 타력을 느끼는 것은 그러한 경험에 의해서다. 오쿠노에 따르면 불교의 깨달음이 부처의 공력에 힘입은 것이라는 정토진종의 설법 또한 이러한 애니미즘과 상통하는데, 이는 정토진종의 원류인 중국의 정토교가 인도의 초기 불교와 중국의 민간신앙인 도교가 융합한 데에서 비롯한다.

정토진종의 개조인 신란(新鸞)의 자연법이(自然法爾)는 도교의 무위자연(無爲自然)에서 온 것이며, 무위자연의 도(道)는 '언어와 지식 너머의 일체 만물을 저절로 있게 하는 작용에 관한 것'을 뜻한다. 즉, 인간의 지혜가 미치지 않은 힘으로서 '아미타불의 본원력'에 의지하는 것과 만물에 깃든 신의 보이지 않는 동시적인 작용을 느끼는 것은 같다고 말할 수 있다. 이것은 또한 어떤 윤리적인 태도를 내포한다. 보이는 세계와 보이지 않는 세계가 이어져 있다는 사고를 통해 인간 본위에서 벗어나 타력을 느끼지 않으면 파국으로 치닫는 현대 사회의 파괴성을 가라앉힐 수 없다. 오쿠노는 여기에 애니미즘의 현재성이 있다고 말한다.

오쿠노가 애니미즘을 종교성과 윤리성의 측면에서 접근했다면, 시미즈 다카시는 그것을 논리적으로 파고든다. 현대 사회의 파국을 초래한 근대의 이원론을 넘어서는 것으로서 시미즈는 서구의 형이상학과는 완전히 별개인 동아시아의 형이상학으로서 대승불교의 논리를 좇는다. 시미즈는 그 접근방법으로 이분법이 아닌 삼분법을 전개하는데, 삼분법이란 어느 한 이항대립에 또 다른 이항대립을 조합하여 각각의 이항대립을 조정하고 재조합하는 방법이자 절차를 말한다. 삼분법의 관점에서 이원론은 특정한 이항대립을 우선 확립해서 그것을 여타 이항대립에 적용하는 것을 말하며 이에 따라 이원론은 여러 이항대립이 다양하게 얽혀 있는 형태를 고찰할 수 없다.

　근대의 이원론은 주체와 대상의 이항대립이 여타 이항대립을 환수한다. 그러나 브뤼노 라투르의 행위자-연결망 이론이 밝힌 것과 같이 주체와 대상의 이항대립에는 이미 하나와 여럿, 전체와 부분이 얽혀 있다. 근대의 인식론에서는 전체로서의 하나인 주체가 부분으로서의 여럿인 대상과 이항대립적으로 놓인다. 그에 반해 라투르가 '실험실'이라는 과학의 현장에서 찾아낸 것은 하나의 대상에 여럿인 주체가 이항대립적으로 놓이는 상황이다. '오존홀'이라는 대상을 예를 들면, 그것을 규명하기 위해서는 오존홀의 원인으로 지목되는 프레온가스를 생산하는 기업, 시민단체, 기상학자, 정치가 등의 여러 인적주체가 그에 대응해야 한다. 오존홀이라는 대상이 여러 인적주체를 매개하는 것이다. 시미즈는 이 상황을 주객 혼효적이라고 말한다. 주객 혼효적 상황에서 주체와 대상은 하나와 여럿으로서 또 여럿과 하나로서 상관적으로 얽혀 있다.

　그런데 주체와 대상의 상관적인 얽힘은 유아론적 세계인식을 벗어나지 못한다. 이 상관성을 넘어서기 위해서는 주체와 대상, 하나와 여럿에 더해서 안과 밖이라는 이항대립이 조합되어야 한다고 말한다. 여기서 안과 밖은 포섭(밖)과 피포섭(안)의 일방적인 방향을 향하지 않는다. 다시 말해 안과 밖은 미셸 세르의 '봉지에 담기'와 같이, 끝없이 상호 포섭에 놓인다. 노란 봉지에 담긴 파란 봉지는 노란 봉지의 안이지만, 노란 봉지를 뒤집으면 그 안에 담긴 파란 봉지는 노란 봉지의 밖이 되는 것이다.

　안과 밖이라는 이항대립까지 조합해서 복수의 이항대립을

조정하고 나면 단자론적 그물망의 세계가 나타나는데, 이 세계는 원자론적인 사유방식의 세계와 완전히 다른 대승불교의 만다라가 표상하는 바로 그것이다. 시미즈는 서양의 이원론과 달리 나가르주나의 대승불교 사상은 애당초 여러 이항대립의 조정과 조합을 시도한다고 설명한다. 초기 불교에서부터 이야기된 사구분별(四句分別)은 삼분법과 마찬가지의 논법이다. 그리고 나가르주나는 『중론』에서 중생의 고통을 설명하는 열두 가지 연기(緣起)의 연쇄적인 순관(順觀)과 그 부정인 역관(逆觀)을 다음의 네 명제로 논리화한다. ①모든 것은 진실이다. ②모든 것은 진실이 아니다. ③모든 것은 진실이며 또한 진실이 아니다. ④모든 것은 진실인 것도 아니며 또한 모든 것은 진실이 아닌 것도 아니다. 이 네 가지 명제는 제1, 제2, 제3, 제4렘마로 달리 말할 수 있는데, 시미즈는 제4렘마인 테트랄레마에 이르러 이항대립들의 조합과 조정을 통해 이원론이 초극되는 양상을 주도면밀하게 밝혀낸다. 그리하여 나가르주나의 중론 사상은 근대과학(사이언스)까지 포괄하며 동아시아의 존재론으로서 미래 인류의 철학으로 등극한다. 시미즈 다카시라는 불교학자의 이 장엄한 논리는 이 책의 독자들에게 불교가 안기는 선물이 될 것이다.

4. 그물망의 인류학으로 나아가며

이 책은 인류학과 불교의 만남에서 어떤 앎이 생성되는지를 분명하게 보여준다. 그것은 서로를 포섭하고 또 포섭당하며 끝없이 펼쳐지는 또 다른 그물망의 세계다. 생성의 인류학이자 존재론의 불교학이다. 물론 이 책의 지적 자원은 기본적으로 일본의 학문에 기반한다. 그러나 우리 또한 종교 사상적 자원으로서 불교가 낯설지 않다. 게다가 한반도의 토착 종교 사상으로서 샤머니즘이 우리의 삶에 매우 뿌리 깊다. 이러한 존재론들을 앞으로 인류학적으로 어떻게 다뤄야 할 것인가? 이제 우리가 이 질문을 풀어갈 차례다.

한편 내가 아는 한에서 지금까지 역사학과 정치학 등의 분야에서는 한국과 일본의 학문적 교류가 비교적 활성화된 반면, 한국 인류학자와 일본 인류학자의 교류는 부분적이었다. 그러나 이제는 '동아시아의 인류학'으로서 함께 고민하고 풀어갈 과제가 새롭게 제기되는 듯하다. 한국 인류학계와 일본 인류학계가 어떻게 교류해갈 것인가? 동아시아라는 문화적 권역에서 우리가 어떻게 학문적으로 서로의 발전을 도모할 것인가? 이에 대해서 진지하게 논의할 때가 되었으며 이 책은 그러한 논의의 발판을 마련해준다고 생각한다. 이 책을 통해 한동안 헤맸던 연구의 방향을 찾아갈 수 있는 중요한 단서를 얻었다는 점에서 내게도 참으로 의미 깊은 책이다. 이 의미가 독자들에게 충분히 전달될 수 있기를 바란다.

《윌딩 시리즈》에서 네 번째로 나오는 이 책의 번역 작업은 앞서와 마찬가지로 '존재론의 자루'의 동료들과 함께했다. 작년 봄부터 여름까지 약 6개월간 번역본을 함께 읽고 토론하며 오역을 바로잡고 문장을 다듬었다. 김수경이 1, 2, 3장을 번역했고, 차은정이 4, 5, 6장을 번역하고 전체를 감수했다. 일본 불교 용어와 그 개념과 내용을 이해하는 데에서 어려움이 있었고, 또 여러 사정이 있다 보니 번역 출간이 예상보다 늦어졌다. 그럼에도 무사히 책을 세상에 선보이게 된 것은 전적으로 나를 믿고 이 책의 편집과 출간을 덜컥 맡아준 포도밭출판사의 최진규 편집자 덕분이다. 모두에게 감사하다.

2024년 8월
차은정

참고문헌

浅田彰,『構造と力 記号論を超えて』, 勁草書房, 1983.
池田貴夫,「アイヌのクマ送り儀礼」『ユリイカ』45(12): 84-90, 青土社, 2013.
池澤夏樹,『静かな大地』, 朝日新聞社, 2003.
池澤夏樹,『熊になった少年』, スイッチ・パブリッシング, 2009.
五木寛之,『他力』, 幻冬舎文庫, 2005.
五木寛之,『杖ことば ことわざ力を磨くと逆境に強くなる』, 学研パブリッシング, 2014.
五木寛之,『生かされる命をみつめて〈見えない風〉編 五木寛之講演集』, 実業之日本社文庫, 2015a.
五木寛之,『生かされる命をみつめて〈自分を愛する〉編 五木寛之講演集』, 実業之日本社文庫, 2015b.
五木寛之・福永光司,『混沌からの出発：道教に学ぶ人間学』, 致知出版社, 1997.
岩田慶治,『カミと神 アニミズム宇宙の旅』, 講談社学術文庫, 1989.
岩田慶治,『草木虫魚の人類学』, 講談社学術文庫, 1991.
岩田慶治,『アニミズム時代』, 法藏館, 1993.
岩田慶治,『岩田慶治著作集 第七巻 生命のかたち』, 講談社, 1995.
岩田慶治,『死をふくむ風景 私のアニミズム』, NHK出版, 2000a.
岩田慶治,『道元との対話 人類学の立場から』, 講談社学術文庫, 2000b.
岩田慶治,『木が人になり、人が木になる』, 人文書館, 2005.
梅原猛,『梅原猛の『歎異抄』入門』, プレジデント社, 1993.

梅原猛,『森の思想が人類を救う』, 小学館ライブラリー, 1995.
梅原猛,『人類哲学序説』, 岩波新書, 2013.
老松克博,『共時性の深層 ユング心理学が開く霊性への扉』, コスモス・ライブラリー, 2016.
奥野克巳,「シャーマニズム：シャーマンは風変わりな医者か?」池田光穂・奥野克巳 편저,『医療人類学のレッスン病いをめぐる文化を探る』, 99-124, 学陽書房, 2007.
奥野克巳,「アニミズム,『きり』よく捉えられない幻想領域」吉田匡興・花渕馨也・石井美保 공동편저『宗教の人類学』, 214-37, 春風社, 2010.
河合隼雄・中沢新一,『仏教が好き!』, 朝日文庫, 2008.
玄侑宗久,『荘子と遊ぶ 禅的思考の源流へ』, 筑摩選書, 2010.
玄侑宗久,『荘子』, NHK出版, 2016a.
玄侑宗久,『ないがままで生きる』, SB新書, 2016b.
鈴木大拙・金子大栄,「浄土信仰をめぐって」『禅者のことば鈴木大拙講演選集』(CD), アートデイズ, 2002.
清水高志,『ミシェル・セール― 普遍学からアクター・ネットワークまで』, 白水社, 2018[2013].
清水高志,『実在への殺到』, 水声社, 2017.
清水高志,「世界の《ざわめき》に耳を傾ける ブリュノ・ラトゥールの思想的系譜とのヴィジョン」『たぐい』vol. 3, 亜紀書房, 2021.
浄土真宗本願寺派,『三帖和讃(現代語版)』, 本願寺出版社, 2016.
瀬川拓郎,『アイヌ学入門』, 講談社現代新書, 2015.
瀬山士郎,『読むトポロジー』, 角川ソフィア文庫, 2018.
舘野正美,『老荘の思想を読む』, 大修館書店, 2007.
知里真志保,『和人は舟を食う』, 北海道出版企画センター, 2000.
中川裕,『アイヌ文化で読み解く「ゴールデンカムイ」』, 集英社新書, 2019.
中沢新一,『東方へ』, せりか書房, 1991.
中沢新一,『哲学の東北』, 幻冬舎文庫, 1998.
中沢新一,『熊を夢見る』, 角川書店, 2017.
中沢新一,『レンマ学』, 講談社, 2019.
中村昇,『西田幾多郎の哲学=絶対無の場所とは何か』, 講談社選書メチエ, 2019.
中村元,『東洋の心を語る 10山色清浄身』, NHKサービスセンター(CD), 1989.

福永光司,『荘子 古代中国の実存主義』,中公新書, 1964.
福永光司,『タオイズムの風：アジアの精神世界』,人文書院, 1996.
藤田正勝,『現代思想としての西田幾多郎』,講談社選書メチエ, 1998.
藤村久和,『アイヌ,神々と生きる人々』,小学館ライブラリー, 1995.
松岡悦子,「第五章 宗教と世界観」波平恵美子 편저,『文化人類学カレッジ版』, 135-65, 医学書院, 1993.
村武精一,『アニミズムの世界』,吉川弘文館, 1997.
道端良秀,「中国仏教の道教的展開」,『印度學佛教學研究』19(2): 544-9, 日本印度学仏教学会, 1971.
南直哉,『『正法眼蔵』を読む：存在するとはどういうことか』,講談社選書メチエ, 2008.
森三樹三郎,『「無」の思想 老荘思想の系譜』,講談社現代新書, 1969.
森三樹三郎,『老荘と仏教』,講談社学術新書, 2003.
柳田聖山・梅原猛,『仏教の思想7 無の探求〈中国禅〉』,角川ソフィア文庫, 1997.
山内得立,『ロゴスとレンマ』,岩波書店, 1974.
山尾三省,『アニミズムという希望講演録・琉球大学の五日間』,野草社, 2000.
山田孝子,『アイヌの世界観「ことば」から読む自然と宇宙』,講談社選書メチエ, 1994.
湯浅泰雄,『共時性の宇宙観時間・生命・自然』,人文書院, 1995.
吉本隆明,『〈信〉の構造 吉本隆明・全仏教論集成1944.5−1983.9』,春秋社, 1983.
吉本隆明,『最後の親鸞』,ちくま学芸文庫, 2002.
吉本隆明,『吉本隆明が語る親鸞』,糸井重里事務所, 2012.
頼住光子,『正法眼蔵入門』,角川ソフィア文庫, 2014.

Descola, Philippe, *Beyond Nature and Culture*, University of Chicago Press, 2014.
Kant, Immanuel, *Kritik Der Reinen Vernunft*, Koch, Neff & Oetinger & Co, 1998.
Lacan, Jacques, "Le stade du miroir comme formateur de la fonction du je, telle qu'elle nous est révélée dans l'expérience analytique," *Ecrits*, Seuil, 1966.
Lévi-strauss, Claude, *The View From Afar*, University of Chicago Press ed, 1992.
Praet, Istvan, *Animism and the Question of Life*. Routledge, 2014.
Willerslev, Rane, *Soul Hunters: Hunting, Animism, and Personhood among the Siberian Yukaghirs*, University of California Press, 2007.

그레이엄 하먼, 『쿼드러플 오브젝트』, 주대중 옮김, 현실문화, 2019.
길장, 『삼론현의』, 박장수 옮김, 소명출판, 2009.
나카자와 신이치, 『곰에서 왕으로 국가 그리고 야만의 탄생』, 김옥희 옮김, 동아시아, 2003.
나카자와 신이치, 『신의 발명』, 김옥희 옮김, 동아시아, 2005.
니시다 기타로, 『선의 연구』, 윤인로 옮김, 도서출판b, 2019.
메릴린 스트래선, 『부분적인 연결들』, 차은정 옮김, 오월의봄, 2019.
브뤼노 라투르, 『우리는 결코 근대인이었던 적이 없다』, 홍철기 옮김, 갈무리, 2009.
브뤼노 라투르, 『판도라의 희망: 과학기술학의 참모습에 관한 에세이』, 장하원, 홍성욱 옮김, 휴머니스트, 2018.
아서 클라크, 『아서 클라크 단편 전집(1937-1950)』, 심봉주 옮김, 황금가지, 2011.
요시카와 에이지, 『미야모토 무사시』, 김대환 옮김, 5: 바람의 권(하), 잇북, 2020.
칼 구스타프 융, 볼프강 E. 파울리, 『자연의 해석과 정신』, 이창일 옮김, 연암서가.
클리퍼드 픽오버, 2011, 『뫼비우스의 띠』, 노태복 옮김, 사이언스북스, 2015.
한보강, 『역주 정법안장 강의』, 여래장, 2020.

찾아보기

『곰이 된 소년』 24, 25, 26, 32, 115, 175, 179, 181
「나메토코산의 곰」 106, 115, 116, 157, 299
『대지도론』 238
『미야모토 무사시』 181, 183
『뱀을 밟다』 299
『삼론현의』 238, 239, 240
「어둠의 장벽」 28, 32, 53
『오늘날의 토테미즘』 7, 148, 324
『우리는 결코 근대인이었던 적이 없다』 73
『원시문화』 147, 148, 156
『정법안장』 9, 40, 48, 92, 93, 94, 97, 110, 125, 152, 201, 202, 230, 266, 267, 269, 273, 299, 308
『존재와 사건』 294
『중론』 88, 90, 111, 232, 235, 237, 238, 240, 243, 267

ㄱ

가라타니 고진 289
가마쿠라 불교 124, 166
가와이 하야오 128, 129
가와카미 히로미 299
개성화 129
객체 72, 81, 82, 122, 192, 197, 198, 225, 256, 316, 318
거울단계론 252, 253
거주의 퍼스펙티브 267
겐유소큐 208, 290
경제시스템 297, 320, 321
고바야시 히데오 132, 133, 140
곰사냥 176
곰 의례 13, 14, 15, 16, 17, 18, 24, 25, 27, 31, 32, 36, 54, 114, 115, 175, 176, 179, 181, 186
공(空) 42, 88, 94, 96, 203, 241, 242, 244, 245, 249, 292, 306, 307
관상학 301

관점의 고속교환 190
교토학파 9, 131, 135, 141, 143, 144, 197
구조분석 60
구조주의 14, 68, 146, 223, 224, 287, 294
그물망 47, 77, 85, 103, 109, 220, 225, 226, 234, 236, 248, 309
글로벌라이제이션 293, 295, 297
길장; 가상대사 238, 239

ㄴ

나가르주나; 용수 8, 65, 88, 90, 91, 111, 134, 232, 233, 235, 237, 238, 239, 241, 243, 249, 265, 267, 304
나카무라 노보루 198
나카무라 하지메 200
나카자와 신이치 8, 13, 21, 144, 279
내추럴리즘 71, 149, 150, 151
노자 205, 207, 208
노장사상 205, 206, 211, 290
논어 293
니담, 로드니 124
니시다 기타로 8, 109, 128, 129, 131, 143, 194, 195, 268, 277

ㄷ

다자연 71, 146, 274
다종인류학 161, 162, 167, 168, 170, 265, 296, 297
다테노 마사미 207
단자론; 신단자론 72, 83, 109, 154, 220, 248, 261, 268, 285, 305, 315

단자연 301
달마 90, 231, 232, 237, 244, 248, 270
대가속 297
대상 13, 15, 33, 55, 64, 66, 67, 68, 69, 70, 71, 72, 74, 75, 76, 77, 78, 79, 80, 81, 82, 83, 84, 85, 86, 87, 90, 92, 93, 95, 98, 102, 103, 108, 110, 111, 112, 120, 126, 131, 134, 149, 150, 151, 157, 165, 166, 195, 196, 197, 204, 220, 221, 222, 223, 224, 225, 226, 227, 228, 230, 234, 235, 236, 243, 247, 249, 251, 253, 254, 256, 274, 278, 283, 284, 285, 287, 294, 297, 300, 315, 317, 318
대승불교 33, 65, 88, 91, 112, 237, 241, 243, 249, 267, 268, 269, 292, 299
대칭성 14, 31, 32
데모크리토스 147, 148
데스콜라, 필립 71, 146, 149, 150, 151, 160, 222, 249
데카르트, 르네 277
도(道) 8, 41, 79, 91, 96, 111, 118, 125, 201, 204, 206, 207, 208, 209, 210, 231, 246, 248, 274
도겐(道原) 8, 40, 41, 65, 79, 87, 90, 92, 94, 96, 98, 102, 110, 123, 125, 201, 202, 204, 205, 210, 220, 229, 230, 231, 245, 247, 265, 266, 267, 269, 273, 274, 323
도교 200, 206, 208, 209, 210, 211, 290

도작 201
동물권 162, 164
동물담 300
동시; 동시성 8, 27, 29, 36, 40, 41, 42,
　　44, 46, 47, 48, 49, 52, 53, 73, 77,
　　78, 80, 81, 84, 87, 94, 95, 96, 109,
　　114, 123, 127, 128, 129, 130,
　　131, 132, 136, 141, 142, 159,
　　168, 193, 210, 212, 223, 241,
　　246, 254, 268, 274, 278, 285,
　　291, 292, 303, 310, 311, 312, 313
뒤메질, 조르주 286, 287
등가교환 288, 289, 320
딜레마 88, 221

ㄹ
라이프니츠, 고트프리트 71, 72, 77,
　　83, 84, 103, 104, 109, 110, 154,
　　236, 304, 305
라캉, 자크 252, 253, 312
라투르, 브뤼노 8, 72, 73, 74, 75, 76,
　　81, 84, 102, 103, 104, 109, 110,
　　112, 145, 222, 228, 234, 236,
　　251, 261, 266, 278, 285, 286,
　　289, 304, 316, 317, 319
레비스트로스, 클로드 7, 14, 60, 62,
　　63, 64, 65, 68, 70, 71, 108, 146,
　　148, 149, 151, 167, 287, 324
레비, 피에르 316, 317
렘마 42, 88, 89, 90, 91, 219, 221, 242,
　　243, 244
루소, 장 자크 277
르네상스 177, 178, 275, 277, 278,
　　279, 280, 296
리그베다 90, 219
리터, 카를 301, 302

ㅁ
만다라 213, 225, 228, 229, 230, 301,
　　302, 304
망아(忘我) 38, 136
메이야수, 퀭탱 222, 285
모노노아와레 133, 135, 268
모리 미키사부로 207
모순율 66, 87
목적인 283
몽테뉴, 미셸 278
뫼비우스의 띠; 뫼비우스의 띠의 절단
　　19, 20, 21, 22, 23, 24, 26, 28, 30,
　　31, 32, 33, 36, 52, 53, 54, 114,
　　120
무룻족 141
무명(無明) 59, 90, 106, 233, 235, 237,
　　307
무상관(無常觀) 135, 268
무시(無時) 40, 42, 46, 49, 51, 52, 107,
　　112, 113, 116, 128, 136, 154,
　　220, 221, 230, 232, 234, 237,
　　239, 244, 247, 257
무시무종(無始無終) 112, 113, 116,
　　128, 136, 154, 220, 221, 230,
　　232, 234, 237, 239, 244, 247, 257
무위자연(無爲自然) 205, 206, 207,
　　209, 211
무의식 41, 42, 45, 114, 144
무인과적 연결의 원리 40, 42, 46,

52, 53
미나가타 쿠마구스 304
미야자와 겐지 47, 105, 106, 114, 115,
　　138, 157, 299

ㅂ
배반성 70, 109
보로메오 고리 285, 286
본생담 106, 113, 115, 116
불확실성의 인류학 287, 316
비가향성 20
비베이루스 지 카스트루, 에두아르두
　　146, 149, 160, 222
비환원 285, 286, 292
빌레르슬레우, 라네 150, 186, 187,
　　188, 192, 250, 252, 264, 266, 322

ㅅ
사구분별 87, 90, 91, 111, 220, 237,
　　238, 239
사냥 15, 16, 24, 25, 32, 48, 98, 106,
　　108, 116, 136, 150, 163, 176,
　　179, 181, 186, 187, 188, 190,
　　191, 192, 193, 197, 198, 199,
　　200, 249, 250, 251, 252, 253,
　　254, 256, 257, 267, 313, 315
사비: 현사사비 230, 231, 232, 233,
　　234, 237, 243, 244, 245, 247,
　　269, 270, 271, 273, 274
사사무애 44, 50, 56
사신사호 106, 107, 116
사신행 106, 119
사요간 92, 110

사이언스 20, 30, 110, 234, 236, 243,
　　248, 254, 261, 268, 303, 304,
　　305, 318
사회시스템 320, 321
삼라만상: 삼라만상의 종교 14, 44, 45,
　　49, 50, 93, 96, 110, 212, 248
삼분법 8, 57, 62, 71, 78, 87, 90, 92,
　　95, 98, 102, 108, 220, 224, 225,
　　228, 235, 256, 268, 282, 285,
　　286, 289, 293, 295, 300, 305,
　　315, 323
상관주의 285, 300
상부채굴 81
상상력 10, 115, 267, 284
상의성(相依性) 217, 240, 241, 242,
　　243, 244, 249, 254, 268
생로병사 235
샤먼; 샤머니즘 38, 39, 40, 47, 49, 52,
　　118, 123, 124, 126, 127, 323, 324
선(禪); 선불교; 선 사상 8, 37, 78, 89,
　　91, 92, 98, 126, 201, 231, 261,
　　271, 274, 300
선종 41, 89, 206, 208
설봉; 진각대사 231, 232, 244, 257,
　　269, 270
설일체유부 248
성도문 201
성찰 인류학 222, 224
세르, 미셸 72, 77, 83, 103, 104, 109,
　　146, 151, 153, 165, 236, 276,
　　277, 278, 279, 286, 317, 319
소크라테스 277, 280, 282
속제 117, 242, 243, 244, 245, 249, 292

순관 111, 233, 235, 236, 242, 243,
    311
순수 경험 197, 198, 199, 204
스즈키 다이세츠 271, 290
스트래선, 메릴린 72, 104, 145, 224,
    266, 317, 320
시장경제 289, 320
신란 9, 33, 34, 36, 40, 121, 124, 183,
    200, 205, 207, 211, 261, 262,
    263, 265, 268, 276
신심의정 94, 95, 229
신체징후 186, 188, 190, 199
싱어, 피터 162

ㅇ
아날로지즘 71, 149, 151
아니마 280
아리스토텔레스 123, 277, 282, 283
아비달마 90, 237, 248
아우구스티누스 277
아이누 족 13, 14, 15, 24, 27, 32, 54,
    175, 176, 179, 181, 186, 199,
    205, 215, 262
아파두라이, 아라준 287, 288, 316
안/밖 80, 83, 86, 92, 93, 98, 221, 222,
    223, 224, 225, 226, 235, 236
애니미스트 18, 152, 313
애니미즘; 애니미즘의 나무 7, 8, 9, 10,
    11, 13, 14, 15, 16, 18, 19, 20, 21,
    22, 23, 27, 28, 31, 32, 33, 37, 38,
    40, 46, 47, 48, 49, 50, 51, 52, 53,
    55, 56, 57, 62, 71, 78, 79, 86, 91,
    92, 98, 101, 102, 105, 106, 108,
    112, 113, 114, 116, 118, 119,
    120, 121, 122, 123, 124, 125,
    126, 127, 128, 130, 132, 135,
    136, 137, 138, 140, 141, 144,
    146, 147, 148, 149, 150, 151,
    152, 156, 157, 158, 159, 160,
    161, 162, 166, 167, 170, 171,
    175, 176, 179, 181, 183, 184,
    185, 186, 188, 193, 194, 198,
    199, 200, 205, 211, 212, 214,
    215, 217, 219, 220, 221, 225,
    228, 230, 245, 248, 249, 250,
    251, 252, 253, 256, 257, 261,
    264, 265, 266, 267, 268, 269,
    275, 278, 279, 282, 285, 286,
    295, 296, 299, 300, 301, 302,
    303, 308, 310, 311, 313, 315,
    316, 318, 319, 323, 324, 356
야나기타 구니오 118, 132, 138, 263
야마다 다카코 14, 26
야마오 산세이 158, 211
에른스트, 막스 59, 60, 61, 83
에이브럼, 데이비드 280, 282
엘크 186, 187, 188, 189, 190, 191,
    192, 193, 194, 198, 199, 250,
    251, 252, 256
역관 90, 111, 117, 235, 236, 242, 311
연기; 십이지연기 88, 90, 111, 135,
    168, 170, 233, 235, 236, 237,
    238, 239, 240, 241, 242, 248, 274
영혼 147, 150, 186
예토 34, 36, 265
오모리 쇼조 278

오존홀 73, 74
왕복순환 52, 194
왕상 9, 33, 34, 36, 37, 40, 52, 102, 117, 121, 159, 185
요리즈미 미츠코 203
요시모토 다카아키 8, 32, 33, 121, 211, 261, 279
요시카와 에이지 181, 183
욕동 252, 254
우메하라 다케시 8, 15, 33, 106, 115, 212, 277, 279
우상숭배 288, 289, 315
우에노 마나부 316
원시불교 8, 235, 236, 241
원자론 103, 114, 148, 154, 234
유교 205, 208, 209, 290, 291
유물론 167, 283, 300, 305, 316, 320
유카기르 족 186, 188, 190, 193, 194, 197, 198, 199, 200, 205, 211, 215, 250, 251, 252, 254, 256, 266
융즉; 융즉률(참여의 원리) 312, 313, 315
융, 칼 7, 41, 42, 44, 46, 47, 128, 129, 130, 131, 132, 133, 178, 193, 287, 292, 312, 313, 315
이마고 252, 253, 256
이마니시 긴지 141, 142, 143
이반 족 145
이오만테 15
이와타 케이지 9, 14, 37, 46, 78, 102, 110, 113, 122, 127, 131, 135, 136, 141, 143, 144, 145, 146, 149, 152, 153, 155, 159, 185, 226, 262, 264, 265, 301, 302, 322
이원론 62, 64, 65, 66, 67, 68, 69, 70, 73, 75, 87, 89, 108, 222, 225, 227, 228, 256, 283, 284, 285, 290, 293, 294, 304, 310
이이변의 중도 111
이중적 퍼스펙티브 192
이츠키 히로유키 176, 276
이케자와 나쓰키 24, 114, 175
이항관계 66
이항대립 8, 23, 61, 62, 63, 64, 65, 66, 67, 68, 69, 70, 71, 72, 75, 77, 78, 79, 80, 81, 82, 83, 84, 85, 86, 87, 88, 90, 93, 95, 98, 108, 109, 110, 112, 114, 117, 145, 150, 151, 165, 166, 220, 221, 222, 224, 225, 226, 235, 236, 239, 243, 244, 245, 247, 256, 257, 267, 282, 283, 284, 285, 286, 292, 293, 294, 305
인격성 186, 192, 193
인과율 42, 44, 46, 47, 52, 194, 270, 271, 310, 311, 324
인류세 296, 298
인본주의 178
일과명주 230, 232, 244, 245, 266, 267, 269, 274
잉골드, 팀 149, 150, 160, 264, 267, 296

ㅈ
자력 122, 175, 176, 178, 179, 180, 181, 183, 185, 186, 188, 190, 199, 200, 201, 202, 204, 205, 211, 262, 276,

280, 297, 305, 306
자연계약 165
자연권 288, 312
자연법이 199, 200, 201, 205, 207, 211, 276
자연철학; 이오니와의 자연철학 280
작용인 196, 283
장자 205, 206, 208, 268
전근대 295
전기현 94, 95, 96
전체/부분 70, 71
정념; 정념의 심리학 111, 117, 134, 135, 171, 217, 230, 234, 235, 236, 237, 240, 242, 243, 244, 245, 246, 247, 248, 249, 251, 254, 256, 257, 266, 268, 270, 275, 300, 302, 306, 316, 319
정당임마시 94, 95, 96, 98, 123
정령신앙 49
정정취 36, 37
정토 33, 34, 36, 37, 38, 40, 121, 123, 185, 201, 206, 207, 265
정토교 38, 40, 122, 123, 185, 206, 207
정토문 34, 201
정토진종 33, 34, 40, 121
조동종 40, 41, 201
조몬 시대 22
주객의 고속교환 194, 198
주객 혼효 79, 80, 85, 86, 93, 95, 98, 220, 221, 229
주체 66, 67, 68, 69, 70, 71, 72, 74, 75, 76, 77, 78, 79, 80, 82, 83, 84, 85, 86, 90, 92, 93, 95, 98, 103, 108,

110, 111, 112, 120, 122, 125, 130, 131, 133, 134, 150, 151, 157, 160, 165, 170, 185, 192, 197, 198, 220, 221, 222, 224, 225, 227, 228, 230, 232, 234, 235, 236, 247, 249, 252, 253, 254, 256, 283, 284, 285, 294, 300, 302, 313, 315, 317
주체/대상 68, 69, 70, 71, 72, 75, 78, 79, 80, 82, 83, 85, 90, 93, 98, 220, 221, 222, 224, 225, 227, 228, 230, 235, 236, 254, 256
중관파 88, 89, 241, 267, 323
중용 291
증여 106, 113, 116, 118, 120, 257
지라르, 르네 119
지정의(知情意) 196
진각대사 231, 269
진제 117, 242, 243, 244, 245, 247
질료인 283

ㅊ
천태; 천태종; 천태본각 15, 41, 166, 292
초목국토실개성불 15

ㅋ
카리스 족 124, 126, 324
카무이 16, 26, 27, 37
칸트, 임마누엘 67
켁, 프레데릭 297
코보리 엔슈 274
코스모스 47, 227, 228, 229, 265, 301
클라인의 항아리 223, 224

클라크, 아서 28, 29, 30, 32, 53, 114

ㅌ
타력; 타력론; 타력불교 33, 36, 121,
122, 173, 175, 177, 179, 180, 181,
182, 183, 184, 185, 186, 188, 190,
199, 200, 201, 202, 204, 205, 207,
211, 212, 215, 261, 262, 264, 265,
276, 280, 295, 305, 306, 313
타일러, 에드워드 50, 147, 148, 149,
156, 157, 299, 308
테트랄레마 88, 92, 111, 112, 117, 135,
141, 219, 220, 221, 230, 234, 235,
239, 241, 242, 243, 244, 245, 247,
268, 271, 292, 295
토테미즘 7, 71, 148, 149, 150, 167,
324
투문치 족 24, 32, 175, 176, 179, 262
트릴레마 221, 222, 292

ㅍ
판디안, 아난드 296
팔불(八不) 91, 112, 232, 235, 237, 239,
241
페티시; 페티시즘 315
평면인 20
포섭; 피포섭; 포섭과 피포섭; 상호포섭
82, 83, 84, 85, 87, 92, 93, 95, 96,
97, 98, 122, 154, 170, 220, 221,
222, 225, 226, 236, 244, 247, 248,
251, 257, 283, 284, 285, 286, 294,
307, 319
포스트 구조주의 223

포스트모던 168, 171, 222, 224, 225,
284, 294, 295, 296
푸난 족 42, 44, 309
플랫폼 317, 318
픽오버, 클리퍼드 20, 30

ㅎ
하나/여럿 68, 69, 70, 71, 72, 78, 80,
82, 83, 84, 85, 93, 98, 220, 221,
224, 225, 226, 227, 228, 235, 236,
284
하먼, 그레이엄 8, 81, 82, 84, 256
하부채굴 81
해러웨이, 도나 167, 168
행위자 71, 72, 73, 74, 75, 76, 77, 78,
79, 82, 85, 86, 103, 109, 165, 228,
229, 236, 285, 301, 302, 317, 318
행위자-연결망 이론(ANT) 71, 72, 73,
75, 77, 78, 79, 82, 85, 109, 165,
228, 236, 285, 317, 318
행위체 73, 74, 75, 85, 86, 188
현성공안 92, 93, 96, 97, 98, 199, 201,
202, 204
형상인 283
혜가 211, 215, 231, 232, 270
화폐 143, 223, 288, 289, 315, 317, 320
환멸문 111, 117, 135, 235, 236, 237,
240, 242, 243, 244, 247, 249, 310
환상집락 22
환상통 234
환상; 환상론 9, 22, 32, 33, 34, 36, 37, 38,
40, 52, 74, 102, 117, 121, 148, 159,
185, 234, 254, 265, 276, 303, 313

환상회향 33, 34
환원주의 62, 64, 77
후지타 마사카츠 197
후쿠나가 미츠지 206
훔볼트, 알렉산더 폰 78, 152, 227, 228, 265, 301
희생제의 113, 118, 119, 120

오늘날의 애니미즘

오쿠노 카츠미, 시미즈 다카시 지음
차은정, 김수경 옮김

초판 1쇄 발행 2024년 8월 30일

펴낸곳 포도밭출판사
펴낸이 최진규
등록 2014년 1월 15일 제2014-000001호
주소 충청북도 옥천군 옥천읍 성신로 16, 필성주택 202호
팩스 0303-3445-5184
전자우편 podobatpub@gmail.com
웹사이트 podobat.co.kr

ISBN 979-11-88501-39-7 93200

이 책은 저작권법에 따라 보호받는 저작물이므로
무단 전재와 복제를 금합니다.

책값은 뒤표지에 있습니다. 잘못된 책은 바꾸어 드립니다.